b, 36,- / 20,- (L4)

Philippe Burrin

Hitler und die Juden

Die Entscheidung für den Völkermord

Aus dem Französischen von
Ilse Strasmann

S. Fischer

Die französische Originalausgabe
erschien unter dem Titel
Hitler et les Juifs. Genèse d'un génocide
1989 bei Éditions du Seuil, Paris
© 1989 Éditions du Seuil, Paris

Für die deutsche Ausgabe:
© 1993 S. Fischer Verlag GmbH, Frankfurt am Main
Alle Rechte vorbehalten
Lektorat: Walter H. Pehle
Die Übersetzung wurde vom Autor durchgesehen.
Umschlaggestaltung: Buchholz/Hinsch/Walch
Foto: Anaïk Frantz
Satz: Fotosatz Otto Gutfreund GmbH, Darmstadt
Druck und Einband: F. Spiegel Buch GmbH, Ulm
Printed in Germany
ISBN-3-10-046308-0

Gedruckt auf chlor- und säurefreiem Papier

Für Saul Friedländer

Inhalt

Einführung	9
1. Hitlers Antisemitismus	19
2. Die Auswanderungspolitik 1933–1939	38
3. Die Suche nach einer territorialen Lösung 1939–1941	69
4. Das Los der sowjetischen Juden	106
5. Die endgültige Entscheidung	133
6. Hitler und der Genozid	154
Schluß	173
Danksagung	181
Abkürzungen	182
Anmerkungen	183
Personenverzeichnis	203

Einführung

Die zum Bersten vollen Züge, die aus ganz Europa in die Vernichtungslager rollten, das Verschwinden von Millionen Menschen in Fabriken zur Produktion von Leichen, die sorgfältige Verwertung von allem, was noch brauchbar oder verwertbar war, schließlich die Verbrennung, das hartnäckige Verwischen jeder Spur einer menschlichen Anwesenheit... All das, was die Vernichtung der europäischen Juden durch die Nationalsozialisten ausmachte, haben die Historiker erforscht und berichtet; sie haben die Organisation des Verbrechens aufgedeckt, die angewandten Methoden, die Zahl der Opfer. Es wäre unnütz, die Pyramide ihrer Arbeiten um weitere Blätter zu erhöhen, nur um das zu sagen, was bereits bekannt ist.[1]

Aber was wissen wir von dem, was diesem Massenmord vorausgegangen ist, was wissen wir von dem Geflecht von Entscheidungen und Ereignissen, die dazu führten, daß eines Tages der erste Transport in den Tod geschickt wurde? Selbst Völkermord muß auf die eine oder andere Weise entstehen, so ungeheuerlich uns das auch vorkommen mag. Selbst Völkermord muß eine Genese haben, auch wenn es Ereignisse gibt, die zu begreifen die historische Forschung Mühe hat. Der Umfang und die Formen des Massenmordes, die Bedingungen und der Kontext seiner Durchführung lassen den Historiker im Angesicht der »Endlösung« an die Grenzen seines Begriffsvermögens stoßen, um so mehr, als seine Kenntnisse gar nicht gesichert sind. Tatsächlich hat seit einigen Jahren eine Diskussion die Brüchigkeit dessen deutlich gemacht, was als gesichert galt, weil grundlegende Fragen neu gestellt wurden. Mußte die Politik des NS-Regimes zwangsläufig zur »Endlösung« führen? War die »Endlösung« für Hitler selbst das logische Ergebnis seiner Politik?

Viele Historiker, und mit ihnen die aufgeklärte Öffentlichkeit, werden sich der Antwort sicher sein: Als Herr des »Dritten Reiches« verfolgte Hitler die Verwirklichung eines Programms, das er seit langem festgelegt hatte und dessen zwei wesentliche Punkte die Eroberung von »Lebensraum« im Osten und die Vernichtung der Juden waren. Natürlich ist die Geschichte des NS-Regimes nicht nach einer von einem allwissenden »Führer« aufgestellten Marschordnung verlaufen. Hitlers taktische Flexibilität, sein Talent, Gelegenheiten zu nutzen, und auch die Zwänge des internationalen Spiels haben seine Politik häufig stocken lassen und sogar Kehrtwendungen nötig gemacht; so 1939, als der deutsch-sowjetische Nichtangriffspakt unterzeichnet wurde. Aber Stockungen und Kehrtwendungen lenkten nie auf lange Zeit von den durch starre Ziele vorgegebenen Richtungen ab. Natürlich war das NS-Regime auch vielen Rivalitäten und inneren Konflikten ausgesetzt. Aber diese Rivalitäten und Konflikte wurden von Hitler geschürt, zumindest duldete er sie: Er setzte auf teilen, um besser zu herrschen. Als Chef eines Regimes, das er bis zum Schluß fest in der Hand hatte, stand er mit seiner Persönlichkeit und seinen Anschauungen unmittelbar am Ursprung der begangenen Greuel. Von einem unglaublichen antisemitischen Haß erfüllt, hegte er seit den zwanziger Jahren den festen Vorsatz, die Juden zu töten; er wartete nur auf die passende Gelegenheit, und als sie sich bot, ergriff er sie.[2]

Seit mehr als einem Jahrzehnt haben andere Historiker diese Darstellung, die sie als zu oberflächlich ansehen, in Frage gestellt. Die Sicht, die sie an ihre Stelle zu setzen sich bemühten, schien vielen Kollegen geradezu bilderstürmerisch. Gewiß war sie strittig, aber sie war doch ein befruchtender Beitrag.[3] Diesen Historikern zufolge, deren weniger bekannte Ansichten es verdienen, ausführlicher dargestellt zu werden, erscheint das »Dritte Reich«, wenn man seine Funktionsweise betrachtet, als eine »autoritäre Anarchie«[4]. Hinter der monolithischen, vom Propagandaapparat polierten Fassade verzettelte und steigerte sich die NS-Macht im Geflecht rivalisierender Kräfte: traditioneller Gruppen wie Verwaltung und Heer, neuer Strömungen aus der Partei und ihren Untergruppierungen, die auf allem schmarotzten, was nicht hatte beseitigt werden können. So durchsetzte die SS die Polizei und schlug eine Bresche ins Monopol der Wehrmacht. In diesem Dschungel konnte die Politik des Regimes strukturell nur widerspruchsvoll sein und mußte improvisieren. Wie viele Entscheidungen, bei denen ein langfristiges Ziel nicht zu erkennen ist! Und wie viele Entscheidungen auch, die aus Kompromissen zwischen den rivalisierenden Kräften hervorgegangen waren, so daß die ursprüngliche Absicht, wenn es denn eine gegeben hatte, nicht mehr zu erkennen war.

Das Regime rotierte unbestreitbar um einen Mann: Hitler war die Sonne des Systems; er schenkte Macht und Gunst, er warf Licht und Schatten auf ideologischem Gebiet. Kein Zweifel, daß er den rassistischen Parolen, die er verkündete, selbst fanatisch anhing. Aber diese Parolen bildeten einen ideologischen Brei, aus dem er klare Ziele nur mit Mühe ableiten konnte: Die Intensität des Hasses wog die relative Substanzlosigkeit seiner Anschauungen nicht auf. Jedenfalls weist die Politik des »Dritten Reichs« zu viele Ungereimtheiten auf, als daß sie nach einem Programm gelenkt worden sein könnte. Im übrigen, selbst wenn es eins gegeben hätte, hätte Hitler bei seinem Führungsstil Mühe gehabt, es zu verwirklichen. Der »Führer« hatte die Gewohnheit, Aufgaben unter seinen Anhängern zu verteilen, ohne sich übermäßig um die Festlegung von Einzelheiten zu kümmern, wenn er sich nicht überhaupt darauf beschränkte, Vorschläge zu billigen und Initiativen zu sanktionieren, die von unten gekommen waren. Da er vor allem darauf bedacht war, sein Ansehen zu wahren, reagierte er auf die ständigen Konflikte, die dabei herauskamen, indem er die Zeit arbeiten ließ, statt selbst einzugreifen. Seine Rolle wäre demnach also eine eher indirekte gewesen: Mit seinen ideologischen Tiraden stachelte er die Konkurrenz zwischen den verschiedenen Bereichen des Regimes an; die Folge war eine ständige Radikalisierung.

Die gegenüber den Juden betriebene Politik könnte das beispielhaft veranschaulichen. Wenn man sie genauer untersucht, scheint sie alles andere als gradlinig zu sein und weit davon entfernt, die Existenz eines Planes zur Vernichtung zu enthüllen. Bis zum Beginn des Krieges und darüber hinaus, bis 1941, war es das Ziel der nationalsozialistischen Führung, die Juden aus dem Reich loszuwerden. Und ebendiese Juden, die zu vertreiben sie alles unternommen hatte, versuchte sie später, nach 1941, überall in Europa wieder festzunehmen, um sie zu töten. Wenn Hitler einen Plan zu ihrer Vernichtung gehegt hätte, hätte er dann nicht ihre Ausreise verhindern und seine Opfer für die Tage der großen »Abrechnung« in seiner Gewalt behalten müssen?

In Wirklichkeit gab es kein Programm, sondern nur eine Zwangsvorstellung: das Reich von den Juden zu »befreien«, deren Zahl mit jeder Eroberung wuchs. Aber alle Schritte, mit denen Hitler sein Ziel zu erreichen versuchte, schlugen fehl. Die Politik der Auswanderung scheiterte wegen des Kriegsbeginns. Der Plan zu einem »Judenreservat« auf Madagaskar scheiterte wegen der Fortsetzung des Krieges gegen England. Die Eroberung der UdSSR schließlich, die neue Räume hätte erschließen sollen, in die man die Juden umsiedeln konnte, scheiterte bald am Widerstand der sowjetischen Armee – aber erst nach Anfangserfolgen, auf die hin vorzeitig Deportationen eingeleitet worden waren. In dieser neuen Sackgasse begegneten die Funktionäre vor Ort, von den haßerfüllten Äußerungen des »Führers« aufgestachelt, der Überfüllung der Ghettos im Osten dadurch, daß sie die nicht arbeitsfähigen Menschen umbrachten. Diese improvisierte »Lösung« des Problems machte Schule und erfuhr schließlich die Billigung des höchsten Verantwortlichen. Da sie nirgendwohin abgeschoben werden konnten, mußten die Juden auf die einzige noch mögliche Art verschwinden: durch Tod. Die »Endlösung« wurde geboren aus dem Zusammentreffen der antisemitischen Zwangsvorstellungen des »Führers« mit der anarchischen Funktionsweise seines Regimes und der Herausbildung einer nicht mehr beherrschbaren Situation.[5]

Die Grenzen könnten nicht deutlicher sein. Zwei Interpretationen stehen sich gegenüber, die beide erklären wollen, wie es zur »Endlösung« kam. Nach der einen, allgemein die *intentionalistische* genannt, war die Vernichtung der Juden die Verwirklichung des Programms eines Mannes mit absoluter Macht. Nach der zweiten, der sogenannten *funktionalistischen*, war sie das Ergebnis eines Prozesses der Verfolgung, der sich über jede Prognose hinaus verselbständigt hatte durch die Dynamik eines Systems, das nicht nur von Grund auf irrational war, sondern auch unfähig, etwas anderes zu tun als zu improvisieren und sich zu radikalisieren.

Die Meinungsverschiedenheit reicht bis zur Frage der Datierung. Für die Intentionalisten trat die entscheidende Wende irgendwann zwischen dem Herbst 1940 und dem Ende des Frühjahrs 1941 ein. Während dieser Zeit soll Hitler, parallel zur Vorbereitung des Rußlandfeldzugs, den Befehl zur Verwirklichung eines Vorhabens gegeben haben, das ihn seit Jahren beschäftigte. Für die Funktionalisten kam diese Wendung erst im Laufe des Herbstes 1941, als auf lokaler Ebene die Massenmorde begannen, die Hitler nachträglich sanktioniert und in europäischem Maßstab zum System erhoben habe. Frühling oder Herbst – der Unterschied ist von Bedeutung bei einem Geschehen wie diesem. Er zeigt die Ungesichertheit unseres Wissens über die Art und Weise, wie vor fünfzig Jahren Millionen Menschen zum Tode verurteilt wurden.

Diese Lage der Dinge ist in erster Linie durch die großen Lücken in der Dokumentation zu erklären. Es gibt kein von Hitler unterzeichnetes Schriftstück mit einem Befehl zur Vernichtung, und auch kein Schriftstück, das die Existenz eines solchen schriftlichen Befehls bezeugt. Aller Wahrscheinlichkeit nach wurden die Befehle mündlich gegeben; es steht fest, daß Anweisungen zur Geheimhaltung das Unternehmen umgaben. Jedenfalls klärt uns nichts über die Entschlußbildung und ihre Chronologie auf. Vollkommene Unklarheit herrscht namentlich über den Inhalt der Gespräche, die Hitler im Verlauf des unheilvollen Jahres 1941 mit Himmler führte. Historiker sind auf Quellen angewiesen; hier sind die Quellen nicht nur selten und weit verstreut, sondern auch schwer zu interpretieren: Selbst die Bedeutung des Ausdrucks »Endlösung« verändert sich mit der Zeit. Dazu kommt ein zweites, nicht weniger beunruhigendes Hindernis: das Erfassen der Motive und des Verhaltens von Hitler, einem Menschen, der in vielerlei Hinsicht, gewiß aber mit seiner monströsen kriminellen Neigung, ganz außerhalb der Normen steht. Es fällt uns leichter, die Gedankengänge eines Churchill oder eines Roosevelt nachzuvollziehen. Wie können wir sicher sein, die eines Hitler erfaßt zu haben?

Mit der Uneinigkeit über die Interpretation muß man sich jedoch nicht abfinden. Die Diskussion, die die unterschiedlichen Thesen einander gegenüberstellte, war nützlich, weil sie deren Verdienste und Grenzen herausgearbeitet hat und weil sie definiert und geklärt hat, welche Aspekte weiterhin problematisch sind.[6] Zu Recht machen die Funktionalisten geltend: Wenn man den Völkermord zu sehr mit der Person und den Absichten Hitlers verbindet, verliert man den Einfluß des Kontexts aus den Augen, die Rolle der Umstände, die Bedeutung einer ganzen Reihe von Faktoren, die zu schaffen oder auch nur zu kontrollieren nicht in der Macht eines Mannes stand. Die »Endlösung« ist nicht erklärbar, wenn man nicht den Beitrag aller Bereiche des Regimes berücksichtigt, vor allem den der konservativen Eliten, deren Unterstützung für die Errichtung der NS-Diktatur und die Durchführung ihrer Schandtaten entscheidend war.

Im Kern neigt die intentionalistische Theorie zu einer Überbewertung der Kohärenz der Hitlerschen Ideologie; sie verabsolutiert ihre Fähigkeit, eindeutige Handlungsanweisungen zu liefern. Außerdem vernachlässigt oder verharmlost sie die Tatsache, daß eine Kursänderung in der Politik des NS-Regimes stattfand, als die Vernichtung an die Stelle der Vertreibung trat. Um eine gerade Linie von den zwanziger Jahren bis Auschwitz zu ziehen, muß man auf das Postulat eines ständigen Machiavellismus bei Hitler zurückgreifen: Nur so kann man die Existenz eines Vernichtungsprogramms mit der zunächst in eine andere Richtung weisenden Politik seines Regimes in Einklang bringen. Aber wenn die Funktionalisten die Komplexität und Gewundenheit des historischen Ablaufs geltend machen, lassen sie das Pendel ins andere Extrem ausschlagen. Denn letzten Endes dreht es sich hier nicht um die Frage, ob Hitler allein für den Genozid verantwortlich war; es geht darum zu untersuchen, ob 1941, so wie die Dinge lagen, der Genozid ohne seinen Anstoß hätte begonnen werden können und ob dieser Anstoß seinerseits nicht auf eine trotz allem hinlänglich stichhaltige Ideologie zurückging, die die Orientierung und die Entschlußbildung bestimmte. Um zu beweisen, daß Hitler, formal Chef des Regimes, auch sein Gefangener war, muß sich die funktionalistische Theorie ebenfalls ständig auf ein Postulat stützen: daß die Vernichtungspolitik des »Dritten Reichs« nicht die Konsequenz von Hitlers mörderischen Absichten war.

Sicher, Hitler zögerte bisweilen, wartete oft ab und überließ es gern seinen Untergebenen, bestimmte Angelegenheiten zu erledigen. Viele Entscheidungen des Regimes wurden tatsächlich in unberechenbarer Weise getroffen, ohne daß die Hand des »Führers« dabei sichtbar wurde. Aber solche Feststellungen haben nur eingeschränkt Gültigkeit. So verfolgte und betrieb Hitler seine Außenpolitik und Militärpolitik Schritt für Schritt. Trotz der Lücken in der Dokumentation läßt sich beweisen, daß er um so aktiver war und seine Führung um so ausschließlicher, je näher ein Bereich dem Kern seiner Überzeugungen stand, und das galt natürlich für die berühmte »Judenfrage«. Die Rolle der »großen Männer« erregt zu Recht das Mißtrauen einer Geschichtswissenschaft, die auf umfassendere Betrachtung bedacht ist. Trotzdem finden wir uns hier einer Situation gegenüber, in der ein Mann eine unverwechselbare Rolle gespielt hat.[7]

Das wesentliche Problem, das hat die Debatte gezeigt, ist letzten Endes, die Rolle Hitlers sowie die in der Politik des Regimes eingetretene Kursänderung miteinander in Beziehung zu setzen. Bei den Historikern, die sich in der letzten Zeit mit diesem Problem beschäftigt haben, kann man eine Annäherung der Standpunkte und in zwei Punkten sogar Übereinstimmung feststellen. Zum einen konnte bei den Bedingungen, unter denen das Regime funktionierte, der Völkermord nur zentral eingeleitet werden, unter Hitlers Führung. Zum anderen wurde der Beschluß wahrscheinlich nicht von einem Tag auf den anderen gefaßt, sondern reifte während einer Übergangszeit langsam heran, bis dann zu einem Zeitpunkt, der eher im Sommer oder Herbst 1941 als im Frühjahr lag, die Entscheidung definitiv gefällt wurde. Jenseits davon gibt es ernste und grundlegende Meinungsverschiedenheiten; das sieht man, wenn man die Position von drei Historikern betrachtet, die sich in der letzten Zeit der Erforschung dieses Themas gewidmet haben.

Der deutsche Historiker Eberhard Jäckel, der in einem zum Klassiker gewordenen Werk die Kohärenz der Hitlerschen Ideologie betonte, räumt heute ein, daß sie nicht frei von Widersprüchen war und daß dieser Anteil an Inkohärenz die Bestimmung der Prioritäten schwierig machen könnte. Nichtsdestoweniger glaubt er weiterhin, auch wenn er das nicht mehr so explizit sagt, daß Hitler die Intention hatte, die Juden zu vernichten. Dieses fest verankerte Ziel ging jedoch einher mit einem unsicheren Vorgehen, das auf den außergewöhnlichen Charakter der Unternehmung zurückzuführen ist. Hitler mußte seine Anhänger dazu bringen, etwas zu tun, was sie noch nie getan hatten und woran sie nicht einmal gedacht hatten. Er müßte also zunächst »das Terrain sondiert« und dann seine Getreuen einen nach dem anderen »eingeweiht« haben. Ein Machiavellist, aber ein fehlbarer, denn er hätte zweimal die Situation falsch eingeschätzt: Im Herbst 1939 hätte er die Schwierigkeiten, die sich der Einleitung des Genozids entgegenstellen konnten, unterschätzt, im Sommer 1941 hätte er sie überschätzt. Daher das gewundene und vielfach improvisierte Vorgehen beim Marsch auf die »Endlösung«. Nach dieser Interpretation, die versucht, Improvisation und Vorsatz miteinander in Einklang zu bringen, bleibt die Intention im Mittelpunkt; die Umstände bilden nur den Hintergrund

und haben keine besondere Bedeutung dabei, außer durch eine Verbindung ganz allgemeiner Art zwischen Völkermord und Krieg in Hitlers Denken.[8] Demgegenüber vertritt der amerikanische Historiker Christopher Browning, der sich selbst als gemäßigten Funktionalisten bezeichnet, die Ansicht, daß die Vernichtung der Juden in den zwanziger und dreißiger Jahren nicht zu den Zielen Hitlers gehört habe. Wenn er sie schließlich befahl, dann als Folge des Scheiterns der anderen »Lösungen«, die er versucht hatte, und unter dem Einfluß der sich daraus ergebenden Enttäuschung. Die Erfahrungen der Jahre 1940–1941 hätten zu einer Radikalisierung der Mordimpulse geführt, die in seiner Ideologie durchaus vorhanden gewesen seien, aber nie als Programm Gestalt angenommen hätten. Bei der Aussicht, nach der Eroberung der UdSSR weitere Millionen von Juden übernehmen zu müssen, hätte sich Hitler, der von der Zwangsvorstellung besessen war, das »Großdeutsche Reich säubern« zu müssen, durch die vorhergehenden Fehlschläge zum Äußersten getrieben gefühlt und sich für die Vernichtung entschieden.[9]

Arno Mayer schließlich hat vor kurzem ebenfalls eine eher funktionalistische Erklärung angeboten. Nach seinem Dafürhalten war der Antisemitismus nur einer der Bestandteile der Hitlerschen Ideologie, neben dem Antibolschewismus und dem Expansionismus nach Osten. Danach ist zu bezweifeln, daß Hitler daraus ein Vernichtungsprogramm ableiten konnte. Wenn er sich in den Völkermord stürzte, dann eher als Reaktion auf das Scheitern des Rußlandfeldzugs, das zugleich das Scheitern eines Kreuzzugs war, bei dem es erstmals um alle Bestandteile seiner Ideologie ging. Anders als Browning, der den Mordbeschluß mit einem Klima von Triumph und Euphorie in Verbindung bringt, sieht Mayer gerade im Scheitern des Rußlandfeldzugs die Konstellation, die den Genozid hervorrief.[10]

Die Positionen unterscheiden sich also deutlich und unterliegen weiterhin der Polarisierung in zwei grundlegende Interpretationen: Auf der einen Seite steht die Intention zur Vernichtung, auf der anderen die Radikalisierung durch die Umstände. Wenn ich jetzt meinerseits die Entwicklung zur »Endlösung« nachzeichne, vertrete ich dabei eine andere Auffassung, bei der sich die zwei bestehenden Betrachtungsweisen mischen. Wie die Intentionalisten bin ich der Ansicht, daß Hitler den Vorsatz hatte, die Juden zu vernichten; diese Absicht war jedoch nicht absolut, sondern an Bedingungen geknüpft: Sie sollte beim Eintreten einer genau definierten Situation verwirklicht werden, nämlich beim Scheitern seiner Eroberungspläne; das ließ in der Zwischenzeit alle Möglichkeiten offen für eine andere Politik. Wie die Funktionalisten nehme ich andererseits an, daß die Konstellation von Umständen wesentlich war für die Verwirklichung des Vorsatzes, für seine Umsetzung in die Tat: Das Scheitern des Rußlandfeldzugs und seinen strategischen Konsequenzen spielten dabei eine entscheidende Rolle.

Auf den folgenden Seiten wird die Sicht eingeengt auf das, was mir für die Beweisführung notwendig schien. Der Blick richtet sich auf die hohen NS-Funktionäre, in erster Linie auf Hitler, auf seine Vorstellungen und Absichten, und daneben auf seine Bewertung der strategischen Lage. Viele Gesichtspunkte werden also im Schatten, ja sogar im dunkeln gehalten: die historischen Wurzeln des Antisemitismus, die Haltung der Eliten und der deutschen Bevölkerung allgemein, die kurzsichtige Politik der Westmächte. Was bedenklicher ist: Auch die Opfer werden nicht zur Sprache kommen, außer als Gegenstände einer beispiellosen Verfolgung. Der Leser denke daran, daß diese »Gegenstände« Menschen waren, Schlägen und Demütigungen ausgesetzt, nach und nach ihres Besitzes und oft ihrer Würde beraubt, bis sie eines Tages in die Todesfabriken deportiert wurden.

1. Hitlers Antisemitismus

Hitler stand im »Dritten Reich« im Mittelpunkt, und er war ein fanatischer Antisemit. Darüber sind sich alle Historiker einig, welche Richtung sie auch vertreten, selbst wenn ihre Ansichten über die Rolle, die er tatsächlich spielte, auseinandergehen. Die Kenntnis seiner Ideologie, besonders seines Antisemitismus, ist also besonders wichtig. Welchen Platz nahmen die Juden darin ein, welches Los hatte er ihnen bestimmt? Daß Hitler imstande war, sie zu vernichten, hat er zur Genüge bewiesen. Aber man kann die Entstehung und Entwicklung seines Verhaltens nur erklären, wenn man von der Weltanschauung ausgeht, die ihn leitete.

Wesentlich ist, das muß gleich betont werden, die erstaunliche Beständigkeit und Kontinuität, die diese Weltanschauung bewies, nachdem sie einmal ausgereift war. Seit dem Anfang der zwanziger Jahre, als Hitler nichts als ein bayerischer Agitator war, ertönten die bekannten Leitmotive: Rassismus und Antisemitismus, Volksgemeinschaft, das Führerprinzip, die absolute Verurteilung der Demokratie, der deutschen Revolution und des Versailler Vertrags. 1923 kam ein weiteres Thema hinzu, das der Eroberung von »Lebensraum« im Osten; es wurde kurz darauf durch eine umfassende außenpolitische Konzeption vervollständigt.

Von da an bezeugen die öffentlichen und privaten Äußerungen Hitlers, soweit sie uns überliefert sind, bis zu seinem Testament vom April 1945 die Unveränderlichkeit seiner unermüdlich wiederholten und immer von neuem verkündeten Auffassungen. Manche Themen griff er allerdings im Lauf der Jahre in Abwandlung auf. Die Eroberung von »Lebensraum« und der Antisemitismus, die in den zwanziger Jahren so präsent gewesen waren, traten zu Beginn des folgenden Jahrzehnts für eine Weile in den Hintergrund, vor allem 1930–32, als Hitler sich eine breitestmögliche Unterstützung zu sichern suchte. Aber – und das ist von Bedeutung – sie verschwanden nicht.[1] Dagegen blieben seine Auffassungen über das Los der in Zukunft zu unterwerfenden Völker – Vertreibung oder Sterilisierung ganzer Bevölkerungsgruppen, die Erniedrigung von Millionen zu analphabetischen Sklaven – seiner engeren Umgebung und der Führungsspitze der Partei vorbehalten.[2]

Die Hitlersche Weltanschauung gründete sich auf das »ewige Prinzip des Lebenskampfes«, eines Kampfes, in dem die stärkere Rasse sich durchsetze und ihren Willen anderen aufzwinge. Für Hitler setzte sich die menschliche Spezies aus so unterschiedlichen Rassen zusammen, wie man sie bei einer Tierart nur finden kann. Unter diesen Rassen habe sich eine Hierarchie herausgebildet, die sich in der historischen Größe zeige – eine stets labile Hierarchie: Nur die Reinheit des Blutes ermögliche es einer Rasse, ihren Rang zu wahren. Aufgrund der Verkennung dieser »ewigen Gesetze der Natur« sei das deutsche Volk der Dekadenz anheimgefallen. Einer Dekadenz, die mit der Gründung des Bismarckschen Reiches begonnen habe und deren Symptome, neben dem Verfall der nationalen Werte und der Ausbildung schwächender Ideologien wie Liberalismus, Demokratie und Marxismus, die Verbreitung von Geschlechts- und Erbkrankheiten und schließlich die »Mischung mit minderwertigen Rassen« seien.

Um die »deutsche Rasse« der Dekadenz zu entreißen, mußte man sie reinigen und ihre Vermehrung fördern. Seit dem Beginn der zwanziger Jahre sprach Hitler davon, daß man Ehen von Deutschen mit Ausländern – besonders Schwarzen und Juden – verbieten müsse. Zu diesem Kampf gegen die »Rassenmischung« sollten radikale gesundheitspolitische Maßnahmen hinzukommen. Wie er 1923 einer amerikanischen Zeitschrift erklärte, hatte Deutschland gewaltsame Korrekturen nötig, unter Umständen sogar »Amputationen«. Syphilitiker, Alkoholiker, Kriminelle sollten »isoliert« werden und keine Gelegenheit zur Fortpflanzung bekommen. Eine einzige Devise sollte das Handeln bestimmen: »Die Erhaltung eines Volkes ist wichtiger als die Erhaltung seiner unglücklichen Angehörigen.«[3] In *Mein Kampf* wiederholte Hitler diese Erklärungen und sprach davon, daß man »zu den schwersten und einschneidendsten Entschlüssen kommen« müsse. Man werde, »wenn nötig, zur unbarmherzigen Absonderung unheilbar Erkrankter schreiten müssen – eine barbarische Maßnahme für den unglücklich davon Betroffenen, aber ein Segen für die Mit- und Nachwelt«. Der zukünftige rassistische Staat habe das, »was irgendwie ersichtlich krank und erblich belastet« ist, für »zeugungsunfähig zu erklären und dies praktisch auch durchzusetzen«.[4] Dagegen werde er die Ehe und die Geburtenziffer fördern, indem er gegen Abtreibungen kämpfe und kinderreiche Familien wieder zu Ehren kommen lasse. Er werde also alles tun, um »dem einen größeren Ziele, der Vermehrung und Erhaltung der Art und Rasse«[5], zu dienen.

Diese Wiederherstellung der Rasse war kein Zweck an sich, sondern stand im Dienst eines Ziels – der Größe und Macht des deutschen Volkes. Nachdem er der Nation ihre politische Einheit wiedergegeben, nachdem er das Werk der rassischen Reinigung unternommen hätte, würde es ihm möglich sein, die Eroberung des für die Erhaltung der Nation notwendigen Lebensraums in Angriff zu nehmen. Das deutsche Volk hatte, Hitler zufolge, ein Recht auf Expansion, weil das Gebiet, das es bewohnte, der zahlenmäßigen Bedeutung der Bevölkerung nicht angemessen war. Eine üble Argumentation, weil das zukünftige Regime mit allen Mitteln versuchen würde, diese Bevölkerung zu vermehren. Unverblümt wurde, wenn schon nicht die Weltherrschaft, so doch die Vorherrschaft in Europa angestrebt. Wie Hitler auf der letzten Seite seines Buches schrieb: »Ein Staat, der im Zeitalter der Rassenvergiftung sich der Pflege seiner besten rassischen Elemente widmet, muß eines Tages zum Herrn der Erde werden.«[6]

In dieser rassistischen Konzeption konnten die Juden nicht fehlen. In Hitlers Augen waren sie eine parasitäre Rasse, die die

Arbeit der Völker ausbeutete, in deren Mitte sie sich niedergelassen hatte, eine von Natur aus destruktive Rasse, die unfähig war, ihren eigenen Staat aufzubauen, eine Rasse, deren Aktivität ganz auf die Eroberung der Weltherrschaft gerichtet war. Denn wie es die *Protokolle der Weisen von Zion* zu beweisen schienen, diese zaristische Fälschung, an die Hitler blind glaubte, waren die Juden miteinander durch einen Plan zur Weltherrschaft verbunden; um dieses Ziel zu erreichen, griffen sie zu den verschiedensten Mitteln. Die Ideen der Aufklärung, der Pazifismus, die Demokratie, alles war ihnen recht, um den nationalen Willen der Völker zu schwächen, auf denen sie schmarotzten. Aber ihre wirksamsten Hilfsmittel waren das Finanzkapital und die marxistische Agitation. Dank dem ersteren internationalisierten sie die Wirtschaft und brachten sie so in ihre Gewalt. Dank der zweiten spalteten sie die Völker in sich und verurteilten sie zu Bürgerkriegen, die ihre Widerstandskraft schwächen sollten. Auf die eine oder die andere Weise waren sie Feinde jeder wahren nationalen Unabhängigkeit.

Es war eine Wahnvorstellung, die die Vielseitigkeit der jüdischen Diaspora und all die unterschiedlichen Strömungen, die in ihr wirkten, ignorierte; und doch ein in sich logischer Wahn, der hervorgerufen war von der besessenen Suche nach einem letzten Verantwortlichen, einem Prinzip des Bösen, das den Lauf der Welt erklären und das Elend der Zeit aufklären sollte. Aber auch ein wenig origineller und eigenständiger Wahn. Hitler war der triviale Erbe von Anschauungen, die seit mehreren Jahrzehnten in Europa umgingen. Gleichwohl, auch wenn er seine rassistische Doktrin aus einzelnen Bruchstücken zusammengesetzt hatte, so hat er sie doch in eine Weltanschauung eingebunden, die sie umgekehrt ungemein dynamisierte und bestimmte Aspekte umgestaltete. Innerhalb seines Rassismus war die »Judenfrage« eigentlich nur ein Problem unter anderen, ein Problem, dessen Lösung zur Wiederaufrichtung und Stärkung der Nation beitragen würde. Aber in Wirklichkeit befanden sich die Juden nicht auf der gleichen Ebene wie etwa die Geisteskranken: Sie standen im

Zentrum von Hitlers Weltanschauung. Um die Eigentümlichkeit seines Antisemitismus zu begreifen, muß man die existentielle Basis betrachten, die ihn genährt und geformt hatte: Hitlers Erfahrung des Weltkriegs und der Niederlage.

Es war die Niederlage, die dem Hitlerschen Vorhaben den grundlegenden Anstoß gab. In *Mein Kampf* schildert Hitler die Begeisterung, mit der er den Beginn des Krieges im August 1914 aufnahm. Es könne keinen stärkeren Gegensatz dazu geben als den furchtbaren Zorn, der ihn bei der Kapitulation packte, die ihm die Folge von Verrat in der Heimat zu sein schien. Es war eine wirklich traumatische Erfahrung; sein Leben lang kam er wie auf einen zentralen Bezugspunkt immer wieder auf die Ereignisse des November 1918 zurück, und immer erinnerte er sich mit einem kräftigen Schuß Emotion daran. Es sind diese »schrecklichen Tage« der Revolution in Deutschland, die ihn zum Eintritt in die Politik veranlaßten. Auf diese Ereignisse hin machte er sich auf die Suche nach den »Gründen für den Zusammenbruch«, und sie ließen ihn die Notwendigkeit einer politischen Bewegung erkennen, deren Ziel die »Überwindung der Niederlage«[7] sein müßte. Sie boten ihm schließlich auch den Rahmen für Überlegungen über sein künftiges Vorgehen und prägten seine starre Geisteshaltung.

Man kann gar nicht genug betonen, wie sehr der Krieg und die Niederlage ihn geprägt hatten. Er kam dadurch zu der Überzeugung, daß man die Arbeiter dem Volk wiedergewinnen müsse und daß die Führungsschicht bankrott sei. Er entnahm diesen Erfahrungen auch die strategischen Prinzipien, die ihn später leiteten. Seiner Ansicht nach war es der größte Fehler des Kaiserreichs gewesen, daß es die anderen europäischen Mächte in eine Allianz gegen Deutschland getrieben hatte, während es selbst nichts als ein zerfallendes Österreich-Ungarn zum Verbündeten hatte. Es wäre klüger gewesen, sich mit England zu einigen, eine Flottenpolitik aufzugeben, die es beunruhigen mußte, und zumindest vorübergehend der kontinentalen Expansion den Vorzug vor der kolonialen zu geben. In Zukunft sollte alles getan werden, um die Bildung einer feindlichen Allianz zu verhindern. Das »neue Deutschland« brauchte also Bundesgenossen, und das würden Italien und England sein. Um Italien zu gewinnen, erklärte sich Hitler seit Anfang der zwanziger Jahre bereit, auf Südtirol zu verzichten. Und er bekräftigte wiederholt seinen Wunsch, mit England ein Bündnis zu schließen. Offenbar verkannte er die Ernsthaftigkeit des englischen politischen Widerstands gegen jegliche kontinentale Vorherrschaft. Als er an der Macht war, versuchte er – zunächst mit Verhandlungen, dann mit Gewalt – weiterhin beharrlich, London zu einer Verständigung mit ihm zu veranlassen.

Aber Verbündete zu gewinnen war nur ein Mittel zum Zweck; es sollte ihm die notwendige Handlungsfreiheit geben, damit er mit Hilfe von lokal begrenzten Kriegen auf sein Ziel lossteuern konnte. Das erste Opfer sollte Frankreich sein, Deutschlands »Todfeind«. Nachdem es sich so Rückenfreiheit verschafft hätte, würde das Reich sich an die Eroberung weiter Räume im Osten machen: Dort würde es alles zur Ernährung seiner Bevölkerung Notwendige finden und sich als Weltmacht etablieren können. Der räumlich begrenzte Blitzkrieg war die ideale Lösung, die die beschränkten Möglichkeiten der deutschen Wirtschaft berücksichtigte und eine zu harte Belastung des Volkes vermied: Auch hier hatte er die Lektion von 1918 verstanden. Umgekehrt mußte alles getan werden, um einem Zweifrontenkrieg aus dem Weg zu gehen; Hitler war zutiefst überzeugt, daß er Deutschland abermals zum Verhängnis werden würde.

Aufgrund seiner Ansichten über den großen Krieg und die Niederlage faßte Hitler übrigens Vorsätze, deren Macht sich sein Leben lang immer wieder offenbaren sollte. Der erste ergab sich aus seiner Überzeugung, daß der Krieg wegen der Schwäche der kaiserlichen Regierung verloren worden sei, die ein Opfer überflüssiger, wenn nicht gar krimineller humanitärer Überlegungen geworden war. Man hätte schon in den ersten Kriegstagen mit dem Marxismus abrechnen müssen, indem man die patriotische Begeisterung der Arbeiter nutzte. Man hätte diejenigen hart bestrafen müssen, die die Kriegsanstrengungen sabotiert hatten, und man hätte die härtesten Strafen auf die »Wucherer und Kriegsgewinnler«, »Haufen niederträchtiger Lumpen« und »Deserteure« anwenden müssen, die nach seiner Ansicht schließlich die Ereignisse des November 1918 steuerten. Man hätte endlich schonungslos die Revolution selbst niederschlagen müssen, auf die Gefahr hin, daß dabei ein paar tausend Deserteure »über den Haufen geknallt« worden wären.[8]

Daraus hatte er geschlossen, daß, »ehe man äußere Feinde besiegt, erst der Feind im eigenen Inneren vernichtet werden muß; sonst wehe, wenn nicht der Sieg schon am ersten Tage den Kampf belohnt. Sowie auch nur der Schatten einer Niederlage über ein im Inneren nicht von Feinden freies Volk streicht, wird dessen Widerstandskraft zerbrechen und der Gegner endgültig Sieger werden.«[9] Aus der Erfahrung von 1918 zog er noch einen anderen Schluß. Er war überzeugt, daß die Kapitulation ein großer Fehler gewesen war, daß der Krieg hätte gewonnen werden können, wenn sich an der Spitze des Staates ein Mann befunden hätte, der zum Kampf bis zum Ende entschlossen gewesen wäre, ein Mann, der fähig gewesen wäre, die Kampfmoral des Volkes zu stählen und es zu begeistern. Selbst in verzweifelter Lage hätte der Kampf fortgesetzt werden müssen. »Sieg oder Tod« war eine der Devisen, für die er eine Vorliebe hatte. Nach 1939 wiederholte er, wie wir noch sehen werden, bis zum Überdruß, daß es keine Kapitulation mehr geben werde.

Aber die Niederlage wirkte sich auch auf seinen Antisemitismus traumatisierend aus, gab ihm eine außerordentliche Virulenz und erhob ihn zu einer zentralen Obsession. Zweifelsohne war er schon vor dem Krieg in Wien, wie er schrieb, zum »fanatischen Antisemiten« geworden.[10] Aber man kann annehmen, daß es sich dabei um einen überwiegend theoretischen Antisemitismus gehandelt hat, auch wenn er seitdem auf einem festen Fundament von Ressentiments ruhte. Bezeichnenderweise benutzte er das Wort »Haß« in dem Abschnitt seines Buches, in dem er seine Reaktion auf die Ereignisse des November 1918 beschrieb: »In diesen Nächten wuchs in mir der Haß, der Haß gegen die Urheber dieser Tat.« Und wenige Zeilen später: »Mit dem Juden gibt es kein Paktieren, sondern nur das harte Entweder – Oder. Ich aber beschloß, Politiker zu werden.«[11] Sehr wahrscheinlich ist das der Augenblick, in dem sich sein Antisemitismus zu einer existentiellen Obsession wandelte und sich so mit dem Haß auflud, der ihn dann auszeichnete; von diesem Moment an nahm er auch eine zentrale Stellung in Hitlers Weltanschauung ein, weil er die Erklärung bot, die die Niederlage faßbar machte.

Diese Niederlage interpretierte Hitler als Ergebnis eines erbarmungslosen Krieges, den die Juden geführt hätten, eines inneren wie äußeren Krieges. Die Juden im Ausland hatten den Haß geschürt und die ganze Welt in den Konflikt getrieben. Währenddessen hatten ihre Brüder im Inland sich der Wirtschaft bemächtigt und die Arbeiter zur Revolution aufgerufen; sie konnten dann im geeigneten Moment Deutschland in den Rükken fallen. Die Juden waren also für die Niederlage und die durch den Vertrag von Versailles aufgezwungene »Knechtung« verantwortlich. Der Kampf gegen sie würde nur mit dem vollständigen Sieg eines der Gegner enden.

Selbstverständlich nahmen die Juden auch in seinen außenpolitischen Vorstellungen einen wichtigen Platz ein. Die schon vorab bestimmten Feinde des »neuen Deutschland« waren die UdSSR und Frankreich. In der UdSSR regierte »der Jude«, seit er sich unter der Maske des Kommunismus die Macht angeeignet und die alten Führungsschichten germanischer Abstammung vernichtet hatte. Da er zu konstruktiver Arbeit unfähig war, war das von ihm beherrschte Regime »reif zum Zusammenbruch«[12]. Diese Unterschätzung sollte sich bis zum Sommer 1941 halten. In Frankreich herrschte Einvernehmen zwischen der nationalen Elite und den Juden; sie trafen sich in der unnachgiebig feindseligen Gesinnung gegenüber Deutschland und dem Wunsch, es in die »Knechtschaft« zu zwingen. Dagegen war in den Ländern, die sich Hitler zu Bundesgenossen zu machen wünschte, die

Lage anders, wenngleich nicht gesichert. In Italien schien Mussolini fest genug im Sattel zu sitzen, um die wahren Interessen seines Landes gegen die Pressionen des »Judentums« zu verteidigen. In England sah es weniger gut aus, weil der jüdische Einfluß dort wie in den Vereinigten Staaten in seinen Augen sehr stark war. Hitler glaubte von Anfang an, daß der Ausgang seiner zukünftigen Bemühungen um ein Bündnis mit Großbritannien von dem Kampf abhängen würde, den sich in London die nationalen und die jüdischen Kräfte lieferten; er hatte für jede Alternative eine Erklärung bereit.

Es war also zwischen den Kräften der nationalen Erneuerung, deren Führung Hitler übernommen hatte, und dem »internationalen Judentum«, das auf die Zerstörung Deutschlands versessen war, eine weltweite Auseinandersetzung eingeleitet. Daher die geradezu internationalistische Ader in Hitlers Antisemitismus, die sich gelegentlich in dem Slogan ausdrückte: »Antisemiten aller Länder, vereinigt euch!«[13] Daher auch die missionarische Ader: Hitler gab sich als der Mann, der eine Aufgabe zu erfüllen hatte »im Kampf für die Befreiung der Erde von der jüdischen Tyrannei«.[14] Diesem weltweiten Gegner sollte in einer Art von heiligem Krieg eine andere Kraft entgegentreten und »in gewaltigem Ringen den Himmelsstürmer wieder zum Luzifer« zurückwerfen.[15]

Wesentlich, hier wie in allen seinen Äußerungen: »Der Jude« würde sich gegen die Ordnung der Welt erheben; er war der Rebell und der Aggressor; er versuchte, Deutschland zu zerstören und sogar seine Bevölkerung zu vernichten. Eine furchtbare Bedrohung, auf die Hitler nur reagierte: Wie er gern betonte, war sein Kampf ausschließlich defensiv, er war ihm durch die Gefahr der Vernichtung, mit der die Juden dem deutschen Volk drohten, aufgezwungen worden.[16] Diese Denkweise ist in der Politik immer präsent, aber beim rechtsextremen Nationalismus steht sie im Zentrum: die Wahrnehmung von sich und seinem eigenen Tun als Reaktion auf ein Komplott oder eine teuflische Bedrohung. Eine Wahrnehmungsart, die man nicht unterschätzen darf:

In Hitlers Augen wären die gegen die Juden ergriffenen Maßnahmen immer Maßnahmen zur Selbstverteidigung oder Vorbeugung und durch eine tödliche Gefahr gerechtfertigt. Diese Vorstellung hängt mit seiner gesamten Denkweise zusammen. Wie der Philologe Klemperer bemerkt hat, bezeugen seine Äußerungen, »daß in ihm die Überspannung des Cäsarenwahns in ständigem Zwist mit Wahnideen des Verfolgtseins lag«.[17]

Der Antisemitismus nahm in Hitlers Rassismus eine einzigartige Stellung ein. Strenggenommen war die »Judenfrage« nur ein Punkt unter anderen innerhalb des Programms der Reinerhaltung der Rasse, das er in Deutschland durchzusetzen beabsichtigte, sobald er die Macht errungen hätte; damit wäre für sie eine kühle und rationale Lösung geeignet gewesen. Andererseits war der Antisemitismus eng mit Hitlers Eroberungs- und Herrschaftsabsichten verwoben. Durch die Interpretation, die Hitler dem Trauma der Niederlage gegeben hatte, war »der Jude« in den Rang des größten Feindes erhoben worden; er war grundlegend mit dem Schicksal seiner Pläne verbunden, mit deren Erfolg oder Scheitern. Damit sollte die Behandlung der »Judenfrage« in direkter Abhängigkeit von Hitlers Unternehmungen stehen.

Aber welches Los hatte Hitler für die Juden vorgesehen? Hatte er ihre prinzipielle Vernichtung schon festgelegt? Auf der Ebene der eingestandenen Ziele läßt sich das nicht beweisen. 1919 legte er die Notwendigkeit eines »Antisemitismus der Vernunft« dar, der auf der Anerkennung der »Judenfrage« als eines Rassenproblems beruhte und der einem »Antisemitismus aus rein gefühlsmäßigen Gründen« vorzuziehen sei, welcher nur zu Pogromen führen könne. Er schlug vor, die Juden durch legale und methodische Maßnahmen zu bekämpfen, bei denen sie unter die Bestimmungen der für Ausländer geltenden Gesetze fallen würden. »Sein [des Antisemitismus] letztes Ziel aber muß unverrückbar die Entfernung der Juden überhaupt sein.«[18] Das Parteiprogramm vom Februar 1920 sah in diese Richtung zielende Maßnahmen vor, ohne die Vertreibung aller Juden zu verlangen. Die Staatsbürgerschaft sollte den Menschen »deutscher Rasse« vorbehalten bleiben; die Juden sollten von öffentlichen Ämtern und von der Presse ausgeschlossen sein; aber nur diejenigen, die nach dem 2. August 1914 nach Deutschland eingewandert waren, sollten ausgewiesen werden. Punkt sieben behandelte jedoch die Pflicht des Staates, »im Notfall« die Vertreibung aller Ausländer durchzuführen.

In der von Hitler betriebenen Propaganda der folgenden Jahre findet man diese Forderungen mit den gleichen Varianten wieder. Manchmal ging es nur darum, die in neuerer Zeit aus Osteuropa eingewanderten Juden – die Ostjuden – auszuweisen und jegliche weitere Einwanderung zu unterbinden.[19] Häufiger wurde die Vertreibung aller Juden verlangt, gewöhnlich mit der Parole »Juden raus!«. Im Dezember 1928 erklärte Hitler, wie auch früher schon, daß sie »absolut nur als Gäste«[20] geduldet werden sollten. Das war das Äußerste, was er seiner Großzügigkeit abringen konnte: Im besten Falle sollten Juden einen ungewissen Status bekommen – aber für wie lange? Das vorhandene Quellenmaterial macht es schwer, sich eine bestimmte und vollständige Vorstellung von seinen Absichten zu machen. Man darf aber wohl behaupten, daß er entschlossen war, sobald er an der Macht wäre, eine Reihe von Maßnahmen durchzusetzen. Die Juden sollten von öffentlichen Ämtern und allen Stellen, die ihnen Einfluß auf das öffentliche Leben gaben, ausgeschlossen werden; irgendwann sollten sie dann von deutschem Boden verschwinden, wahrscheinlich, nachdem man sie enteignet hatte.[21]

Jedenfalls hatte Hitler offensichtlich einige Mühe, sich auf ein Programm festzulegen. Während er in *Mein Kampf* seine außenpolitischen Absichten darlegte und die Möglichkeiten und Phasen im einzelnen erörterte, sagte er kein Wort über die Maßnahmen, die er, wenn er erst an der Macht wäre, gegen die Juden ergreifen würde, immerhin einen Hauptgegner, der das ganze Buch hindurch auch als solcher gezeichnet wurde. Eine erste

Teilantwort steckt in der Tatsache, daß die Juden eben einen allzu zentralen und emotional stark besetzten Platz in seinem Denken einnahmen, als daß sie Gegenstand eines Programms hätten werden können. Eine zweite Teilantwort steckt in der Natur der »Judenfrage«, daß sie nämlich nicht nur ein deutsches Problem war. Wie er es Anfang der dreißiger Jahre Rauschning gegenüber ausdrückte: »Auch wenn wir den Juden aus Deutschland vertrieben haben, bleibt er immer noch unser Weltfeind.«[22]

So kam es zu einer Spannung, wenn nicht einem Widerspruch, zwischen der »Entfernung« der Juden aus Deutschland und dem Kampf gegen den »Weltfeind«. Wenn der gegen die Juden in Deutschland geführte Kampf die Feindschaft ihrer Brüder in der ganzen Welt hervorrief, und davon war Hitler von vornherein überzeugt, war es für ihn undenkbar, daß er nicht auf deren Herausforderung reagierte. Gab es aber eine bessere Reaktion als die, die Juden als Geiseln zu benutzen? Diesen Gedanken äußerte er Ende 1922 zum ersten Mal. Nach der Machtergreifung sollten die Juden so lange als Geiseln behalten werden, bis mit den fremden Staaten Sicherungsverträge abgeschlossen seien: mit anderen Worten, so lange, wie die internationale Stellung des neuen Regimes nicht gefestigt war.[23] Sein Verhalten wie seine späteren Äußerungen sollten zeigen, daß diese Auffassung bei ihm sehr tief saß.

Die Entfernung der Juden war also gegen die Notwendigkeit abzuwägen, sie jedenfalls eine Zeitlang als Geiseln zu behalten. Längerfristig jedoch wäre sie durchzusetzen. Doch damit konnte sich Hitler nicht einfach zufriedengeben: Eine weltweite Lösung war notwendig, um die Nachteile einer auf Deutschland beschränkten Vertreibung zu beseitigen und die jüdische Gefahr endlich zu bannen. Die zionistische Lösung konnte seine Zustimmung nicht finden, auch wenn er gelegentlich sagte, daß die Juden eher nach Palästina gehörten als nach Deutschland. Er bezweifelte, daß die Juden ernsthaft die Absicht hatten, sich in einem gemeinsamen Staat zu vereinen; ihr Ziel sei es vielmehr, sich eine weltweit operierende Zentrale zu schaffen, die ihnen staatlichen Schutz sicherte. Welche »Lösung« also kam in Frage? Nach den Memoiren eines seiner alten Vertrauten soll er 1931 erklärt haben, daß die Weltmacht des »Judentums« nur gebrochen werden könne durch die Deportation aller Juden in einen jüdischen Staat, aber dazu bedürfe es der Zusammenarbeit aller Länder der Welt, und die brauche Zeit.[24] Man sieht hier den Gedanken an ein »Judenreservat« aufkommen, die Konzentration der Juden an einem Ort und unter Aufsicht. In solcher Abhängigkeit wären sie keine Gefahr mehr für den Planeten.

Bei alldem ist von Vernichtung nicht die Rede. Es ist jedoch denkbar, daß sie ein Ziel war, das nicht geäußert werden konnte. Einer nach dem Krieg gemachten Aussage zufolge hätte Hitler 1922 im Verlauf einer privaten Unterredung erklärt, wenn er einmal an die Macht komme, werde er alle Juden Deutschlands auf öffentlichen Plätzen aufhängen lassen, »bis der letzte Jude... im ganzen Reich ausgerottet sei«.[25] Keine andere Quelle bestätigt solche Äußerungen, die, soweit sie getan wurden, mehr Ähnlichkeit mit Wahnvorstellungen von einem Massaker haben als mit einem Programm. In Ermangelung direkter Beweise müssen wir die indirekten Spuren erforschen. Hitlers Weltanschauung hatte, wie sein Vokabular, Implikationen, die berücksichtigt werden müssen.

Hitler interpretierte, wie wir gesehen haben, seinen Kampf gegen die Juden als Kampf zur Rettung der Welt, einen Kampf auf Leben und Tod, der nur mit dem Verschwinden eines der beiden Gegner enden konnte. Er betonte auch mehrfach, daß es ein brutaler Kampf sein würde. Als er den jüdischen Plan einer »Herrschaft über die Völker« beschwor, schrieb er: »Kein Volk entfernt diese Faust anders von seiner Gurgel als durch das Schwert... Ein solcher Vorgang ist und bleibt aber ein blutiger.«[26] Wenn er von Juden sprach, erging er sich gewöhnlich in Verwünschungen und bediente sich gern einer Sprache der Gewalt; der Feind mußte erbarmungslos in die Ecke getrieben und vernichtet werden.[27] Im übrigen verwendete er ständig ein

Vokabular, das den Juden die Menschenwürde absprach und den Entschluß zu ihrer physischen Eliminierung fördern sollte. Bazillen, Parasiten, Blutsauger, Spinnen – schädliche oder ekelerregende Wesen, von denen sich der Mensch gern befreit. Eine solche Ausdrucksweise trägt das Modell für ein späteres Verhalten bereits in sich.

Andererseits gehörte dieses Gerede zu einer antisemitischen Tradition, die nicht einmal spezifisch deutsch war: Im Frankreich der Dreyfus-Affäre ging derselbe Vergleich mit Ungeziefer mit unzweideutigen Aufrufen zum Blutbad einher.[28] Im übrigen benutzte Hitler das Wort »Juden« oft unpräzise und wendete es auf alle seine Feinde an, besonders auf die Marxisten, so daß nicht immer leicht festzustellen ist, gegen wen genau sich seine Drohungen richteten: konkret gegen die jüdische Gemeinde oder gegen eine gemischte Gruppe politischer Gegner?

Fest steht jedoch, daß das Bild des jüdischen Feindes einen beträchtlichen Haß in ihm weckte und daß der Massenmord ständig vor seinem inneren Auge stand. Daraus kann man jedoch nur dann ableiten, daß er bedingungslos auf das Ziel der Vernichtung der Juden fixiert war, wenn man ohne weiteres von einer mörderischen Potentialität auf die mörderische Absicht schließen will.[29] Damit würde man die Chance verschenken, einen entscheidenden Aspekt des Problems zu erfassen. Denn diese Bereitschaft zum Morden, die so präsent und doch in gewisser Weise unbestimmt in Ziel und Umfang ist, scheint sich in einer ganz bestimmten Konstellation zur Absicht zu verdichten.

Es wurde bereits betont, welch starker Haß aus Hitlers Äußerungen spricht, wenn es um die Ereignisse von 1918 geht. Genau in diesen Passagen, in denen er die Novemberrevolution beschwor, brachte er am konkretesten und sehr emotionsgeladen den Wunsch zum Ausdruck, blutig mit den Juden abzurechnen. So schrieb er, nachdem er die Begeisterung der deutschen Arbeiter im Sommer 1914 geschildert hatte und wie sie sich von ihren marxistischen Führern entfernt hatten: »Nun wäre aber der Zeitpunkt gekommen gewesen, gegen die ganze betrügerische Genossenschaft dieser jüdischen Volksvergifter vorzugehen. Jetzt mußte ihnen kurzerhand der Prozeß gemacht werden, ohne die geringste Rücksicht auf etwa einsetzendes Geschrei oder Gejammer... Wenn an der Front die Besten fielen, dann konnte man zu Hause wenigstens das Ungeziefer vertilgen.«[30]

Und in einer späteren Passage, ebenfalls im Zusammenhang mit dem unheilvollen Einfluß der marxistischen Führer, die ihm zufolge alle Juden waren: »Hätte man zu Kriegsbeginn und während des Krieges einmal zwölf- oder fünfzehntausend dieser hebräischen Volksverderber so unter Giftgas gehalten, wie Hunderttausende unserer allerbesten deutschen Arbeiter aus allen Schichten und Berufen es im Felde erdulden mußten, dann wäre das Millionenopfer der Front nicht vergeblich gewesen. Im Gegenteil: Zwölftausend Schurken zur rechten Zeit beseitigt, hätte vielleicht einer Million ordentlicher, für die Zukunft wertvoller Deutscher das Leben gerettet.«[31]

Diese Sätze werden regelmäßig angeführt, um die Existenz eines Willens zur Vernichtung zu beweisen; mir scheint das eine zu weit gehende Deutung des Textes zu sein und vor allem eine Verkennung seiner eigentlichen Bedeutung. Wie gesagt, Hitler hatte aus seiner Erfahrung die Überzeugung gewonnen, daß in Zukunft vor einem Krieg das Volk gereinigt werden müßte. Aber in den eben zitierten Zeilen war sein Blickwinkel ein anderer, denn er kam auf den vergangenen Krieg zurück, um zu erörtern, was trotz allem hätte getan werden sollen. Von der Niederlage aus urteilend, hätte er sich eine durchgreifende Maßnahme gewünscht, der er im Rückblick zweifachen Wert beimaß. Einen Wert als Opfergabe, denn eine Maßnahme dieser Art hätte nicht nur die Entschlossenheit zu einem Krieg auf Leben und Tod ausgedrückt, sondern »vielleicht« auch den Sieg gebracht und vielen deutschen Soldaten das Leben gerettet. Und einen Wert als Racheakt, und das ist höchst verblüffend: Der Tod von Tausenden von Juden, selbst wenn er den Ausgang des Krieges nicht geändert hätte, wäre doch gerechtfertigt gewesen, weil er den Tod der an der Front gefallenen Deutschen gerächt hätte.

Wenn Hitler eine solche Verbindung herstellte zwischen einem langen Krieg, der viel deutsches Blut kostete und mit einer Niederlage zu enden drohte, und der Tötung einer großen Zahl von Juden, wollte er damit nur zornig die Vergangenheit neu interpretieren, oder faßte er auch Beschlüsse für die Zukunft? Wenn es stimmt, daß er an die Zukunft mit Schlußfolgerungen heranging, die er ein für allemal aus dem Krieg und der Niederlage gezogen hatte, dann muß man auch in diesen Äußerungen einen Beschluß sehen, der angewendet werden sollte, wenn sich die gleiche Situation wieder ergäbe. Das bestätigt die folgende Erklärung, die er 1931 abgegeben haben soll, wobei allerdings die Authentizität der Quelle zweifelhaft ist: »›Wir haben aus dem ersten Weltkrieg viel gelernt, und wir werden in Zukunft auch weiterhin unsere Konsequenzen daraus ziehen!‹ Hitler wird zornig und spricht sehr entschieden: ›Sollte es trotz unseres gerechten Vorgehens zu kriegerischen Auseinandersetzungen kommen, weil das Weltjudentum noch einmal das Rad der Geschichte zurückdrehen möchte, dann wird es von diesem Rad zermalmt.‹«[32]

Man kann also die Hypothese aufstellen – und sie wird in den folgenden Kapiteln auf ihre Richtigkeit überprüft werden –, daß in seiner Einstellung gegenüber den Juden eine mörderische Bereitschaft sich in eine Entschlossenheit zum Mord und vielleicht sogar zum Völkermord steigern würde (obwohl es unmöglich ist, diesen Punkt mit letzter Sicherheit zu erschließen), und zwar bei einer ganz bestimmten Konstellation: der Wiederkehr eines langen Krieges, eines Weltkrieges. Eine derartige Situation würde das Scheitern seiner gesamten Strategie, der Verwirklichung seiner Pläne mit Hilfe von Blitzkriegen, bedeuten. Sie würde außerdem einen neuerlichen Sieg der Juden erwarten lassen, die ja schon die Sieger des ersten Weltkriegs gewesen waren. In dem Falle nahm er sich vor, radikale Maßnahmen gegen diejenigen zu ergreifen, die er für seine schlimmsten Feinde hielt: Maßnahmen, die seine Entschlossenheit deutlich machen würden, den Kampf bis zum Sieg oder zur Vernichtung fortzuführen. Maßnahmen, die das vergossene deutsche Blut sühnen und im voraus die Niederlage rächen würden, die ein neuer Krieg gegen eine weltweite Koalition Deutschland wahrscheinlich eintragen würde.

Hier findet sich die bereits aufgezeigte Spannung wieder, wenn nicht ein potentieller Widerspruch. Ob es nun um das Territorium Deutschlands oder des künftigen Großdeutschen Reiches ging, die Ausreise der Juden war zwingend, weil sie eine große Gefahr für die rassische Reinheit und den nationalen Zusammenhalt darstellten. Man mußte sie also schnellstens entfernen, womöglich vor dem Beginn von Auseinandersetzungen, womöglich, indem man eine internationale Lösung wie die eines Reservats fand, wo sie keinen Schaden mehr anrichten konnten. Andererseits gab ihre Anwesenheit auf deutschem Boden Hitler ein Druckmittel auf das »internationale Judentum«, mit dessen Hilfe er Anfangsschwierigkeiten überwinden könnte; außerdem hatte er ein Racheobjekt in der Hand für den Fall des Scheiterns seiner globalen Pläne. Soweit sich das beurteilen läßt, hatte keiner dieser beiden Aspekte Priorität: In seiner Vorstellung koexistierten sie und bildeten, genau genommen, eine Ambivalenz, deren Wurzel der zwanghafte Wille war, gegen einen vorgeblich weltweiten Feind zu kämpfen.

Die Ambivalenz trug wahrscheinlich dazu bei, daß es ihm schwerfiel, ein Programm zu formulieren. Diese Schwierigkeit hatte er nicht gehabt, als es um die Eroberung von »Lebensraum« ging, ein Ziel, zu dem er innerlich mehr Distanz hielt. Aber im Zusammenhang mit den Juden blieb sie bestehen innerhalb eines Komplexes von überwiegend unreflektierten Orientierungen und Beschlüssen, die zu Reibungen Anlaß geben konnten, wenn sie in Politik umgesetzt werden sollten. Nichtsdestoweniger waren der »Lebensraum« und die »Judenfrage« nicht voneinander zu trennen, obwohl die Art der Beziehung zwischen ihnen sich ändern konnte. Die Eroberung von »Lebensraum« war das wesentliche Ziel, und der Kampf gegen die »jüdische Gefahr« durfte nicht so weit getrieben werden, daß er dieses Ziel selbst bedrohte: Nach dem Abschluß der Eroberungen würden ihm die Juden auf Gnade und Ungnade ausgeliefert sein. Wenn aber die Eroberung von »Lebensraum« mißlingen sollte, konnte der radikale Krieg gegen die Juden das grundlegende Ziel werden und an die Stelle des anderen treten, um dessen Scheitern zu rächen.

Das Verblüffende ist, daß Hitler von Anfang an sein Scheitern in Betracht gezogen und seine Haltung festgelegt zu haben scheint. Bevor er noch an der Macht war, brütete er schon über den Schlüssen, die er aus seiner Erfahrung 1914–18 gezogen hatte: Es werde keine neue Revolution geben; es werde keine neue Kapitulation geben, die Juden schließlich würden einen neuerlichen Widerstand gegen den Aufstieg des Reiches zur Herrschaft teuer bezahlen. In Anbetracht seiner Persönlichkeit und der wahnhaften Logik seines Antisemitismus scheint es mir unwahrscheinlich, daß er ein in jedem Falle, einschließlich eines eventuellen Sieges, zu realisierendes Vernichtungsprogramm im Sinn gehabt hätte. Die erfolgreiche Durchführung seines Vorhabens würde zeigen, daß die Juden alles in allem doch nicht so mächtig wären, wie er gefürchtet hatte; sie in einem Reservat unter Überwachung zu halten, müßte reichen; sie würden seinen Triumph veranschaulichen. Dagegen würde im Falle seines Scheiterns ihr teuflischer Charakter bestätigt sein; dann würde er um so radikaler reagieren, je größer seinem Gefühl nach die Bedrohung sein würde, je schlimmer das Ende seines Unternehmens.

Mit dieser Denkweise, das muß betont werden, war Hitler keine Ausnahme. Der Gedanke, die Juden als Geiseln zu halten und auf sie um so stärker Druck auszuüben, je ernster die Lage wäre, scheint in der extremen Rechten in Deutschland nach dem Ersten Weltkrieg verbreitet gewesen zu sein, obwohl eine systematische Untersuchung dazu noch aussteht. Für Menschen, die von der Existenz eines »Weltjudentums« überzeugt waren, verstand es sich von selbst, daß die jüdische Bevölkerung in Zukunft die Konsequenzen für alles zu tragen haben würde, was dem

Vaterland oder den Männern, die es zu verkörpern vorgaben, zustoßen konnte. So drohte Goebbels am 19. Februar 1930, einen Pogrom zu entfesseln, wenn ein nationalsozialistischer Führer Ziel eines Attentats würde. Am 21. März 1933, kurz nach der Machtübernahme, veröffentlichte eine Leipziger Zeitung die folgende Warnung:»Sollte eine Kugel unseren geliebten Führer treffen, würden alle Juden in Deutschland unverzüglich an die Wand gestellt werden, und es würde ein Blutbad geschehen, wie es die Welt noch nicht gesehen hat.«[33] Andere Nationalsozialisten sprachen zu dieser Zeit davon, alle deutschen Juden zu vernichten, wenn die Franzosen die Grenze überschritten, oder sie verkündeten etwas allgemeiner,»wenn eine judenhörige fremde Armee« deutschen Boden beträte, würden »ihre Tritte über die Leichen getöteter Hebräer gehen«.[34]

Eine Ausnahme war Hitler dagegen zweifellos in bezug auf die pathologische Intensität seines Antisemitismus. Trotzdem waren seine Zwangsvorstellungen und seine Haltung nur das Echo auf die Gedankenwelt einer ganzen Anzahl von Menschen, die wie er die Methoden des Krieges in ihr politisches Handeln übernommen und aus dem Trauma der Niederlage eine Vorstellung von apokalyptischer Gewalttätigkeit abgeleitet hatten, deren bevorzugtes Ziel die Juden waren. Man fragt sich, ob an der Schwelle des »Dritten Reichs« diese Männer nicht in zumindest dieser Gewißheit an die Zukunft herangingen: Eine neue Niederlage würde es nicht geben, ohne daß sie die Juden teuer zu stehen käme.

2. Die Auswanderungspolitik 1933–1939

Am 30. Januar 1933 wurde Hitler vom Reichspräsidenten Hindenburg berufen, eine Koalitionsregierung des »nationalen Zusammenschlusses« zu bilden. Wenige Zeitgenossen hätten damals eine Vorhersage über die Lebensdauer des neuen Kabinetts gewagt. Hitler war darin von einer Mehrheit von Vertretern der konservativen Rechten umgeben, die ihn am kurzen Zügel zu führen gedachten. Welche Illusion: Mit dem gewaltigen Apparat der Partei und dank der Zaghaftigkeit der Konservativen zerschlug Hitler innerhalb weniger Monate die Machtbasis, die sie gegen ihn hätten nutzen können. Nach der Auflösung aller politischen und gewerkschaftlichen Organisationen war die NSDAP die einzige zugelassene Kraft. Sie übernahm es, ihr Netz über die Bevölkerung zu werfen, um sie kontrollieren und ihr das neue Evangelium von Volk und Rasse näherbringen zu können.

Hitlers Macht stand noch an ihrem Anfang. Seine ersten Entscheidungen, der Austritt Deutschlands aus der Internationalen Abrüstungskonferenz und aus dem Völkerbund, wurden durch eine Volksabstimmung abgesichert. Die bald durch eine gewaltige Wiederaufrüstung angekurbelte Wirtschaft brachte nach und nach Vollbeschäftigung und festigte seine Popularität. Die blutige Unterdrückung einer widerspenstig gewordenen SA ließ sie noch wachsen. Der Tod Hindenburgs im August 1934 erlaubte es Hitler schließlich, zusätzlich noch das Amt des Reichspräsidenten zu übernehmen und als solcher Oberbefehlshaber der Wehrmacht zu werden. Zu diesem Zeitpunkt hatten mehrere konservative Persönlichkeiten die Regierung verlassen, nachdem sie begriffen hatten, wie illusionär der Versuch war, Hitler zu zähmen. Anfang 1938 waren die letzten zwei konservativen Minister mit einer gewissen Bedeutung an der Reihe, Kriegsminister Werner v. Blomberg, dessen Aufgaben Hitler selbst übernahm, und Außenminister Konstantin Frhr. v. Neurath, den Joachim v. Ribbentrop ersetzte. Seit November 1937 trat das Kabinett nicht mehr zusammen; formal stand Hitlers Macht nichts mehr im Wege.

Seit seiner Ernennung hatte sich Hitler mit der Verwirklichung seines großen Vorhabens beschäftigt, Deutschland wieder aufzurichten und die Vorherrschaft in Europa zu erobern. Gleichzeitig damit hatte er seinen Antisemitismus in die Tat umzusetzen begonnen. In den sechs Jahren bis zum Beginn des Krieges wurden sehr viele Maßnahmen ergriffen, die die zunehmende Verfolgung der in Deutschland lebenden Juden zur Folge hatten. Aber diese Maßnahmen waren so wenig aufeinander abgestimmt, daß die Historiker zu bezweifeln begonnen haben, daß Hitler überhaupt eine politische Linie gehabt und etwas anderes getan hat, als die anarchische Spirale einer von den verschiedenen Bereichen seines Regimes betriebenen Verfolgung gutzuheißen.

Tatsächlich nahm bis zum Krieg die antijüdische Politik unter dem Einfluß ganz verschiedener Beteiligter Gestalt an. Da war zunächst die Ministerialbürokratie, besetzt von Konservativen, die am geregelten Funktionieren der Administration interessiert waren und die Unterstützung von Ministern wie Wilhelm Frick (Inneres) und Hjalmar Schacht (Finanzen) fanden. Sie spielte eine bedeutende Rolle, indem sie die antijüdische Gesetzgebung zugleich förderte und behinderte. Dann die NSDAP unter der Leitung von Rudolf Heß, die mit aller Gewalt den Staatsapparat unter ihre Kontrolle bringen wollte und ihn beständig drängte, die Lage der Juden zu verschlechtern. Joseph Goebbels und Julius Streicher, der eine Propagandaminister und Gauleiter von Berlin, der andere Gauleiter von Franken und fanatischer Antisemit, trugen ihrerseits dazu bei, wie übrigens auch eine ganze Reihe von mittleren und untergeordneten Führungskräften der Partei. Heinrich Himmler, gleichzeitig Herr über die SS und die Polizei, sollte noch eine wachsende Rolle spielen, indem er sich die nach und nach erworbene Unabhängigkeit vom Staatsapparat wie von der Partei zunutze machte. Schließlich Hitler, der auf seine konservativen Verbündeten wie auf die Bevölkerung und die Kirchen Rücksicht nehmen mußte und sich die Rolle eines Schiedsrichters und einer von allen anerkannten höchsten Instanz vorbehalten wollte. Er war also nicht der einzige, der in der antisemitischen Politik aktiv war, nicht einmal der hauptsächlich Beteiligte. War er der ausschlaggebende Akteur? Wir wollen eine Antwort darauf suchen, indem wir uns die in den Friedensjahren verfolgte Politik vergegenwärtigen.

Als Hitler an die Macht kam, hatte er keinen vorbereiteten Zeitplan mit antijüdischen Maßnahmen in der Tasche. Es ist jedoch kaum zu bezweifeln, daß er die großen Linien seines zukünftigen Vorgehens im Kopf hatte. Die NSDAP hatte in den vorangegangenen Jahren eine ganze Reihe von Studien und Plänen vorbereitet. Darunter fanden sich die Minimalziele, die den führenden Nationalsozialisten selbstverständlich waren und die in den ersten zwei Jahren verwirklicht werden sollten: Ausschluß der Juden aus öffentlichen Ämtern, Verbot der Ehe mit Deutschen, Zurückstufung auf den Status von Staatsbürgern zweiter Kategorie. Einzelne Pläne gingen auch weiter und sahen vor, allen Juden die deutsche Staatsbürgerschaft sofort zu entziehen, weil das ihre Ausweisung oder erzwungene Auswanderung möglich machte.[1]

In den ersten Monaten war die Lage chaotisch. Nationalsozialistische Banden begannen, auf ihre politischen Gegner Jagd zu machen und sie in Konzentrationslager zu sperren. SA-Horden verbreiteten in den Straßen Angst und Schrecken; sie stürzten sich auf jüdische Passanten und schlugen sie zusammen, raubten ihnen oft das Geld und ließen sie manchmal leblos zurück: 45 Juden wurden so im Laufe des Jahres 1933 getötet, Hunderte mehr oder weniger schwer verletzt. Die Ortsgruppen der Partei betätigten sich auch eifrig, indem sie Boykotts organisierten oder Rücktritte von öffentlichen Ämtern erzwangen. Die kommunalen oder regionalen Behörden entließen ihre jüdischen Angestellten oder schikanierten ihre jüdischen Mitbürger. In dieser

Situation beschloß die Ministerialbürokratie, die Dinge zu sanktionieren und zu vereinheitlichen, indem sie ein Gesetz erließ, das die Juden aus dem öffentlichen Dienst ausschließen sollte. In der Zwischenzeit hatten Gewalttätigkeit und Vandalismus die internationale Öffentlichkeit erregt; in einer ganzen Anzahl von Ländern wurden Aufrufe zum Boykott deutscher Waren verbreitet. Hitler griff ein; er betraute Goebbels und Streicher mit der Organisation eines Boykotts jüdischer Geschäfte am 1. April 1933. Der Gedanke kam wahrscheinlich aus der Partei, vielleicht von Goebbels, der in seinem Tagebuch vermerkte, »der Führer ist nun zum Entschluß gekommen«.[2] Hitler nahm die Zügel wieder in die Hand und stellte die Extremisten in seiner Partei zufrieden. Gleichzeitig übte er Druck auf die Konservativen aus, um sie dazu zu bringen, antijüdische Gesetze anzunehmen. Schließlich gab er seinen Entschluß bekannt und unterstrich damit, welche Bedeutung er der Frage beimaß.[3] Seine Weltanschauung hatte ihm sogleich eine Interpretation des Aufrufs zum Boykott deutscher Exporte geliefert. So sagte er bei der Sitzung des Ministerrats am 14. Juli 1933, dieser jüdische Boykott sei das Mittel dazu, die politische Leitung Deutschlands zu beseitigen. Daher hätten die Juden in Deutschland in erster Linie die Folgen dieser Boykottbewegung zu tragen.[4] Bei der Kabinettssitzung am 29. März hatte er den antijüdischen Boykott bereits gerechtfertigt, indem er erklärte, »das Judentum müsse erkennen, daß ein jüdischer Krieg gegen Deutschland es selbst mit voller Schärfe treffen würde«.[5] Die Juden als Geiseln und Ziel von Vergeltungsmaßnahmen: Die charakteristische Reaktion zeigte sich schon zu Beginn in seiner Haltung.

Der antijüdische Boykott vom 1. April steigerte die Feindseligkeit der internationalen öffentlichen Meinung nur, was sich auch auf die deutschen Exporte auswirkte. Das beunruhigte die Konservativen in Deutschland, etwa Neurath, der sich über die Folgen für die Außenpolitik Sorgen machte, aber auch Hindenburg, der den Boykott nicht befürwortet hatte, sich aber nicht offen hatte widersetzen wollen.[6] Die führenden Nationalsozialisten spürten die Grenzen ihrer Handlungsfreiheit. Sie erlebten sie erneut in Zusammenhang mit dem »Gesetz zur Wiederherstellung des Berufsbeamtentums« vom 7. April 1933. Der Entwurf sah vor, »Nichtariern« den Zugang zu allen öffentlichen Ämtern zu untersagen. (Die sonderbare Formulierung »Nichtarier« war aus der Schwierigkeit der Verwaltung bei der Definition entstanden, wer Jude war.) Bei den Durchführungsbestimmungen einigte man sich dann darauf, daß das Gesetz alle Personen betreffen sollte, die mindestens einen Großelternteil jüdischen Glaubens hatten: So wurde die nicht definierbare »Rasse« auf Religion zurückgeführt. Die Konservativen hatten offensichtlich keine Einwände gegen die Verkündung diskriminierender Bestimmungen. Aber die rein rassistischen Auffassungen der Nationalsozialisten teilten sie nicht: Die dem Land erwiesenen Dienste ließen in ihren Augen die Grenze quer durch die jüdische Bevölkerung verlaufen. Hier bezog Hindenburg Stellung und forderte die Einführung einer Ausnahmeklausel für jüdische Weltkriegsteilnehmer.

Hitler mußte sich fügen – widerwillig, wie man folgendem Vorfall entnehmen kann. Am 14. Juli 1933 erörterte die Regierung einen Gesetzentwurf, der die Rechtsanwälte betraf, einen Berufsstand, von dem »Nichtarier« ebenfalls ausgeschlossen werden sollten. In die Diskussion über eventuelle Ausnahmen für jüdische ehemalige Kriegsteilnehmer schaltete sich Hitler zugunsten einer strengeren Auffassung ein, als sie in dem Entwurf vorgesehen war. »Das jüdische Volk insgesamt würde abgelehnt«, Ausnahmen könne man nur bei denjenigen Juden machen, »die am blutigen Kampf teilgenommen hätten. Nur die Teilnahme an einer Kampfhandlung, nicht aber der Aufenthalt in der Kampfzone« – als Kriegsgerichtsräte oder Proviantamtsbeamte – wäre entscheidend.[7] Besser konnte er nicht zum Ausdruck bringen, welche Bedeutung er der antijüdischen Gesetzgebung und der möglichst umfassenden Ausschließung der Juden beimaß.

Trotzdem war Hitler das Ausmaß der Hindernisse, die sich einer schnellen Umsetzung dieser Pläne entgegenstellten, durchaus bewußt. Außenpolitische Überlegungen spielten eine wesentliche Rolle. Am 6. Juni 1933 legte er vor hohen Verwaltungsbeamten, die größtenteils auch Parteifunktionäre waren, seine Richtlinien dar. Er beabsichtigte im Inneren die Aufrüstung, nach außen hin wollte er »immer vom Frieden und von der Abrüstung reden«. Er treibe »Verständigungspolitik, um dadurch zu einer Politik der Stärke später einmal zu kommen«. Er machte eine Anspielung auf die Sowjetunion, die der Bolschewismus ruiniere, und fügte hinzu: »Eines Tages werden wir als die Erben auftreten.« Im Augenblick sehe sich das »neue Deutschland« einer Allianz von Gegnern gegenüber, die es nicht ohne Not provozieren wolle. Der Rest der Welt werde von den Juden aufgehetzt, die »ungeheure Einflußmöglichkeiten« hätten. Jeder Druck auf die Juden im Inland werde an die Juden im Ausland weitergegeben und finde dort seinen Widerhall, der von den unter jüdischer Herrschaft stehenden Regierungen verstärkt werde. Man dürfe sich »nicht zu unüberlegten Schritten hinreißen lassen«.[8]

Gesetzentwürfe betreffend »Mischehen« und Staatsbürgerschaft, mit deren Erarbeitung man bereits begonnen hatte, verschwanden wieder in den Schubladen. Aber die Richtung war deutlich vorgegeben, und Hitler spielte dabei eine Hauptrolle. Er hatte gezeigt, daß die »Judenfrage« sein persönliches Anliegen war, und außerdem, daß er seine Politik entsprechend der Lage zu gestalten wußte. In den folgenden Jahren sollte er viele Beispiele für diese kalkulierte und vergleichsweise maßvolle Betrachtungsweise liefern. Im Oktober 1933 zum Beispiel wandte er sich dagegen, daß das für Parteimitglieder geltende Verbot des Einkaufs in jüdischen Warenhäusern und Geschäften auf Beamte ausgedehnt würde.[9]

Neben diesen ersten antisemitischen Maßnahmen kümmerte er sich um die Verwirklichung anderer Teile seines rassistischen Programms. So setzte er bei seinen konservativen Verbündeten ein Gesetz über die Zwangssterilisierung erbkranker Personen durch: Etwa 400 000 Deutsche fielen ihm in den folgenden Jahren zum Opfer.[10] 1937 befahl er entgegen den Einwänden des Außenministeriums, daß diese Maßnahmen auf eine Kategorie von Menschen ausgedehnt würden, die an keinerlei Krankheiten litten: Es wurden 500 junge Menschen sterilisiert, die Kinder von deutschen Frauen und farbigen Vätern, Soldaten der französischen Besatzungsarmee, waren.[11]

1934 wurde die antijüdische Gesetzgebung mit weniger Nachdruck betrieben. Aber die gegen die Juden eingeleiteten Maßnahmen hörten deswegen nicht auf. Es wurde auf alle mögliche Weise weiterhin Druck auf die einzelnen ausgeübt, so daß ihr wirtschaftliches Überleben schwierig wurde, besonders in den Kleinstädten. Die Ministerien fuhren ihrerseits fort, Reglementierungen zu erlassen, die ihre Freiheiten beschnitten. Eine unterschwellige Strömung machte sich bemerkbar, deren Ziel es war, den Juden das Leben in Deutschland unmöglich zu machen. Die Auswanderung aller Juden war das Ziel, und die Dienststellen und Behörden Himmlers wußten zu ihrer Verwirklichung durchaus beizutragen. Da es in Anbetracht der weltweiten Krise schwierig war, ein Einwanderungsland zu finden, und da es von Hitler keine gegenteiligen Weisungen gab, setzten sie auf den Zionismus und Palästina.

Der SD, der Nachrichtendienst der Partei, brachte das 1934 deutlich zum Ausdruck: Um die Ausreise der Juden aus Deutschland zu fördern, mußte man bei diesen das Bewußtsein einer eigenen jüdischen Identität entwickeln.[12] Die zionistischen Organisationen erfuhren deshalb eine Vorzugsbehandlung; ihre Interessen deckten sich mit denen des Regimes, das nur zu froh war zu sehen, wie die Zahl der Hebräisch-Schulen, Turnvereine und Kurse zur beruflichen Umschulung im Hinblick auf die Auswanderung nach Palästina zunahm. Das Nürnberger »Gesetz zum Schutz des deutschen Blutes und der deutschen Ehre« vom 15. September 1935 untersagte Juden, die Hakenkreuzfahne zu hissen, gestattete ihnen aber ausdrücklich die Verwendung der weiß-blauen Zionistenfahne mit dem Davidstern. Unter dem gleichen Blickwinkel der Ermutigung zur Auswanderung wurde schon 1933 eine Vereinbarung mit der Jewish Agency getroffen; sie erlaubte wohlhabenden Juden, einen Teil ihres Vermögens nach Palästina mitzunehmen, im Austausch gegen eine Steigerung deutscher Exporte.[13]

Aber mußte man denn fortgehen? Zwei Jahre nach der Machtübernahme der Nationalsozialisten schien sich die Lage beruhigt zu haben. Jüdische Beamte, Juristen oder Mediziner hatten überwiegend ihren Beruf aufgeben müssen. Die anderen, die große Mehrheit, wurden nicht von der neuen Gesetzgebung in der Ausübung ihrer Geschäfte beeinträchtigt. Alle hatten mit Erleichterung so etwas wie Ruhe und Ordnung wieder einkehren sehen, fast alle wollten gern an eine Normalisierung glauben. Nach einer mächtigen Welle 1933 nahmen die Auswanderungen wieder ab; es gab sogar Rückwanderer. Das sah die NS-Führung mit Unbehagen, und die Gestapo bekam Anweisung, diejenigen Juden, die sich darauf versteiften, zurückzukommen, in Konzentrationslager zu schicken.

Die Maschinerie der Verfolgung hatte nur vorübergehend stillgestanden. Im Frühjahr 1935 wurde sie plötzlich wieder in Gang gesetzt, auf Betreiben von Männern wie Streicher und Goebbels, die der Stillstand bei der Gesetzgebung ärgerte. Bis zum Sommer ähnelte die Situation der der ersten Monate des Regimes. In deutschen Ländern wurden die jüdischen Geschäfte boykottiert, gab es Terroraktionen, wurde Juden der Zugang zu öffentlichen Gebäuden und Einrichtungen verwehrt, schlossen Verbände und Vereine ihre letzten jüdischen Mitglieder aus. Goebbels prangerte das Fehlen eines Gesetzes an, das Ehen zwischen Juden und Deutschen verboten hätte. Die Partei »forderte eine gesetzlich vorgeschriebene Kennzeichnung jüdischer Firmen und polemisierte gegen die offizielle Haltung, nach der die Juden in der Wirtschaft ungestört arbeiten durften«.[14]

Wurde diese Kampagne von Hitler in Gang gesetzt oder nur unterstützt? Goebbels notierte unter dem 29. April 1935 in seinem Tagebuch, daß er mit Hitler über die »Judenüberheblichkeit« gesprochen habe: »Er ist sehr zugänglich. In vielem wird es nun bald Änderung geben.«[15] Dieser Quelle zufolge hätte Hitler das Unternehmen nur unterstützt. Vermutlich war Goebbels, zusammen mit Streicher, der Initiator dieses Vorstoßes, der die antijüdische Gesetzgebung wieder in Schwung bringen sollte und der in den Reihen der Partei sogleich begrüßt wurde. Da konnte die Bürokratie nicht untätig bleiben. Frick und Schacht verurteilten die Agitation und sprachen sich für eine legale und schrittweise Regelung der »Judenfrage« aus. Dennoch mußten sie den Beginn der Arbeiten an Gesetzen bekanntgeben, die einige der erhobenen Forderungen erfüllen sollten. Hitler hielt sich während der Kampagne die meiste Zeit abseits der Ereignisse, die er aber wahrscheinlich aufmerksam verfolgte. Zu einem bestimmten Zeitpunkt schienen ihm die Dinge zu weit zu gehen: Im August untersagte er den Aktivisten der Partei jede Maßnahme, die nicht angeordnet war.

Zur Zeit des Parteitags in Nürnberg im September hatte sich der Wirbel wieder gelegt, aber es war nichts getan worden. Hitler muß angenommen haben, daß die Zeit für einen neuen Schub gekommen sei, mit dem zumindest teilweise die Erwartungen seiner Truppe erfüllt würden. Er rief also plötzlich die Fachleute für antijüdische Politik zusammen und forderte sie auf, Gesetze über die Staatsbürgerschaft und die Ehe zu formulieren; sie wurden von dem zu einer Sondersitzung nach Nürnberg einberufenen Reichstag umgehend angenommen. Heiraten wie überhaupt Geschlechtsverkehr zwischen Juden und Deutschen waren fortan verboten, und die Juden bekamen einen Status von Staatsbürgern zweiter Klasse. Hitler stellte die Gesetze als Antwort auf den von Juden im Ausland durchgeführten Boykott dar. Er sprach von ihnen als von einer Lösung, die »vielleicht« eine Basis für das Zusammenleben von Juden und Deutschen schaffen könnte. Aber er fügte hinzu, wenn sich die jüdische Feindseligkeit im In- und Ausland fortsetze, werde man die Situation wieder überprüfen. Alles blieb unsicher: Das Los der Juden in Deutschland konnte sich nur verschlechtern.

Hitler hatte bei dieser Gelegenheit gedroht, die »endgültige Lösung« der »Judenfrage« der nationalsozialistischen Partei zu übertragen, wenn die Verwaltung die gesetzliche Regelung des Problems weiterhin verschleppte.[16] Damit unterstützte er die erstere und ließ der letzteren eine Warnung zukommen. Aber deswegen gedachte er noch längst nicht, sich an die eine oder die andere Seite zu binden, wie die weiteren Ereignisse zeigten. Nachdem die Gesetze verkündet waren, blieb klarzustellen, auf wen sie anzuwenden waren. Im Fall von Menschen mit vier jüdischen Großeltern gab es keinen Zweifel. Aber was war mit denen, die einen, zwei oder drei Großelternteile hatten? Die Antwort war einstweilen zweifelhaft geblieben, obgleich der Standpunkt der Partei seit langem bekannt war: Jeder, der oder die auch nur einen jüdischen Großvater oder eine jüdische Großmutter hatte, sollte als jüdisch angesehen werden. Die Partei weigerte sich, die Existenz von »Mischlingen« zuzugeben, im Gegensatz zur Ministerialbürokratie, die eine engere Definition derjenigen Personen wünschte, die als Juden anzusehen waren.

Ein Dokument, das nach meiner Kenntnis noch nie zitiert wurde, bietet hier hochinteressante Aufklärung über Hitlers Intentionen und nebenbei über seinen Führungsstil. Am 25. September 1935 fand unter dem Vorsitz von Walter Gross, dem Leiter des Rassenpolitischen Amtes der NSDAP, eine Konferenz statt. Gross hatte die regionalen Führungskräfte des Amtes zusammenkommen lassen, um sie über die Entscheidungen zu unterrichten, die Hitler im Zusammenhang mit der Anwendung der Nürnberger Gesetze getroffen hatte.[17]

Eingangs erinnerte Gross daran, daß die Politik des »Dritten Reiches« die Zurückdrängung des jüdischen Einflusses »im Sinne der Ausscheidung eines Fremdkörpers« zum Ziel habe. Er fuhr fort, indem er Maßnahmen Streichers heftig kritisierte: Sie hätten den »Führer« veranlaßt, »persönlich« zu intervenieren, um eine Entscheidung bekanntzugeben, die eine regelrechte Änderung der Einstellung von der Partei forderte. Hitler habe sich tatsächlich für die Anerkennung einer Kategorie von

»Mischlingen« ausgesprochen, der er die Halbjuden zuordnete. Was das Schicksal dieser Leute angehe, so habe er drei mögliche Lösungen erwähnt: »1.) Ausweisung bzw. Auswanderung unter staatlichem Druck gefördert, 2.) Sterilisation und 3.) Assimilation.« Da seine Politik darin bestehe, unter zwei Übeln das kleinere zu wählen, habe er entschieden, daß die Frage der »Mischlinge« auf dem Wege der Assimilation »im Laufe weniger Generationen« geregelt werden müsse.

Er habe sich also gegen den Standpunkt der Partei ausgesprochen. Interessant sei die Begründung, die er dafür gegeben habe. Sein Ziel sei es, Deutschland mächtig und »schlagkräftig« zu machen, damit es unter den Prüfungen, die es treffen würden, sein Schicksal selbst zu bestimmen in der Lage sei. Alles, was diesem Ziel abträglich sei, müsse beseitigt werden; er seinerseits wolle keine Bevölkerungsgruppe, deren Zugehörigkeit nicht sicher sei. Gross schrieb ihm noch ein weiteres Motiv wirtschaftlicher Art zu: Schacht habe geltend gemacht, daß eine schonungslosere Reglementierung die deutschen Exporte beeinträchtigen könne. Hitler habe betont, daß man die Wirklichkeit im Auge haben müsse: »Wenn man sich für die Aufrüstung und die Wehrhaftmachung entschieden habe, das habe er getan, so hätten sich diesem Ziele alle anderen Dinge unterzuordnen.«

Er habe außerdem kundgetan, daß er das Ende der Boykottbewegung wünsche. Den Juden müßten Arbeitsmöglichkeiten gelassen werden, damit sie nicht der Allgemeinheit zur Last fielen. Ihre Vertreibung aus dem Wirtschaftsleben, die die Partei nachdrücklich gefordert habe, sei deshalb auf später verschoben. Er wünsche übrigens, daß der Zionismus nicht gefördert werde, wohl aber eine »stärkere Abwanderung« der Juden. Schließlich teilte Gross »die besondere Anordnung des Führers« mit, daß die neuen Beschlüsse – vor allem die die »Mischlinge« betreffenden – »kein taktisches Manöver«, sondern »eine grundsätzliche neue Kursrichtung« bedeuteten.

Man kann angesichts dieses Dokuments kaum bestreiten, daß Hitler eine deutliche Vorstellung von dem zu erreichenden Ziel hatte, von den Stufen, die dorthin führen würden, und von den Prioritäten, die man berücksichtigen mußte. Der Abzug aller Juden aus Deutschland war das Ziel. Das Ende ihrer wirtschaftlichen Tätigkeit war die nächste größere Etappe, und er kannte die Konsequenzen: ihre Verarmung und die Belastung für das Reich. Er hatte auch seine Prioritäten angedeutet: Die antijüdische Politik mußte entsprechend den Möglichkeiten betrieben werden, indem man darauf achtete, dem Kernziel einer Wiederaufrichtung der staatlichen Macht nicht zu schaden. Wenn er die gemäßigtere Lösung für die »Mischlinge« gewählt hatte, dann deshalb, weil er sich der Wirkung bewuß war, die eine andere Lösung auf die deutsche Bevölkerung haben konnte, vor allem auf die den Betroffenen Nahestehenden. Und auch, weil er fühlte, daß seine Position sicher genug war: Die Zeit der Erfolge ließ ihn nicht zu extremen Lösungen neigen.

Das bestätigt dasselbe Dokument auch in der Umkehrung, indem es über eine weitere Erklärung berichtet, die für unser Thema sehr aufschlußreich ist. Gross zufolge hatte Hitler, nachdem er sich für die Assimilation der »Mischlinge« ausgesprochen hatte, noch etwas hinzugefügt: »An dieser Stelle erklärte er noch, daß er im Falle eines Krieges auf allen Fronten ›bereit zu allen Konsequenzen‹ sei.« Anders ausgedrückt, er behielt sich vor, seine Entscheidung rückgängig zu machen, wenn die Lage eines Tages schwierig oder verzweifelt sein würde; er konnte sie zurücknehmen, indem er eine andere Politik gegenüber den jüdischen »Mischlingen« wählte, eine Politik, die erst recht auf alle »Volljuden« anzuwenden wäre. »Im Falle eines Krieges auf allen Fronten« würde er Maßnahmen ergreifen; sie waren nicht genau spezifiziert, aber die drohende Formulierung, die er verwandte und die Gross zitierte, läßt ahnen, daß sie radikal sein würden.

Die Sache konnte als geregelt angesehen werden. Sie war es durchaus nicht, und was dann geschah, beleuchtet den Führungsstil des »Führers«. Am 29. September, also wenige Tage nach der Konferenz unter dem Vorsitz von Gross, erläuterte Hitler der Führungsspitze der Partei seine Haltung bezüglich der »Halbjuden«. Statt sie aber über die Entscheidung zu informieren, wie er sie Gross mitgeteilt hatte, und obwohl insgesamt seine Worte in dieselbe Richtung gingen (mit einer Sachkenntnis und Vollständigkeit, die den Judenreferenten des Innenministeriums verblüfften), schloß er, indem er sagte, daß es noch der Klärung einiger Punkte bedürfe, die »im Einvernehmen zwischen Partei und Innenministerium demnächst erfolgen« werde.[18]

Es gab sofort Streit zwischen den Vertretern dieser Institutionen; es war ein schmutziger Streit und eine Tragödie, denn es ging um das Schicksal von zigtausend Menschen. Während das Innenministerium eine Regelung vorschlug, die der von Hitler bevorzugten nahekam, wollte die Partei, nachdem sie schon auf die »Vierteljuden« (mit nur einem jüdischen Großelternteil) hatte verzichten müssen, durchsetzen, daß wenigstens die »Halbjuden« als ganze Juden angesehen würden. Sie forderte außerdem die Zwangsscheidung bestehender »Mischehen« und sogar die Sterilisierung in Zweifelsfällen. Eine interministerielle Besprechung unter Vorsitz Hitlers zur Regelung des Problems wurde für den 5. November einberufen, aber von ihm wieder abgesagt. Am 14. November unterzeichnete er schließlich eine Verordnung, die im wesentlichen den Standpunkt des Innenministeriums übernahm: Die »Halbjuden« sollten als Deutsche gelten, sofern sie nicht mit einem Juden verheiratet waren oder der jüdischen Religionsgemeinschaft angehörten.[19]

Wenn Hitler am 29. September die Bekanntgabe seiner Entscheidung verschoben hatte, dann wahrscheinlich deshalb, weil er wußte, daß sie die Führungsspitze seiner Partei nicht befriedigen würde. Goebbels gehörte zu denen, die ihn drängten, eine rücksichtslosere Haltung einzunehmen. Am 1. Oktober notierte er nach einem Gespräch über die »Judenfrage«: »Wir debattieren lange darüber, aber der Führer ist noch unschlüssig.« Am 7. November schrieb er, daß der »Führer« nun eine Entscheidung anstrebe, doch ging diese Entscheidung offensichtlich nicht in die Richtung, die er wünschte. Ein Kompromiß sei ohnehin nötig, schrieb er bedauernd. Am 15. November teilte er mit, daß die endgültige Entscheidung getroffen sei. Es sei nicht der bestmögliche Kompromiß, aber er war trotzdem erleichtert: »In Gottes Namen, damit Ruhe kommt.«[20] Hitlers Verhalten war typisch. Er hatte eine Technik entwickelt, Entscheidungen zu verschieben, bis nach langen Diskussionen die Beteiligten bereit waren, sein Eingreifen mit Erleichterung zu akzeptieren. In diesem speziellen Fall sieht man, daß er – weit davon entfernt, die immer radikaleren Entscheidungen, die aus der Konkurrenz zwischen den verschiedenen Bereichen des Regimes hervorgingen, zu sanktionieren – durch seine hinhaltende Taktik seine Unterführer dazu gebracht hatte, einen gemäßigteren Standpunkt zu akzeptieren. Hitler war Herr der Lage. Er wollte sowohl die Partei als auch die Bürokratie beherrschen und niemandes Gefangener sein. In Nürnberg hatte er der Bürokratie eine Warnung zukommen lassen; das hinderte ihn nicht, gleich danach der von ihr vorgeschlagenen gemäßigten Regelung zuzustimmen. Was die Partei anging, so gab er ihr, nachdem er sie ermutigt hatte, zu verstehen, daß er allein über Tempo und Umfang der antijüdischen Politik entschied.[21]

Unter den Problemen, die ihn zu der Zeit beschäftigten, nahm die antijüdische Politik einen verhältnismäßig begrenzten Raum ein. Im wesentlichen zielten seine Bemühungen darauf, die Handlungsfreiheit in Europa zurückzugewinnen und die militärische Stärke wieder aufzubauen, die es ihm erlauben würde, im geeigneten Augenblick auch zu handeln. Der Erfolg belohnte ihn übrigens mit unglaublicher Beständigkeit. Nachdem er im März 1935 den Militärdienst wieder eingeführt hatte, hatte er im Juni ein Flottenabkommen mit Großbritannien geschlossen, das die Front seiner Gegner aufbrach und seinen Plan eines Bündnisses mit London in greifbare Nähe zu rücken schien. Bald darauf förderte der Krieg in Äthiopien seine Pläne, indem er Italien zu einer Annäherung veranlaßte. Im März 1936 nutzte er die Gunst der Stunde und ließ seine Truppen in das entmilitarisierte Rheinland einmarschieren; dort legte er sofort Befestigungen an, die sein Hinterland sichern sollten, wenn er eines Tages in Richtung Österreich, Tschechoslowakei oder Polen würde marschieren lassen.

Über seine außenpolitischen Bestrebungen und Träume geben die Tagebücher von Goebbels, der zu der Zeit hoch in Hitlers Gunst stand, vielfach Aufschluß. Dort findet man die in den zwanziger Jahren festgelegten großen Themen wieder: Das Bündnis mit England, die Eroberung von »Lebensraum« im Osten, die Erringung der Vorherrschaft in Europa, die Liquidierung des Westfälischen Friedens.[22] Man trifft auch den Durchhaltepolitiker wieder: In dem kommenden Kampf würde Deutschland »siegen oder nicht mehr leben«.[23] Aber von der antijüdischen Politik, den für die nächste Zeit ins Auge gefaßten Maßnahmen, den äußersten Zielen ist ziemlich selten die Rede. Im November 1937 war dies erstmals Thema einer langen Unterredung. Goebbels notierte, der »Führer« sei fest entschlossen, die Juden aus Deutschland, ja aus ganz Europa zu vertreiben.[24] Ein erster Hinweis auf eine Intention, die sich im Lauf der folgenden Jahre nachdrücklich äußern und sich entsprechend den Erfolgen bestätigen sollte.

Einstweilen war der Abzug der Juden aus Deutschland das Ziel, dem die Verantwortlichen in Partei und Administration ihre Aufmerksamkeit zuwandten. Es war sogar abgemacht, daß die Auswanderung unter Umständen »auch zwangsweise« durchgeführt werden könnte.[25] Aber es war für die Denkweise der Nationalsozialisten bezeichnend, daß, wenn es um die Juden ging, jede »Lösung« eines Problems gleich ein neues zum Vorschein brachte. Es war notwendig, daß die Juden Deutschland verließen, aber war ihre Abreise den Interessen des Reiches nicht auch abträglich? Besonders die Auswanderung nach Palästina rief eine scharfe Diskussion zwischen den verschiedenen Dienststellen von Partei und Staat hervor. Sollte man mit allen Mitteln die Ausreise der Juden fördern oder lieber der Geburt eines jüdischen Staates in Palästina Hindernisse in den Weg legen? Hitler selbst spürte diese Art Dilemma auch; es war hervorgerufen von der Zwangsvorstellung, auf allen Ebenen siegen zu müssen. Trotzdem hatte er sich für die Ausreise der Juden entschieden. Anfang 1938 wiederholte er ausdrücklich, daß die Auswanderung, also einschließlich der nach Palästina, »mit allen Mitteln« gefördert werden solle.[26] Aber wenn er die Juden loszuwerden wünschte, so wünschte er sie doch ebenso als Geiseln zu benutzen. Gefühlsmäßig am wichtigsten war und blieb ihm die Möglichkeit, über sie als Gegenstand von Vergeltungsmaßnahmen zu verfügen. Am 4. Februar 1936 ermordete David Frankfurter, ein jüdischer Medizinstudent, den Leiter der Landesgruppe Schweiz in der Auslandsorganisation der NSDAP, Wilhelm Gustloff. Mit Rücksicht auf die bevorstehende Eröffnung der Olympischen Winterspiele, mit Rücksicht aber auch auf die Vorbereitungen für die Remilitarisierung des Rheinlands, befahl Hitler der Partei, sich jeglicher Aktionen zu enthalten. So betonte Heß in einem Rundschreiben, das er versandte, um seine Truppen im Zaum zu halten: »Heute wie gestern und in jedem Einzelfall steht es allein dem Führer zu, über die zu verfolgende Politik zu entscheiden.«[27] Aber es hatte Hitler Überwindung gekostet, auf die sofortige Vergeltung zu verzichten.

In einer Denkschrift über die Ziele der Wiederbewaffnung forderte er ein paar Monate später beiläufig den Erlaß eines Gesetzes, das alle Juden haftbar machen würde für Angriffe, die aus ihren Reihen gegen die deutsche Wirtschaft oder das deutsche Volk verübt würden; dabei hatte er die Ermordung Gustloffs im Sinn. Die Bürokratie reagierte in einer Weise auf diese Forderung, die die Grenzen der Macht Hitlers zu diesem Zeitpunkt deutlich macht. Der Justizminister stellte nämlich fest, daß die Vorstellung von kollektiven Vergeltungsmaßnahmen »der Rechtsordnung fremd« sei, und schlug statt dessen vor, eine Lösung auf steuerlichem Gebiet zu suchen. Hitler begnügte sich mit dem Gedanken einer Sondersteuer, deren Höhe jährlich neu festgesetzt werden und die dazu benutzt werden sollte, die Auswanderung der Juden zu fördern. Das Interessanteste dabei ist, daß er die Vorbereitung für diese Steuer so zu beschleunigen befahl, daß sie am Ende des Prozesses gegen den Mörder von Gustloff bereits verkündet werden könnte.[28] Er hatte die Geschichte nicht aus den Augen verloren; der Gedanke an Vergeltung wirkte in ihm fort. Die Sondersteuer sollte die Auswanderung unterstützen. Aber es ist offenkundig, daß Hitler vor allem ihren Wert als Vergeltung schätzte. Zwischen einer Politik der Entfernung der Juden und einer Politik der Vergeltung, um nicht zu sagen der Rache, die in diesen Zeiten der Erfolge nicht auf der Tagesordnung stand, war das Verhältnis von Anfang an gespannt, wenn nicht widersprüchlich, wie wir gesehen haben. Das wirkte sich auf die Praxis aus. Hätte Hitler von Anfang an mehr Druck auf die Auswanderung der Juden ausgeübt, wäre er zu einem »besseren« Resultat gekommen. Aber er mußte auch ein inneres Bedürfnis befriedigen, das Rache wollte. Derart zwischen zwei Extremen hin- und hergerissen, begünstigte er durch seine Haltung, daß das Regime in unregelmäßigen Schüben gegen die Juden vorging.

Das Jahr 1938 war in mehrfacher Hinsicht ein Wendepunkt. Die Vertreibung von Juden aus der Wirtschaft, im NS-Jargon »Arisierung« genannt, stand zur großen Befriedigung der Parteifunktionäre auf der Tagesordnung. In ihrem Kielwasser begann eine zentral und mit Nachdruck betriebene Auswanderungspolitik. Außerdem bekam die Verfolgung eine neue Dimension. Die Methoden wurden brutaler: Sie sollten die Abwanderung der Juden beschleunigen. Der »Anschluß« Österreichs und die triumphale Angliederung des Sudetenlandes, die die Westmächte in München zugestanden hatten, machten außenpolitische Rücksichten, die bisher hemmend gewirkt hatten, weniger dringend.

In Österreich zeigte sich gleich nach dem »Anschluß« die Brutalisierung des antijüdischen Vorgehens. Wie später auch in anderen annektierten Gebieten wandte das NS-Regime hier eine schonungslosere Politik an als im »Altreich«. Die Zeit der Umwälzung bot Gelegenheit zur Schaffung vollendeter Tatsachen, die später auf das gesamte Reich ausgedehnt werden konnten. Gleich nach dem »Anschluß« brach Pogromstimmung in Wien aus, wo die starke Konzentration der Juden mit alten Traditionen des Antisemitismus einherging. Der Anblick von Menschen, die gezwungen wurden, sich unter den höhnischen Kommentaren der Menge demütigen zu lassen, gehört zu den erbärmlichsten Szenen dieses Jahrhunderts. Es gab unzählige sadistische Übergriffe, und Hunderte von Wohnungen wurden geplündert. In der Nacht vom 13. auf den 14. März begann die Polizei damit, die bewegliche Habe der österreichischen Juden »sicherzustellen«; auf Befehl Hitlers sollten die schönsten Stücke nach Berlin geschickt werden.[29]

In Wien setzte am 26. März 1938 Göring, der mit der Durchführung des Vierjahresplans beauftragt war, die »Arisierung« auf die Tagesordnung, die »ganz systematisch mit aller Überlegung« durchgeführt werden müsse.[30] Vergebens: In den folgenden Monaten nahm die im Prinzip immer noch »freiwillige« Arisierung in Österreich die Form einer gigantischen Erpressung an. Der Rückgriff auf alle Arten von Druck veranlaßte viele Juden, zu Spottpreisen ihren Besitz zu verkaufen und zu emigrieren. Die Nationalsozialisten wagten zum ersten Mal eine methodische Austreibung. Ende März schob die Polizei die Juden aus dem Burgenland über die Grenze zu Ungarn ab. Mitnehmen durften sie nur, was sie tragen konnten.[31]

In Wien wurde auch erstmals die von Adolf Eichmann, einem Fachmann für »Judenfragen« im SD, erfundene Auswanderungsmethode angewandt. Eichmann konzentrierte Vertreter der verschiedenen Dienststellen, die für Auswanderungsfragen zuständig waren, in einem Gebäude; die Juden hatten, wenn sie dieses Gebäude verließen, zwar ein Visum, aber fast leere Taschen. Da die meisten Länder einen bestimmten Betrag in Devisen verlangten, bevor sie ein Visum bewilligten, nötigte

Eichmann die reichen Juden, einen Teil ihres Geldes für die Finanzierung der Ausreise armer Juden auszugeben. Die Beschlagnahme war sogar eine doppelte, denn die Devisen stammten von jüdischen Hilfsorganisationen im Ausland, und Eichmann verkaufte sie den österreichischen Juden zu einem überhöhten Kurs weiter.

Währenddessen wurde auch im »Altreich« die »Arisierung« zur Norm. Seit Herbst 1937 war die wirtschaftliche Tätigkeit der Juden in vielfältiger Weise eingeschränkt worden. Im April 1938 wurden sie gezwungen, ihr gesamtes Vermögen anzumelden. Aber Ungewißheit herrschte noch über die weitere Verfahrensweise: gesetzliche Ausschaltung oder steuerliche Benachteiligung? Im April kam Hitler auf den Gedanken einer Sondersteuer zurück, die noch immer nicht verwirklicht war, einer Sondersteuer, deren Satz geändert werden konnte, damit man die Juden für den Fall, daß sie sich als »Volksfeinde« betätigten, strafen konnte.[32] Man kann also nicht behaupten, daß er dabei eine schnelle Arisierung und den Abzug der Juden aus Deutschland im Blick gehabt hätte.

Der Plan sollte abermals zu den Akten gelegt werden. Die staatliche Bürokratie untersuchte eben die Möglichkeiten zur Verwirklichung der Zwangsarisierung. Im Juni legte das Innenministerium in einer Denkschrift erstmals einen Gesamtplan vor, nach dem die Juden ihre Unternehmen verkaufen sollten und dafür mit Reichsanleihen abgefunden werden würden. Das Wirtschaftsministerium sowie Schacht in seiner Eigenschaft als Reichsbankpräsident erhoben sofort Einwände. Sie fürchteten, daß eine sofortige Arisierung Rückwirkungen auf die Wirtschaft haben könnte; hinzu käme noch das Risiko der Verarmung der Juden und der Zunahme des jüdischen Proletariats, das der öffentlichen Fürsorge zur Last fallen würde. Sie zogen eine sich über mehrere Jahre erstreckende »Arisierung« vor. Am 14. Oktober fand eine interministerielle Besprechung unter dem Vorsitz von Göring statt, in deren Verlauf die grundsätzliche Entscheidung zur Ausschaltung der Juden aus dem Wirtschaftsleben noch einmal bestätigt wurde; aber konkret waren die Dinge nicht vorangekommen. Das weitere Schicksal der Juden begann übrigens als Problem sichtbar zu werden. Göring weigerte sich, die knappen Devisen des Reichs dafür zur Verfügung zu stellen, daß die Juden mit dem Rest ihres Vermögens ausreisen könnten; er äußerte, im Notfall müsse man »Ghettos in den einzelnen Großstädten errichten«, und erwähnte die mögliche Einrichtung von »jüdischen Arbeitskolonnen«.[33]

Während der Plan der »Arisierung« in den gewundenen Kanälen der Administration nur mühsam vorankam, machte sich seit dem Ende des Frühjahrs bei den Parteifunktionären ein neuer Tatendrang bemerkbar. Goebbels stand wieder einmal in vorderster Reihe. Als er sah, daß die Dinge wieder in Bewegung gerieten, bemühte er sich, sie in eine radikale Richtung zu lenken. Diesmal wollte er die Juden aus Berlin vertreiben. Dazu sollte ihm nicht ein Gesetz, sondern polizeiliche Schikane verhelfen.[34] Das Ergebnis entsprach freilich nicht seinen Erwartungen. Entgegen seinen Anweisungen war es zu Ausschreitungen in Form von Plünderungen und Gewalttätigkeiten gekommen. Um das Unternehmen zu unterstützen, hatte die Polzei von sich aus 1500 Juden festgenommen, die im Strafregister aktenkundig waren oder denen unbedeutende Vergehen zur Last gelegt wurden. Einen Trost gab es für Goebbels. Am 25. Juli notierte er nach einem Gespräch mit Hitler, daß der »Führer« seine Aktion in Berlin gebilligt habe und die Kritik der ausländischen Presse kaum Bedeutung hätte: »Hauptsache ist, daß die Juden hinausgedrückt werden. In zehn Jahren müssen sie aus Deutschland entfernt sein. Aber vorläufig wollen wir die Juden noch als Faustpfand hierbehalten.«[35] Das Hin und Her zwischen den beiden Tendenzen in Hitlers Haltung wird hier augenfällig.

Im Sommer 1938 einigten sich die Mächtigen des Regimes darauf, daß ein neuer Schritt in der antijüdischen Politik getan werden müsse. Aber wie wir gesehen haben, war etwas Konkretes nicht beschlossen worden; Hitler hatte es nicht eilig. Tatsächlich nahmen ihn andere Probleme in Anspruch: Die tschechoslowakische Krise braute sich am Horizont zusammen. Nach dem Triumph von München fielen ihm plötzlich zusätzliche Juden zu, die er so schnell wie möglich loszuwerden versuchen wollte. So forderte er Ribbentrop auf zu untersuchen, ob man die 27 000 in Wien lebenden tschechoslowakischen Juden abschieben könnte. Die im von Deutschland annektierten Sudetenland wohnenden Juden wurden kurzerhand von der Gestapo in die Tschechoslowakei abgeschoben, die sie aber zurückwies. Nachdem sie elend im Niemandsland herumgeirrt waren, wurden sie schließlich von anderen Ländern aufgenommen.

Das war nur eine kleine Probe dessen, was den polnischen Juden drohte. Die vom Reich in Österreich betriebene Politik der Zwangsauswanderung hatte die Nachbarländer, in denen sich eine Welle von Antisemitismus aufbaute, veranlaßt, ihre Grenzen zu schließen. Aber Polen ließ es dabei nicht bewenden. Anfang Oktober gab es bekannt, daß die im Ausland lebenden Staatsangehörigen vor Ende des Monats neue Visa haben müßten; diese Visa könnten denjenigen Personen verweigert werden, die seit mehr als fünf Jahren ihren Wohnsitz außerhalb von Polen hätten. Ziel dieser Maßnahme war es, Deutschland daran zu hindern, die jüdischen Einwohner mit polnischer Staatsbürgerschaft nach Polen zurückzuschicken. Damit drohten die NS-Behörden mehrere zehntausend Staatenlose aufgezwungen zu bekommen, die als Emigranten in anderen Ländern schwierig unterzubringen gewesen wären. Sie beschlossen deshalb, zum äußersten Mittel zu greifen. Kurz vor Ende des Monats nahm die Gestapo 15 000 bis 20 000 Juden fest und brachte sie mehr oder weniger mittellos an die Grenze. Die polnischen Behörden weigerten sich, ihre Staatsbürger aufzunehmen, und erst nach langen Verhandlungen wurde ein Kompromiß gefunden. Deutschland gelang es schließlich, sich des größten Teils dieser »Unerwünschten« zu entledigen.[36]

Wenige Tage später, am 7. November, verübte ein junger polnischer Jude, Herschel Grynszpan, dessen Familie gerade nach Polen abgeschoben worden war, ein Attentat auf den deutschen

Diplomaten Ernst vom Rath in Paris. Vom Rath erlag zwei Tage später seinen Verletzungen. Die Führer der NSDAP erfuhren das, als sie sich wie jedes Jahr zum Gedenken an den Putsch von 1923 in München versammelt hatten. Nachdem er mit Hitler gesprochen hatte, hielt Goebbels eine Rede, in der er zu verstehen gab, daß eine Welle des Terrors auf diesen Angriff der Juden gegen das Reich folgen müsse. Noch in derselben Nacht wurde der unglaublichste Pogrom, den Westeuropa seit Jahrhunderten erlebt hatte, entfesselt; es gab fast hundert Tote, rund 7500 Geschäfte und viele Wohnungen wurden zerstört und geplündert, Hunderte von Synagogen in Brand gesteckt. Die Polizei nahm beinahe 30 000 vor allem wohlhabende Juden fest und schickte sie in Konzentrationslager. Sie wurden in den folgenden Wochen wieder freigelassen gegen das schriftlich abgegebene Versprechen, sogleich auszuwandern.

Über die genauen Anweisungen Hitlers an Goebbels besteht nach wie vor keine Gewißheit. Nach einem Bericht des Obersten Parteigerichts scheint er »spontane« Kundgebungen genehmigt zu haben; die Partei sollte sich aber heraushalten. In seiner Rede gab Goebbels dann zu verstehen, »daß die Partei nach außen hin nicht als Urheber der Demonstrationen in Erscheinung treten, sie in Wirklichkeit aber organisieren und durchführen sollte«.[37] Wenngleich Hitler gar nicht anders konnte, als die Idee von Repressalien zu billigen, scheint er doch vom Umfang der Zerstörungen überrascht gewesen zu sein; die Auswirkungen konnte er bald ermessen. Die deutsche Bevölkerung mißbilligte den Pogrom; das Ausland verurteilte ihn heftig; selbst führende Nationalsozialisten, allen voran Göring und Himmler, kritisierten ihn. Auf jeden Fall deckte Hitler Goebbels, der aus der Angelegenheit nicht den Nutzen ziehen konnte, den er sich davon versprochen hatte. Sein Verhältnis zum »Führer«, das ohnehin nicht mehr so eng wie früher war, begann sich in den folgenden zwei, drei Jahren weiter zu lockern. Hitler selbst zog eine Lehre aus den Ereignissen. Solche öffentlichen Gewalttaten gegen die Juden in Deutschland sollten sich nicht wiederholen.

So gab er sowohl zu Beginn des Krieges als auch 1941, als das Tragen des gelben Sterns vorgeschrieben wurde, strikte Anweisungen, um jedem Zwischenfall vorzubeugen.

Nach der »Kristallnacht« konnte die Regelung der »Judenfrage« nicht weiter aufgeschoben werden. Am 12. November 1938 fand eine interministerielle Sitzung unter Vorsitz von Göring statt, der mitteilte, daß entsprechend dem ihm vom »Führer« erteilten Auftrag die Frage jetzt »einheitlich zusammengefaßt werden soll und so oder so zur Erledigung zu bringen ist«.[38] Sein Resümee der Entwicklungen der letzten Monate ließ den Mangel an Kohärenz und Kontinuität deutlich werden, der in der Tat die Politik des Regimes kennzeichnete. »Sehr schöne Pläne« seien für die »Arisierung« der Wirtschaft entworfen, aber nur schleppend verfolgt worden. Dann habe es in Berlin Kundgebungen gegeben, und es sei dem Volk gesagt worden, es geschehe »etwas Entscheidendes«; aber wieder sei nichts geschehen. Dann sei der Mord in Paris begangen worden, mit den bekannten Folgen, »und jetzt muß etwas geschehen!«

Göring informierte zunächst über die getroffenen Entscheidungen zur Beseitigung der Folgen der »Kristallnacht«. Die Versicherungsgesellschaften hätten die mit Juden geschlossenen Verträge zu erfüllen, doch sollten die Entschädigungszahlungen an den Staat gehen. Trotzdem sollten die Juden dazu gedrängt werden, auf eigene Kosten die Schäden an ihrem Eigentum zu beheben und außerdem mit einer Sondersteuer in Höhe von 1 Milliarde Reichsmark belegt werden. Der Staat sollte den Nutzen daraus ziehen; das Geld werde zur Wiederaufrüstung verwendet. Dann kündigte Göring an, daß die Juden künftig aus dem Wirtschaftsleben ausgeschlossen würden; entschädigen wollte man sie in Form von Obligationen, von denen sie leben müßten. Es blieb ein Problem übrig, das Göring keine besondere Sorge gemacht zu haben scheint, das Reinhard Heydrich, seit 1936 Chef der Sicherheitspolizei, aber vorzubringen nicht versäumte: das des Abzugs der Juden aus Deutschland, besonders des »Mobs«, der keine Mittel für die Auswanderung besaß.

Heydrich schilderte der Versammlung das Verfahren, das in Österreich angewandt worden war und zur Auswanderung von 50 000 Juden geführt hatte – gegenüber 19 000 aus Deutschland im gleichen Zeitraum. Göring war offensichtlich über das System Eichmann nicht auf dem laufenden; er äußerte die Befürchtung, daß das Reich dabei wertvolle Devisen verlieren würde. Heydrichs Antwort beruhigte ihn: Die Juden kosteten nur die Devisen, die man ihnen zugestand, was darauf hinauslief, daß sie nach allen Regeln der Kunst ausgeraubt würden. Göring stimmte Heydrichs Vorschlag zu, in Deutschland eine Auswanderungszentrale nach dem Wiener Muster zu errichten; sie sollte Heydrich zufolge den Abzug aller Juden aus Deutschland innerhalb von acht bis zehn Jahren sicherstellen.

Die auf der Sitzung vom 12. November gefaßten Beschlüsse wurden von Hitler gebilligt, wie Göring am 5. Dezember bei einer Gauleiterbesprechung mitteilte. Die Arisierung sollte zunächst die Betriebe, dann die Immobilien betreffen. Die Juden sollten weiterhin in deutschen Geschäften einkaufen können. Und was schließlich die Auswanderung anging, so wollte man sich zunächst mit den ärmeren Juden befassen. Heydrichs Vorschlag, von den Juden, die noch blieben, das Tragen einer Kennzeichnung zu verlangen, hatte Hitler abgelehnt.[39] Er hatte das damit begründet, daß das Tragen eines unterscheidenden Merkmals die Juden neuen Gewalttätigkeiten aussetzen und ihre Versorgung mit Lebensmitteln problematisch machen könnte.[40]

Über eine Reihe von anderen Vorschlägen von Goebbels und Heydrich, die darauf abzielten, die Juden aus dem öffentlichen Leben auszuschließen und ganz von den Deutschen zu trennen, hatte er nicht entschieden. Allem Anschein nach drängte ihn aber Göring, und Ende Dezember bekam er eine Entscheidung. Hitler sprach sich gegen die Errichtung von Ghettos aus: Die Juden sollten nur nach und nach in bestimmten Häusern zusammengelegt werden. Es sollte ihnen in Zukunft verboten sein, Speisewagen und Schlafwagen zu benutzen, der Zugang zu öffentlichen Verkehrsmitteln und öffentlichen Plätzen sollte ih-

nen jedoch weiter gestattet sein. Die entlassenen jüdischen Beamten sollten weiterhin Pension bekommen. Schließlich sollte die jüdische Fürsorge ihre Arbeit fortsetzen, damit die Juden nicht der Öffentlichkeit zur Last fielen. Einmal mehr hatte er souverän entschieden und die radikalen Vorschläge von Goebbels und Heydrich zurückgewiesen, auch wenn seine Entscheidungen in die von ihnen gewünschte Richtung gingen.[41]
Die »Kristallnacht« hatte der antijüdischen Politik kräftig Auftrieb gegeben. Die Arisierung der Wirtschaft war beschlossene Sache; sie wurde in den folgenden Monaten durchgeführt. Der Auswanderung der Juden wurde erstmals ernsthaft Aufmerksamkeit zuteil; sie sollte zentral und rigoros organisiert werden. Am 24. Januar 1939 gab Göring Heydrich den Auftrag, eine Zentralstelle für jüdische Auswanderung nach dem Wiener Vorbild zu errichten und sie so zu leiten, daß Deutschland »judenfrei« gemacht würde. Es war ein Triumph für Heydrich, der die Durchführung der antijüdischen Politik des Regimes nach und nach in seine Hände bekam. In den folgenden zwei Jahren sollte er sich damit beschäftigen, die jüdische Emigration mit allen Mitteln voranzutreiben, einschließlich der Begünstigung der von den Zionisten betriebenen illegalen Auswanderung nach Palästina.

Hitler hatte sich entschlossen, die Vertreibung der Juden zu einem direkten Ziel seiner Politik zu machen. Er tat es in einem Augenblick, da die Auswanderung schwieriger als je zuvor geworden war, vor allem für diejenigen, die, wie die Juden aus Deutschland, dabei den größten Teil ihres Vermögens verlieren sollten. Dennoch verfolgte er sein Ziel mit unleugbarer Entschlossenheit. Zu Beginn des Jahres 1939 ermächtigte er Schacht sogar zu sondieren, ob man die Auswanderung in die westlichen Länder erleichtern könne, indem man Juden erlaubte, ihr Vermögen ins Ausland zu überweisen. Die Verhandlungen wurden von einem Beauftragten Görings geführt und brachten eine Vereinbarung, die allerdings wegen des Kriegsbeginns nicht in die

Die Auswanderungspolitik 1933-1939   63

Tat umgesetzt werden konnte.[42] Während von 1933 bis 1937 130 000 Juden aus Deutschland ausgewandert waren, davon knapp 40 000 nach Palästina, wanderten 1938 und 1939 trotz der viel größeren Schwierigkeiten 118 000 aus. Hinzu kamen die Juden aus Österreich nach dem »Anschluß«: Von Mai 1938 bis September 1939 wanderten mehr als 100 000 Menschen aus.[43] Aber zur gleichen Zeit, in der er Deutschland »judenfrei« machte, hob Hitler das Problem auf eine europäische Ebene. Im November 1937 hatte er zu Goebbels gesagt, die Juden müßten ganz Europa verlassen. Das wiederholte er am 24. November 1938 gegenüber dem südafrikanischen Verteidigungs- und Wirtschaftsminister Pirow: Die Juden »würden eines Tages aus Europa verschwinden«.[44] Er betonte stets, daß in seinen Augen das Problem kein ausschließlich deutsches sei. Seit dem Herbst 1938 machte er es zu einer europäischen Frage. Dies war eine Möglichkeit unter anderen, politische und diplomatische Annäherungen einzuleiten oder zu verstärken. Dies war für ihn aber auch ein Weg, sich selbst den Abzug der Juden aus Deutschland akzeptabel zu machen. Sie konnten ihm immer weniger als Geiseln dienen; er war sich seiner Macht sicher genug, um darauf verzichten zu können; nicht verzichten konnte er auf die Suche nach einer erweiterten Lösung, die möglichst viele europäische Juden »unschädlich« machte.

Schon am 20. September hatte er dem polnischen Botschafter Lipski erklärt, daß er die »Judenfrage« im Einvernehmen mit anderen Ländern wie Polen, Ungarn und vielleicht auch Rumänien regeln wollte und daß er die Juden in eine Kolonie zu bringen gedachte. Lipski antwortete, wenn er, Hitler, eine Lösung für dieses Problem fände, würden ihm die Polen in Warschau ein Denkmal errichten.[45] Hatte Hitler dabei eine Lösung wie Madagaskar im Auge? So scheint es, nach den Äußerungen zu urteilen, die Göring bei der Sitzung am 12. November tat: Hitler habe ihm am 9. November seine Absicht dargelegt, sich zur Regelung der Judenfrage auf internationaler Ebene an die anderen Länder zu wenden; es sei von Madagaskar die Rede gewesen. Die Deportation der Juden in ein fernes Gebiet wurde also von diesem Augenblick an in den NS-Führungskreisen diskutiert. Göring schlug am 12. November eine andere Möglichkeit vor: Die reichen Juden könnten in Nordamerika oder Kanada ein Territorium kaufen und ihre Rassengenossen dort unterbringen.

Als er dieses Problem auf die internationale Ebene hob, traf Hitler auf eine günstige Situation. Rumänien und Polen hatten wissen lassen, daß sie gern ein Territorium hätten, in dem sie ihre Juden unterbringen könnten. Selbst Roosevelt hatte sich zugunsten der Schaffung einer jüdischen Heimstätte in Angola eingeschaltet.[46] Im Januar ließ sich Hitler im Verlauf von Gesprächen mit führenden osteuropäischen Politikern des längeren über das Problem aus. Offensichtlich versuchte er, andere Länder dazu zu bringen, seinem Beispiel zu folgen oder sich seinem Kreuzzug anzuschließen. Wie er zu Pirow gesagt hatte, exportierte er seinen Antisemitismus. Gegenüber dem polnischen Außenminister Beck deutete er am 5. Januar an, daß er dafür sei, die Juden in einem fernen Gebiet unterzubringen, und fügte hinzu, wenn man seitens der Westmächte mehr Verständnis für die deutsche Kolonialforderung aufgebracht hätte, so hätte er »vielleicht zur Lösung der Judenfrage ein Territorium in Afrika zur Verfügung gestellt, das zur Ansiedlung ... hätte verwendet werden können«.[47]

Auf die Länder, die unter seinem Einfluß standen, übte Hitler Druck aus, damit sie nach deutschem Vorbild den Kampf gegen die Juden aufnähmen. Am 21. Januar erklärte er dem tschechischen Außenminister Chvalkovsky, daß die Juden im Reich »vernichtet« werden würden. »Den 9. November 1918 hätten die Juden nicht umsonst gemacht, dieser Tag würde gerächt werden.« Dabei ging es um die Vernichtung der Juden als einer in Deutschland lebenden Gemeinschaft, nicht um ihre physische Vernichtung. Tatsächlich schlug Hitler demselben Gesprächspartner vor, »daß die Staaten, die daran interessiert sind, irgendeinen Fleck in der Welt nehmen und dort die Juden hinsetzen und den angelsächsischen, humanitätstriefenden Staaten dann

Die Auswanderungspolitik 1933–1939 65

sagen: Hier sind sie; entweder verhungern sie, oder ihr setzt eure vielen Reden in die Praxis um.«[48] Man begegnet diesem Gedanken später wieder. Hitler hatte nicht die Absicht, auch nur das kleinste Opfer für die Juden zu bringen; ideal wäre es gewesen, sie aus Europa zu vertreiben, ohne sich Gedanken über ihr Schicksal und vor allem ihren Unterhalt machen zu müssen. Die Rede, die er am 30. Januar 1939 vor dem Reichstag hielt, lag ganz auf der Linie der im vorangegangenen Herbst eingeleiteten Entwicklung.[49] Die Juden, erklärte er, seien auf der ganzen Welt die Feinde des Nationalsozialismus. Keine Macht von außen könne Deutschland in der Erledigung seiner »Judenfrage« beeinflussen. Die Juden würden das Land verlassen müssen, in dem sie sich eingenistet hätten. Aber die »Judenfrage« sei dennoch nicht gelöst. Sie stelle ein europäisches Problem dar. »Europa kann nicht mehr zur Ruhe kommen, bevor nicht die jüdische Frage ausgeräumt ist. Es kann sehr wohl möglich sein, daß über diesem Problem früher oder später eine Einigung in Europa selbst zwischen solchen Nationen stattfindet, die sonst nicht so leicht den Weg zueinander finden würden. Die Welt hat Siedlungsraum genügend, es muß aber endgültig mit der Meinung gebrochen werden, als sei das jüdische Volk vom lieben Gott eben dazu bestimmt, in einem gewissen Prozentsatz Nutznießer am Körper und an der produktiven Arbeit anderer Völker zu sein. Das Judentum wird sich genauso einer soliden aufbauenden Tätigkeit anpassen müssen, wie es andere Völker auch tun, oder es wird früher oder später einer Krise von unvorstellbarem Ausmaße erliegen.«

Er fuhr fort, er sei in seinem Leben sehr oft Prophet gewesen und meistens ausgelacht worden. Vor allem das jüdische Volk habe nur mit Gelächter seine Prophezeiung aufgenommen, daß er einmal in Deutschland die Führung übernehmen und dann »unter vielen anderen auch das jüdische Problem zur Lösung bringen« werde. »Ich will heute wieder ein Prophet sein: Wenn es dem internationalen Finanzjudentum in- und außerhalb Europas gelingen sollte, die Völker noch einmal in einen Weltkrieg zu stürzen, dann wird das Ergebnis nicht die Bolschewisierung der Erde und damit der Sieg des Judentums sein, sondern die Vernichtung der jüdischen Rasse in Europa.«[50]

Über die Bedeutung dieser Drohung gibt es keinen Zweifel. Hitler dachte an die physische Vernichtung der Juden. Er hatte allerdings eben noch eine andere Lösung vorgeschlagen, ihre Unterbringung in einem fernen Territorium. Die Vernichtungsdrohung war eine konditionale: Sie würde im Falle eines Weltkriegs in die Tat umgesetzt werden; in einer Situation, die die Gefährdung, wenn nicht das totale Scheitern seines Vorhabens anzeigte. Die Dinge konnten schließlich schlecht für ihn ausgehen; aber die europäischen Juden – also die Mehrheit des jüdischen Volkes – würden sofort dafür zahlen. Sie würden nicht mehr da sein, um sich an seiner Niederlage zu weiden und ihren Sieg auszukosten. Es ist bezeichnend, daß er in seiner Rede die Vereinigten Staaten angegriffen hatte; in seiner Prophezeiung meinte er die amerikanischen Juden, wenn er von den Juden »außerhalb Europas« sprach. Der Präzedenzfall 1914–18 war ihm immer noch zwanghaft gegenwärtig: Ein Krieg wäre ein Weltkrieg nur unter der Beteiligung der Vereinigten Staaten.[51]

Die antijüdische Politik, wie Hitler sie sich am Anfang des Jahres 1939 vorstellte, setzte sich aus mehreren Elementen zusammen. Die »Judenfrage« in Deutschland wurde soeben durch die Zwangsauswanderung geregelt. Gleichzeitig war die Frage auf die europäische Ebene gehoben und eine Lösung vorgeschlagen worden: Die Ansiedlung der Juden in einem fernen Territorium, entweder durch eine konzertierte Aktion oder durch eine einseitige Maßnahme NS-Deutschlands, wenn es dazu in der Lage war. Die Lösung in Richtung »Judenreservat« wurde ganz unmißverständlich klar; sie wurde etwa zur gleichen Zeit von Rosenberg dargestellt und in einem Rundschreiben des Außenministeriums erwähnt.[52] Das alles geht den großen deutschen Siegen und der Errichtung der NS-Vorherrschaft in Europa lange voraus. Schließlich, als letztes Element, die Hypothese eines Scheiterns und die Ankündigung der Vernichtung.

Die Auswanderungspolitik 1933-1939 67

Hitler stellte seinen Entschluß in aller Öffentlichkeit vor. Wie er es schon auf dem Nürnberger Parteitag 1936 getan hatte, gab er sich als »Prophet«. Seine Erfolge stärkten seine Überzeugung, einen historischen Auftrag zu haben. Gleichzeitig blieb ihm das Schreckgespenst eines Scheiterns gegenwärtig: Er wußte, daß die Zeit der Prüfungen gerade erst begonnen hatte. Indem er seine innerste Überzeugung kundtat, erregte er sich leidenschaftlich und stärkte sich selbst damit. Schließlich warnte er seine Gegner: Die Juden der ganzen Welt seien informiert, sie brauchten nur aufzuhören, dem Siegesmarsch des Reiches Steine in den Weg zu legen. In seiner Rede von 1939 wie in seinen Erklärungen gegenüber Walter Gross vom Herbst 1935 zog die Ankündigung einer »gemäßigten« Lösung sogleich die Drohung mit Rache für den Fall des Scheiterns nach sich.

In sechs Jahren hatte das NS-Regime einen langen, wenn auch nicht besonders geradlinigen Weg in seiner antijüdischen Politik hinter sich gebracht. Es ist deutlich geworden, daß Hitler die Lage beherrschte; ihm fehlte es weder an Zielsetzungen noch an der Entscheidungsgewalt. Trotzdem war sein Verhalten ganz unterschiedlich, je nachdem, ob es sich um antijüdische Politik oder um Außenpolitik handelte. Hier eine starke Präsenz und eindeutige Leitung im Dienste eindeutig definierter Zwecke; dort eine rege Aufmerksamkeit und eine klare allgemeine Orientierung, aber schwankende Führung, die seine Gefolgsleute zu Eigeninitiativen ermunterte und eine schubweise Entwicklung zur Folge hatte, in der Straßenaktionen eine anheizende Wirkung hatten.

Gewiß mußte Hitler objektive äußere und innere Zwänge bei seiner antijüdischen Politik berücksichtigen, aber das mußte er in der Außenpolitik auch. Der Grund für sein Verhalten findet sich viel eher in der Priorität, die er der Wiederherstellung der nationalen Macht eingeräumt hatte, und vor allem in dem inneren Hin- und Hergerissensein, das seinen Unterführern die Möglichkeit bot, selbst eine Rolle zu spielen. Nach der Machtübernahme blieb der Kampf gegen die Juden das einzige Betätigungsfeld für die Partei; für ihn wurden die Truppen mobilisiert, die damit ihre antisemitische Einstellung zum Ausdruck bringen, ihren Spielraum vergrößern und auch Begehrlichkeiten befriedigen konnten. In gewisser Weise trieb die Partei also Hitler voran: in die Richtung, die er selbst gehen wollte, aber in einem Tempo, das unter anderen Umständen wahrscheinlich geringer gewesen wäre. Denn wenn sich Hitler ein Deutschland ohne Juden wünschte, so wollte er gleichzeitig auch die Juden noch für eine Weile als Geiseln in der Hand behalten. Letztlich entschied er sich für die Zwangsauswanderung; da er sich seiner Macht gewiß war, konnte er auf ein Faustpfand in Deutschland verzichten. Aber es ist bezeichnend, daß er sich sogleich auf die Suche nach einer internationalen Lösung machte und daß er dann seine innerste Überzeugung öffentlich kundtat. Die Juden mochten Deutschland verlassen; er war mit ihnen aber noch nicht fertig.

3. Die Suche nach einer territorialen Lösung 1939–1941

Bis 1939 war für Hitler alles hervorragend verlaufen. Er hatte seine Diktatur konsolidiert, er hatte Deutschland wiederbewaffnet, und er hatte es von den meisten Beschränkungen durch die Versailler Verträge befreit. Dennoch war seine Lage 1939 das genaue Gegenteil derjenigen, die er sich gewünscht hatte. Als er am 1. September 1939 Polen angreifen ließ, war er der Verbündete der UdSSR und lag mit Frankreich und Großbritannien im Krieg. Großbritannien war weit davon entfernt, auf die ihm angebotene Teilung der Welt einzugehen, und stellte sich Hitler mit allem Nachdruck entgegen. Aber wenn er sein Ideal einer Folge begrenzter Blitzkriege auch nicht ganz verwirklicht hatte, konnte sich Hitler damit trösten, dank der Neutralität, zu der die Sowjetunion – gegen eine erneute Teilung Polens und die Übernahme des Baltikums in ihre Einflußsphäre – bereit gewesen war, einen Zweifrontenkrieg vermieden zu haben.

Die Zerschlagung Polens innerhalb weniger Wochen befreite Hitler von jeglicher Bedrohung aus dem Osten und erlaubte ihm, sich ganz dem Krieg im Westen zu widmen. Die Blitzoperationen des folgenden Frühjahrs, von der Besetzung Norwegens bis zur spektakulären Niederlage Frankreichs, machten ihn zum Herrn des Kontinents. Aber es war, wie er bald erkannte, ein unvollkommener Sieg, denn: England war entschlossen, den Krieg fortzuführen; die Vereinigten Staaten hatten sich trotz ihres Isolationismus entschieden, England materiell zu unterstützen; die Sowjetunion schließlich blieb ein potentieller Gegner.

Im Herbst 1939 lagen die erstaunlichsten Erfolge noch vor ihm. Aber Hitler hatte sie nicht nötig, um mit der Verwirklichung bestimmter mörderischer Punkte seiner Rassenideologie zu beginnen. Nicht erst im Juni 1941 wurde dieser nationalsozialistische Krieg ein rassistischer Krieg – das war er seit dem 1. September 1939. Und die Juden waren auch nicht vorrangig die Opfer: Die ersten Maßnahmen zur Vernichtung ganzer Bevölkerungsgruppen richteten sich gegen Deutsche und Polen.

Bei den Deutschen handelte es sich um vom Schicksal geschlagene Menschen, die wegen einer angeborenen Behinderung oder einer chronischen Krankheit in Heilanstalten oder Pflegeheimen lebten. Hitler hatte seit »Mein Kampf« immer wieder betont, wie er über diese »erblich belasteten« Menschen dachte, deren Existenz ihm ein Beleg für die Degeneration der Rasse war – von krimineller Humanitätsduselei unter Aufbietung großer Kosten am Leben erhalten. Es war ihm in den ersten Jahren seiner Macht nicht möglich gewesen, dieses Problem zu »regeln«, aber die Absicht dazu blieb bestehen. Schon seit 1938 wurden Schritte eingeleitet, auch wenn das Unternehmen erst nach Kriegsbeginn seinen vollen Umfang erreichte. Hitler war von einem Ehepaar um die Erlaubnis zur Tötung ihres unheilbar kranken Kindes gebeten worden und hatte zugestimmt. Er beschloß daraufhin, das gleiche Los systematisch über alle mißgebildeten oder anormalen Neugeborenen zu verhängen. Am 18. August 1939 machte ein Runderlaß des Innenministeriums allen Ärzten und Hebammen zur Pflicht, unter Mißbildungen leidende Kinder zu melden. Sie wurden in besonderen Abteilungen zusammengefaßt und getötet, mit einer Spritze oder durch Verhungernlassen.

Zu Beginn des Herbstes 1939 beschloß Hitler, auch das »lebensunwerte Leben Geisteskranker« zu beenden. Ein entsprechender Befehl wurde zunächst mündlich gegeben, dann im Lauf des Oktober schriftlich nachgereicht, in Form eines auf den 1. September zurückdatierten Briefes. Die Leitung dieses Unternehmens, zu Unrecht »Euthanasie« genannt, vertraute Hitler nicht Himmler an, sondern einem seiner Sekretariate, der »Kanzlei des Führers«, deren Aufgabe es eigentlich war, Gesuche von Einzelpersonen entgegenzunehmen. Auf diesem Weg hatte ihn auch der Antrag des oben erwähnten Ehepaars erreicht. Es war im übrigen typisch für ihn, Aufgaben unter seinen Paladinen aufzuteilen.

Die Kanzlei des Führers schuf unter größter Geheimhaltung eine Organisation, die später noch für die Vernichtung der Juden gebraucht wurde. Um den Kreis der Opfer festzulegen, wurde eine Liste erstellt, auf der Schizophrene, Epileptiker, unheilbar Gelähmte und geistesgestörte Verbrecher aufgeführt waren. Es gab nur eine einzige Rettung: die Arbeitsfähigkeit. Aber sie galt nicht für die Verbrecher, und seit Sommer 1940 auch nicht für Juden. Zu einem Zeitpunkt, da die Nationalsozialisten auf jede mögliche Weise die jüdische Bevölkerung aus dem Reich zu vertreiben suchten, wollten sie keine Probleme schaffen durch Personen, deren Gesundheitszustand eine Abreise nicht erlaubt hätte. Zum Transport der für das Euthanasie-Programm ausgewählten Personen wurde eigens ein Unternehmen geschaffen, dessen Fahrzeuge die Pflegeheime und die sechs im Reich eingerichteten Euthanasiestationen miteinander verbanden.

Jetzt blieb noch, diese Menschen auch zu töten. Nach einigen tastenden Versuchen wurde ein einheitliches Verfahren entwickelt: Die Opfer mußten sich ausziehen oder wurden ausgezogen und in einen Raum geführt, der wie eine Dusche hergerichtet war. Dort wurden sie mit Hilfe von Kohlenmonoxidflaschen vergast. Ihre Leichen wurden in einem Krematorium verbrannt, nachdem man ihnen die Goldzähne gezogen hatte. Die Nachricht von ihrem Tod bekamen die Familien nach einer komplizierten Prozedur der Verschleierung zugeschickt, mit der vor allem vermieden werden sollte, daß an einem Ort mehrere Todesfälle gleichzeitig bekanntgegeben würden. Innerhalb von knapp zwei Jahren fielen dieser Aktion mehr als 70 000 Menschen zum Opfer. Die Beteiligten hatten sich verpflichtet, zu schweigen, aber es war bald ein offenes Geheimnis. Eine Welle von Protesten, vor allem von seiten der Kirchen, war die Folge. Daraufhin wurde die Aktion im August 1941 von Hitler ausgesetzt.[1]

Unmittelbar nach Kriegsanfang, gleichzeitig mit seinem Befehl, den deutschen »Volkskörper« von »lebensunwertem Leben« zu befreien, unternahm es Hitler, in Polen einen weiteren Teil seines rassistischen Programms zu verwirklichen. Mehrere Monate vor Beginn der Kampfhandlungen hatte er die Ziele aufgezeigt, die er verfolgte: Annexion und Germanisierung zumindest eines Teils von Polen, Zerschlagung der polnischen Nation. Er blieb dabei den schon in den zwanziger Jahren geäußerten Absichten treu: Ein Territorium könne nur germanisiert werden durch die Vertreibung der einheimischen Bevölkerung und die Kolonisierung durch Deutsche. Im November 1937, als er von dem bevorstehenden Anschluß Österreichs und der Tschechoslowakei sprach, hatte er die Vertreibung von rund drei Millionen Menschen aus diesen beiden Ländern erwähnt.[2] Aber Polen sollte nicht nur als souveräner Staat, sondern als Nation verschwinden. Ziel war die »Beseitigung der lebendigen Kräfte« des Landes durch »brutales Vorgehen«.

Die Polen waren dazu bestimmt, als Ungelernte, die kaum lesen und schreiben können, die vom Reich benötigten Arbeitskräfte zu stellen. Man mußte ihnen also das Nationalgefühl nehmen, das nach Hitlers Vorstellung vom Einfluß der Führungsschicht abhing. Die Abschaffung des Unterrichtssystems mit höheren Schulen und Hochschulen würde sehr dazu beitragen. Aber ebenso sollte das Ziel durch die schlichte Vernichtung der polnischen Intelligenz erreicht werden, all jener Menschen, die durch ihre Bildung und soziale Stellung die Idee einer Nation lebendig erhalten konnten.[3]

Diese Aufgabe wurde Himmler anvertraut, der im September 1939 das Reichssicherheitshauptamt (RSHA) schuf, in dem er unter Heydrichs Leitung die Sicherheitspolizei – ein staatliches Amt, dem die Gestapo unterstand – und den SD, eine Parteiorganisation, vereinigte. Heydrich stellte »Einsatzgruppen« auf, wie er es schon beim Einmarsch in Österreich, im Sudetenland und dann in der Rest-Tschechoslowakei getan hatte. Diese Einsatzgruppen folgten der Wehrmacht auf dem Fuße; ihre Aufgabe war es, die »deutschfeindlichen Elemente« festzunehmen, sich der brauchbaren Archive zu bemächtigen und ganz allgemein die ideologischen Feinde des Nationalsozialismus zu bekämpfen. Aber ihre Tätigkeit in Polen überstieg alles bisher Dagewesene. Mit vorbereiteten Fahndungslisten ausgerüstet, verhafteten und erschossen Heydrichs Männer Tausende von Menschen, die der polnischen Elite angehörten. Ihre Massaker führten zu ernsten Spannungen mit der Wehrmacht, deren Proteste das Unternehmen behinderten.[4]

Die Juden waren nicht dem Tod geweiht wie die Geisteskranken und die polnische Elite. Ihr Los war aber deshalb nicht leichter. In der Folge des deutschen Einmarsches waren sie die Zielscheibe unzähliger Brutalitäten und Opfer zahlreicher Hinrichtungen ohne Gerichtsverfahren durch die Einsatzgruppen. Man schätzt, daß von den rund 16 000 polnischen Zivilisten, die in den ersten sechs Wochen nach dem deutschen Angriff ermordet wurden, mindestens 5 000 Juden waren.[5] Von einem Vernichtungsprogramm kann gleichwohl noch nicht die Rede sein. Indessen übernahm das NS-System die Kontrolle über zwei Millionen Juden zusätzlich. Mußte nicht jede neue Eroberung die »Lösung« der »Judenfrage« immer schwieriger machen? Andererseits bot die Übernahme einer Hälfte von Polen eine Möglichkeit, sie zumindest provisorisch zu regeln, indem ein Plan in die Praxis umgesetzt werden konnte, den zu Beginn des Jahres Rosenberg dargelegt hatte und von dem man weiß, daß er den Vorstellungen Hitlers genau entsprach: den Plan eines »Judenreservats«. In diese Richtung sollte sich die Politik des Regimes in den folgenden Monaten orientieren, mit unbestreitbarem Ernst, aber mageren Resultaten.

Am 14. September 1939 informierte Heydrich seine Amtschefs, daß Himmler dem »Führer« Vorschläge unterbreiten werde, zu denen er wegen ihrer zu erwartenden internationalen Folgen selbst Stellung nehmen müsse. Eine Woche später verbreitete er sich vor denselben Zuhörern sowie zusätzlich den Leitern der

Einsatzgruppen über Hitlers Vorstellungen von der Zukunft Polens: Annexion Westpolens, Schaffung eines »fremdsprachigen Gaus« mit Krakau als Hauptstadt (des späteren Generalgouvernements), in dem alle Polen sowie die Juden und Zigeuner des ganzen Reichs konzentriert werden sollten. Was die Juden angehe, so teilte Heydrich mit (und dabei handelte es sich offenkundig um die von Himmler unterbreiteten Vorschläge), so habe Hitler ihre Deportation in den »fremdsprachigen Gau« und ihre Abschiebung über die Demarkationslinie zur UdSSR genehmigt. Der Gesamtprozeß werde sich über ein Jahr erstrecken.[6]

Heydrich leitete daraus sofort praktische Maßnahmen ab. Die polnischen Juden seien so schnell wie möglich in Städten zu konzentrieren, damit man zunächst bessere Kontrollmöglichkeiten und später bessere Möglichkeiten zur Abschiebung habe: »in Güterzügen«, wie er sogleich präzisierte. Am selben Tag fixierte er seine Anweisungen an die Einsatzgruppenleiter schriftlich und wies »noch einmal darauf hin, daß die geplanten Gesamtmaßnahmen (also das Endziel) streng geheim zu halten sind«.[7]

Viele Historiker haben in diesem »Endziel«, das geheimgehalten werden sollte, einen Hinweis auf einen Plan zur Vernichtung gesehen.[8] Tatsächlich war das angestrebte Ziel die Konzentration der Juden in einem Reservat. Derselbe Brief stellte klar, daß es nicht nötig sei, die in der Region zwischen Krakau, der Nordgrenze der Slowakei und der deutsch-sowjetischen Demarkationslinie lebenden Juden in Städten zusammenzuziehen. Diese Einschränkung hatte nur einen Sinn, wenn feststand, daß dieses Gebiet das »Judenreservat« werden sollte. Nach der endgültigen Fixierung der Demarkationslinie zur UdSSR wurde das Gebiet um Lublin und nördlich von Lublin zu dem, was Heydrich am 29. September als ein »Naturschutzgebiet« oder »Reichs-Getto« bezeichnete.[9] Für die Geheimhaltung, an der Heydrich so sehr lag, gab es diplomatische und polizeitechnische Gründe: Es sollten keine vorzeitigen Proteste von außen provoziert werden, und die Juden sollten nicht in Panik versetzt werden.[10]

Die territoriale Lösung 1939–1941   75

Am 29. September 1939 legte Hitler selbst Rosenberg seine Absichten dar. Der Westteil des unter deutscher Kontrolle stehenden Polen sollte dem Reich einverleibt und germanisiert werden. Das hieß, daß die nichtdeutsche Bevölkerung, rund acht Millionen Menschen, schließlich von dort vertrieben werden mußte. Zunächst sollten dort die Deutschen aus den Gebieten angesiedelt werden, die jetzt in die sowjetische Einflußsphäre übergegangen waren. Der mittlere Teil des von Deutschen besetzten Polen sollte die polnische Bevölkerung aufnehmen und eine »polnische ›Staatlichkeit‹« bekommen. Der Ostteil schließlich, zwischen Weichsel und Bug, sollte »das gesamte Judentum (auch aus dem Reich), sowie alle irgendwie unzuverlässigen Elemente« aufnehmen. (Hitler dachte dabei sicher an die Zigeuner und vielleicht auch an »Asoziale«.)[11]

Diese Umschichtung von Volksgruppen betrachtete Hitler wahrscheinlich nicht als definitive Lösung. Er hatte noch seinen Plan der Eroberung von Raum im Osten, einer Eroberung, die schließlich die Germanisierung der jetzt den Polen und Juden zugestandenen Gebiete nach sich ziehen würde. Letztere mußten Europa auf jeden Fall eines Tages verlassen. Es ist in diesem Zusammenhang bezeichnend, daß Hitler in einer am 6. Oktober gehaltenen Rede vom »Versuch einer Ordnung und Regelung des jüdischen Problems« gesprochen hat.[12] Unter den gegebenen Bedingungen, mit der wegen des Krieges immer schwieriger werdenden Auswanderung, dürfte die Zusammenlegung der Juden an der Peripherie des Großdeutschen Reiches in seinen Augen eine befriedigende Zwischenlösung gewesen sein.

Diese Entscheidung ergab sich logisch, wie mir scheint, aus der Lage, in der er sich befand. Ein europäischer Krieg hatte begonnen, und wenn Hitler auch viel zuversichtlicher als seine Generäle an einen Sieg im Westen glaubte, so wußte er doch, daß die Sache noch nicht ausgestanden war. Dieser Umstand weckte in ihm die Erinnerung an den großen Krieg und ließ in seinen Äußerungen die Vorsätze sichtbar werden, die er schon in den zwanziger Jahren kundgetan hatte. »Ein November 1918 wird sich niemals mehr in der deutschen Geschichte wiederholen!« rief er schon in seiner ersten Kriegsrede; er sollte das in der Öffentlichkeit wie im kleinen Kreis noch mehrfach äußern.[13] Weder Revolution noch Kapitulation – und um sich davor zu schützen, machte er seinen Entschluß bekannt, unerbittlich gegen Kriegsgewinnler, Saboteure und Defätisten zu kämpfen. »Der brave Soldat an der Front soll wissen, daß uns sein Leben immer noch höher steht als das von Landesverrätern. Er soll aber auch wissen, daß in diesem Kampf erstmals in der Geschichte nicht von dem einen verdient wird, während die anderen verbluten.«[14] Die Konzentration der Juden in einem genau abgegrenzten Gebiet mußte ihm in jeder Hinsicht empfehlenswert, wenn nicht gar notwendig erscheinen. Entsprechend dem Bild, das er sich vom großen Krieg gemacht hatte, bedeutete ihre Anwesenheit im Hinterland eine Gefahr: eine revolutionäre Gefahr im Falle militärischer Rückschläge oder innerer Unruhen, eine Gefahr für die Moral der Bevölkerung für den Fall einer Verlängerung des Konflikts. Unter dem 9. Mai 1940 berichtete Goebbels in seinem Tagebuch, der »Führer« sei wütend darüber, daß Juden unter deutschen Arbeitern zur Arbeit eingesetzt worden seien. »Die dürfen nur geschlossen eingesetzt werden, sonst versauen sie die ganze Moral.«[15]

Hitlers Entschluß, sie an der Peripherie des Reiches zu konzentrieren, sagt uns jedoch noch nichts über seine eigentlichen Absichten. Man könnte, wenn man ihm einen so gewaltigen Machiavellismus unterstellen will, behaupten, daß er sie an der Schwelle des Reiches habe konzentrieren wollen, damit er sie dann um so leichter und sicherer töten könnte. Wurden denn nicht auch in diesem Gebiet zwei Jahre später die meisten Vernichtungslager eingerichtet? Man kann aber eine solche Kontinuität nur herstellen, wenn man gewichtige Elemente übergeht, die in genau die entgegengesetzte Richtung weisen. Denn Hitler – und dieser Punkt wird im allgemeinen verkannt – war zu dieser Zeit erfüllt von dem Bemühen, sich der Juden zu entledigen und diese Bürde loszuwerden.

Am 17. Oktober 1939, also zu einer Zeit, in der er die Schaffung eines polnischen Staates plante, erklärte er Keitel, dem Chef des Oberkommandos der Wehrmacht (OKW), daß der nicht dem Reich einverleibte Teil Polens selbständig gemacht werden solle und daß die »Führung des Gebietes« es ihm ermöglichen müsse, »auch das Reichsgebiet von Juden und Polacken zu reinigen« und sie dort unterzubringen.[16] Drei Wochen zuvor hatte er einem schwedischen Mittelsmann namens Dahlerus erklärt, »daß, wenn er den polnischen Staat reorganisieren würde, auch für die Juden ein Asyl geschaffen werden könnte«.[17] Der geplante polnische Staat sollte ein von Deutschland abhängiger Rumpfstaat sein. Wenn er ihm die Aufnahme aller Juden des Reiches zur Auflage machte, erschwerte sich Hitler jedoch ein späteres Eingreifen. Offensichtlich ging es ihm vor allem darum, die Belastung nicht mehr tragen zu müssen, die die Konzentration von Millionen Menschen in einem zu kleinen und armen Land mit sich brächte. Er hatte in der Vergangenheit deutlich gemacht, daß er keine Kosten für die Juden übernehmen wollte. Er hatte seinen Standpunkt nicht verändert, wenn er sich von einer Bürde zu befreien versuchte, die um so schwerer werden würde, je weiter die Verarmung seiner Opfer fortschritt und je mehr ihre Zahl wuchs.

Die Auswanderung der Juden wurde im übrigen von Heydrichs Dienststellen weiter betrieben, die sich bemühten, alle Hindernisse zu überwinden, die der Krieg ihnen in den Weg legte. Auffallender war die Vertreibungspolitik entlang der deutschsowjetischen Demarkationslinie; wie wir gesehen haben, hatte Heydrich am 21. September 1939 mitgeteilt, daß Hitler sie gebilligt habe. Die Wehrmacht hatte schon am 12. September die Abschiebung der Juden aus Ostoberschlesien ins sowjetische Einflußgebiet angeordnet; am 18. September befahl sie, den nach Osten geflüchteten Juden den Rückweg nach Westen zu verwehren.[18] Allerdings sollten erst die Einsatzgruppen in den folgenden Monaten zu systematischen Vertreibungen übergehen. Es ist schwierig, die Zahlen zu berechnen, aber es waren in jedem Falle Zehntausende Menschen, die mit brutalen Methoden völlig mittellos nach Osten gejagt wurden. Sie waren vom Ertrinken bedroht, wenn sie die Flüsse überqueren mußten, die die beiden Länder trennten, und sie waren außerdem den Schüssen ihrer deutschen Begleitmannschaft ausgesetzt und manchmal auch der Zurückdrängung durch die sowjetischen Posten. Die UdSSR, die monatelang ihre Grenzen offengelassen hatte, beklagte sich schließlich über die Abschiebungen. Und im Dezember 1939 forderte Hans Frank, den Hitler an die Spitze des Generalgouvernements gesetzt hatte, die Polizei auf, solche Aktionen unter allen Umständen zu vermeiden, weil sie das »notwendige freundschaftliche Verhältnis zwischen der Sowjetunion und Deutschland« trübten.[19]

Hitler hatte also beschlossen, die Juden in einem Reservat an der Schwelle seines Reiches neu zusammenzufassen. Aber diese Entscheidung war kaum gefallen, als alles ablief, als hätte es sie nicht gegeben oder als sei zumindest ihre Verwirklichung im Sande verlaufen. Anfang Oktober 1939 bekam Eichmann den Befehl, eine bestimmte Anzahl Juden aus dem Protektorat Böhmen und Mähren und aus Oberschlesien ins Generalgouvernement zu deportieren; man wollte Erfahrungen sammeln, bevor man Deportationen im großen Maßstab durchführte. Eifrig wie immer, stellte Eichmann ein ehrgeiziges Programm auf die Beine und ging so weit, auf eigene Faust auch die Juden Wiens in die Aktion einzubeziehen. Mehrere tausend Juden, theoretisch Freiwillige, wurden nach Nisko am San im Distrikt Lublin gebracht, um dort ein Aufnahme- und Durchgangslager zu errichten. Kaum war das Projekt begonnen worden, da wurde aus Berlin befohlen, es wieder zu beenden. Die Juden wurden zum Teil verjagt und sich selbst überlassen; die anderen verbrachten den Winter dort, bevor ihnen die Rückkehr gestattet wurde.

Die ganz im Zeichen der Improvisation begonnene »Nisko-Aktion« konnte nicht ohne größere Schwierigkeiten abgehen. Als sie begann, versuchte man die Tatsache zu nutzen, daß die

Die territoriale Lösung 1939-1941 79

Verwaltung im Generalgouvernement erst im Entstehen begriffen war. Es stand fest, daß Frank, wenn er einmal informiert war, heftigen Protest erheben würde, gar nicht zu reden von der Wehrmacht, die die Eisenbahnen dringend für sich selber brauchte. Doch die Unternehmung war schnell beendet, als die ersten Transporte mit Volksdeutschen aus dem sowjetischen Einflußgebiet im westlichen Polen eintrafen. Dort war Not am Mann, nicht im Protektorat oder in Österreich, denn es mußte für die Aufnahme und Unterbringung von Zehntausenden von Menschen gesorgt werden, indem man mindestens ebenso viele Nichtdeutsche enteignete und ins Generalgouvernement deportierte. Eichmann wurde überraschend nach Berlin ins RSHA gerufen, wo ihm im Dezember 1939 die Leitung des Referats IV B 4 der Gestapo übertragen wurde, mit der Aufgabe, die Gesamtheit der Evakuierungen zu planen.[20]

In den folgenden Monaten konzentrierten die Polizeibehörden ihre Bemühungen auf die annektierten Gebiete; die zwei Reichsgaue Wartheland und Danzig-Westpreußen wurden neu gebildet. Am 30. Oktober 1939 hatte Himmler geäußert, daß er vor Ende Februar 1940 alle Juden – mehr als 500 000 Personen – und ebenso viele Polen, insgesamt eine Million Menschen, von dort abschieben wolle. Die Vertreibung der Juden hatte deutlich Vorrang, aber es war bald nicht mehr die Rede davon, sie nach Lublin zu schicken; sie wurden in den folgenden Monaten auf das ganze Generalgouvernement verteilt. Die systematischen Deportationen – es hatte zuvor, seit Beginn der Besetzung, schon viele »wilde« Deportationen gegeben – begannen im Dezember 1939. Zu Zehntausenden wurden Juden oder Polen in Güterzüge gepfercht, mit nichts als einem kümmerlichen Rest von Gepäck, und dann viele Stunden, manchmal Tage später im Generalgouvernement ausgeladen, ohne daß Vorkehrungen für ihre Ernährung und den Schutz gegen die Winterkälte getroffen worden wären; Hunderte von Menschen erfroren.

Der Eifer der Polizei war nicht für alle Erfordernisse ausreichend, und es wurde bald klar, daß Himmler sich übernommen hatte. In den folgenden Monaten sollte sein Programm ständig nach unten korrigiert und schließlich ganz gestoppt werden. Die Unternehmung stieß auf den Mangel an Transportmöglichkeiten, auf die Einwände der Wehrmacht und Görings und endlich auf Franks Proteste. Am 12. Februar 1940 wurde bei einer Sitzung auf hoher Ebene unter Vorsitz von Göring das Unternehmen gebremst. Göring, wie gewöhnlich mehr an wirtschaftlicher Effizienz als an einer rassischen »Säuberung« interessiert, war der Ansicht, daß die Abschiebungen das gute Funktionieren der Wirtschaft nicht stören und die Arbeitskräfte, besonders die Landarbeiterschaft, in den annektierten Gebieten nicht gefährden dürften. Sicher, das Generalgouvernement sollte schließlich alle Juden des Reiches aufnehmen müssen, aber das hatte auf geordnete Weise und nach Absprache zu geschehen. Schöne Worte zur Beruhigung von Frank, dem besonders daran gelegen war, den Umfang der Deportationen von der Versorgung mit den für den Unterhalt der Neuankömmlinge notwendigen Nahrungsmitteln abhängig zu machen.

Himmler befand sich in einer unangenehmen Lage. Er beklagte sich darüber, daß »wahrscheinlich bisher nicht mehr als 300 000 Personen« evakuiert seien. »Mit Rücksicht auf die Schwierigkeiten der Umsiedlung und die Kriegsnotwendigkeiten« stellte er die Rücksiedlung von einigen hunderttausend Deutschen aus Litauen, der Bukowina und Bessarabien zurück. Notwendig würde es dagegen sein, etwa 70 000 Deutsche aus dem Baltikum sowie 130 000 aus Wolhynien unterzubringen; die Evakuierungen müßten also weitergehen, aber, wie er versicherte, in Absprache mit Frank.[21]

Doch die Probleme waren nur scheinbar geregelt. In den folgenden Wochen lenkte die SS von neuem ganz selbständig mehrere Wellen von Deportierten ins Generalgouvernement, darunter im Februar 1940 zum ersten Mal tausend Juden aus dem »Altreich«. Ihre Deportation rief Erregung und Proteste im Ausland hervor. Aufgrund neuer Beschwerden von Frank teilte Göring am 23. März mit, daß jegliche Deportation untersagt sei, die nicht sowohl seine als auch Franks Zustimmung bekommen habe. Nach einer Unterredung mit Frank sagte Himmler zu, er werde alle weiteren Judentransporte bis zum August aufschieben.

Nach sechsmonatigen Bemühungen konnte Himmler das Scheitern seiner Bestrebungen ermessen. Zunächst war es darum gegangen, alle Nichtdeutschen aus den annektierten Gebieten zu vertreiben, dann wenigstens alle Juden, jetzt war auch das bis zum Sommer aufgeschoben. Was die Deportation der Juden aus dem »Altreich« anging, so scheint, wenn diese Absicht auch am 12. Februar von Göring bestätigt worden war, doch nichts zu ihrer Verwirklichung unternommen worden zu sein. Tatsächlich war der Unterbringung der Volksdeutschen aus dem Ausland Priorität eingeräumt worden; das war das einzige Argument, mit dem Himmler Frank dazu bringen konnte, die Transporte frierender und mittelloser Menschen zu übernehmen, die er ihm schickte.

Währenddessen war der Gedanke eines »Judenreservats« immer mehr in den Hintergrund getreten. War er nur ein Hirngespinst gewesen? Unabhängig von den praktischen Schwierigkeiten, die wir gesehen haben, scheint die Ungewißheit über die Realität dieses Ziels nie ganz ausgeräumt worden zu sein. Selbst das RSHA war sich Ende Dezember 1939 nicht sicher. Das »Judenreferat« war aufgefordert worden, für eine Konferenz Heydrichs mit seinen Abteilungsleitern seine Ansicht darzulegen, und entwarf eine Denkschrift mit dem Titel »Endlösung des deutschen Judenproblems«. Es ist eines der ersten Male, daß diese Formulierung erscheint, die dann immer häufiger verwendet wurde, bis sie 1941 eine entscheidende Bedeutungsänderung erfuhr. Der Autor dieses Dokuments fragte sich, was aus den Juden werden sollte: Sollten sie einem zukünftigen polnischen Staat zur Last fallen, oder würden sie in einem Reservat auf einem von Deutschland abhängigen Territorium leben? In diesem Fall sprach sich der Autor für eine Selbstverwaltung unter deutscher Kontrolle aus; dann müsse auch darüber entschieden werden, ob die Emigration weitergehen solle.« Außenpolitisch wäre ein Reservat außerdem ein gutes Druckmittel gegen die Westmächte. Vielleicht könnte hierdurch bei Abschluß des Krieges die Frage der Weltlösung aufgeworfen werden.« Diese Lösung sollte offensichtlich die Form eines Welt-Judenreservats haben.[22] Es sieht nicht so aus, als sei die Frage in den folgenden Wochen geklärt worden. Bei der Sitzung am 12. Februar erwähnte Himmler, daß der Distrikt Lublin in ein Judenreservat umgewandelt werden solle. Aber er sprach davon in einer Art und Weise, die anzeigt, daß diese Frage nicht auf der Tagesordnung stand. Wegen dieses geplanten Reservats, erklärte er, sei es »voraussichtlich notwendig«, die rund 30 000 Deutschen aus der Lubliner Gegend ins Reich umzusiedeln. Der Gedanke lag also weiter in der Luft, aber das war alles. Frank kannte ihn und war gar nicht glücklich darüber.[23] Nichts weist darauf hin, daß er von Hitler auch nur die kleinste Anweisung zu seiner Verwirklichung bekommen hätte. Im April 1940 forderte der Referent für Judenangelegenheiten in Franks Verwaltung in einem Rundschreiben eine Vorausuntersuchung über die Gebiete, die für die Errichtung eines Judenreservats geeignet wären.[24]

Der Grund für dieses Schwanken muß in Hitlers Haltung gesucht werden; er scheint schnell das Interesse an dem Plan verloren zu haben. Jedenfalls erklärte er am 12. März 1940, die »Judenfrage« sei eine Raumfrage, und Raum eben stehe ihm nicht zur Verfügung.» Auch die Bildung eines Judenstaates um Lublin herum würde nie eine Lösung bedeuten, da auch dort die Juden zu eng aufeinander wohnten, um einen einigermaßen befriedigenden Lebensstandard erreichen zu können.«[25] Sein Gesprächspartner war Colin Ross, ein amerikanischer Sympathisant, der ihn gebeten hatte, sich für die amerikanische Öffentlichkeit zu der »Lösung« zu äußern, die er für die »Judenfrage« ins Auge gefaßt hatte. Der von Hitler vorgebrachte Grund dafür, daß das Projekt aufgegeben würde, hatte also Propagandawert; dennoch scheint er mir bezeichnend zu sein. Er bestätigt tatsächlich, daß sich Hitler des Elends durchaus bewußt war, in das die

Die territoriale Lösung 1939—1941 83

Gründung eines Reservats die Juden stürzen würde. Natürlich kümmerte ihn ihr Lebensstandard nicht im geringsten. Interessant ist daran, daß er glaubte, sich darum kümmern zu sollen, vor allem aus Rücksicht auf die internationale öffentliche Meinung, in diesem Fall also die amerikanische. Dieser Punkt ist bemerkenswert, weil der Entschluß zur Vernichtung eben den völligen Verlust jeglicher derartigen Rücksichtnahme bezeichnet. Seine Haltung bestätigt außerdem umgekehrt, daß ihn der Gedanke einer Deportation der Juden in den Distrikt Lublin im September und Oktober 1939 reizte, weil er die Last dem polnischen Rumpfstaat aufbürden zu können hoffte, den er damals zu schaffen plante. Es ist nicht weiter verwunderlich, daß er jedes Interesse an dem Projekt verlor, als ab Ende Oktober die Existenz eines solchen Staates nicht mehr zur Debatte stand. Und da er schließlich eine solche Lösung immer nur als Zwischenlösung ins Auge gefaßt hatte, fiel es ihm um so leichter, sie fallenzulassen. Die Vorbereitung des Westfeldzuges nahm ihn in Anspruch: Von diesem hing alles ab.

Hitlers Standpunkt im Frühling 1940 mußte seiner Umgebung bekannt sein. Im Mai, wahrscheinlich nach den ersten Erfolgen bei der Offensive gegen Frankreich, entwarf Himmler eine Denkschrift über die Zukunft der Nichtdeutschen in Polen; er schlug eine Reihe von Maßnahmen vor, die sie ihr Nationalbewußtsein vergessen lassen und sie für das ihnen zugedachte Joch gefügig machen sollten. Den Begriff »Juden« hoffte er »durch die Möglichkeit einer großen Auswanderung sämtlicher Juden nach Afrika oder sonst in eine Kolonie völlig auslöschen zu sehen«. Formulierung und Ton zeigen, daß er einen umfassenden Auftrag hatte, daß Hitler sich bei der »Regelung der Judenfrage« auf ihn verließ.

Daß die anzustrebende »Lösung« nicht in der Vernichtung bestand, macht dieser Vorschlag deutlich. Eine weitere Passage in dem Text bestätigt dies: Nachdem er empfohlen hatte, die polnischen Kinder mit germanischem Blut von ihren Eltern zu trennen und auf Schulen in Deutschland zu schicken, schrieb er: »So grausam und tragisch jeder einzelne Fall sein mag, so ist diese Methode, wenn man die bolschewistische Methode der physischen Ausrottung eines Volkes aus innerer Überzeugung als ungermanisch und unmöglich ablehnt, doch die mildeste und beste.« Am 25. Mai unterbreitete er Hitler seine Denkschrift, der sie »sehr gut und richtig« fand und einverstanden war, daß sie Frank und den Gauleitern in den annektierten Gebieten als Richtlinie zum Lesen gegeben werde.[26]

Von einem Reservat in Polen war nicht mehr die Rede. Bald fesselte ein anderes Projekt, das den von Himmler zum Ausdruck gebrachten Vorstellungen entsprach, die nationalsozialistische Führungsspitze: die Deportation der Juden in die französische Kolonie Madagaskar. Wahrscheinlich weil sie so weit weg und eine Insel war, erregte dieser Plan über mehrere Jahre hinweg die Vorstellungskraft der europäischen Antisemiten. 1938 nahmen, wie wir gesehen haben, verschiedene NS-Führungskräfte, darunter Hitler, Bezug darauf. Die Niederlage Frankreichs und der für nahe bevorstehend gehaltene Friedensschluß mit Großbritannien ließen den Plan plötzlich realistischer erscheinen.

In den ersten Junitagen entwarf der Spezialist für Judenfragen im Außenministerium eine Denkschrift, in der er die Konzentrierung der Juden auf Madagaskar empfahl. Das RSHA nahm sie mit Begeisterung zur Kenntnis und machte sich sogleich daran, einen detaillierten Plan zu entwerfen. Heydrich war bemüht, das eroberte Terrain nicht wieder zu verlieren, und schrieb an Ribbentrop, daß er mit der Lösung der Judenfrage durch Auswanderung beauftragt worden sei; da die aufgetretenen Hindernisse jetzt dazu nötigten, eine territoriale Lösung zu suchen, bitte er, an den bevorstehenden Besprechungen beteiligt zu werden.[27] Die Nachricht verbreitete sich rasch in der NS-Führungsspitze und drang über sie auch nach außen.[28]

Wichtig daran ist, daß Hitler selbst den Plan befürwortete. Am 20. Juni hatte er in Gegenwart Keitels eine Besprechung mit dem Oberbefehlshaber der Kriegsmarine, Admiral Raeder. Dieser notierte: »Führer will Madagaskar für Judenunterbringung unter französischer Verantwortung verwenden.«[29] Während das RSHA einen Plan ausarbeitete, der davon ausging, daß das Reservat unter deutsche Kontrolle gestellt würde, genauer, unter die Kontrolle der SS, hatte Hitler etwas anderes ins Auge gefaßt, und zwar durchaus in Übereinstimmung mit der Position, die er im Oktober 1939 gegenüber dem Lubliner Reservat eingenommen hatte. Hier wie da wurde das Bemühen deutlich, sich der Juden zu entledigen und keine Verantwortung mehr für sie tragen zu müssen.

Am 8. Juli kam er bei einem Gespräch mit Frank auf das Thema zurück. Dieser teilte einige Tage später seinen Mitarbeitern in Krakau befriedigt mit, »daß keine Judentransporte ins Generalgouvernement mehr stattfinden«. Es sei geplant, alle Juden »in denkbar kürzester Zeit nach Friedensschluß« in eine afrikanische oder amerikanische Kolonie zu transportieren. Man denke an Madagaskar.[30] Deshalb ließ er die Arbeiten an den im Bau befindlichen Ghettos einstellen. Mitte August notierte Goebbels in seinem Tagebuch, als er den Tenor eines Gesprächs mit Hitler wiedergab: »Die Juden wollen wir später nach Madagaskar verfrachten. Dort können auch sie ihren eigenen Staat aufbauen.«[31]

Nach dem Zusammenbruch Frankreichs stand Hitler auf dem Höhepunkt seiner Macht und seines Ansehens. In dieser euphorischen Stimmung riß er ein Projekt an sich, das eine Lösung der »Judenfrage« zu bieten schien. Schon 1938 hatte er, wie wir gesehen haben, den Wunsch deutlich gemacht, sie für ganz Europa zu regeln. Zwar konnte er sich im Sommer 1940 diesen Wunsch nicht ganz nach eigenem Gutdünken erfüllen, aber er war doch wenigstens imstande, ihn in einem gewissen Umfang zu realisieren, indem er die notwendigen Anweisungen für die besiegten Länder gab und die verbündeten und abhängigen Länder für sein Programm gewann. Gegenüber Otto Abetz, der nach Paris ging, um die deutschen Militärbehörden bei ihren Kontakten mit Vichy zu beraten, erklärte er Anfang August, er sei entschlossen, nach dem Krieg alle Juden aus Europa zu entfernen.[32] Damit war der spätere Botschafter auf die Politik festgelegt, die er verfolgen sollte. Die verbündeten und abhängigen Länder wußten ohnehin bald, woher der Wind wehte. Wie ein ungarischer Diplomat am 10. September an seinen Minister schrieb, waren radikale Schritte in der »Judenfrage« notwendig, wenn Ungarn die Entwicklung enger Beziehungen zu Berlin und Rom erreichen wollte.[33]

Aber die Deportation der Juden nach Übersee setzte Frieden voraus: Deutschland beherrschte die Seewege nicht. Ohne die Zustimmung oder Duldung Großbritanniens hatte der Madagaskar-Plan keine Zukunft. Als er diesen Plan übernahm, hoffte Hitler, daß die Niederlage Frankreichs London zu einem Verständigungsfrieden veranlassen würde. Doch die britische Regierung wollte sich trotz ihrer schwierigen Lage nicht fügen und bekundete ihren Willen, den Krieg fortzusetzen. Derart herausgefordert, bereitete Hitler die Landung auf den britischen Inseln vor, obwohl er wußte, daß das Unternehmen wegen der Überlegenheit des Gegners auf See gewagt, wenn nicht halsbrecherisch war. Im September ließ er die Operation auf das folgende Frühjahr verschieben. Als in den ersten Herbstwochen sein Versuch mißlang, den Feind durch den Luftkrieg zu zerschmettern, wußte er, daß der Krieg sich hinziehen würde. Deshalb wurde die Verwirklichung des Madagaskar-Plans auf unbestimmte Zeit verschoben. Allerdings scheint Hitler die Idee nur ungern aufgegeben zu haben. Als Rosenberg einen Artikel mit dem Titel »Juden auf Madagaskar« veröffentlichen wollte, beschied ihn Bormann am 3. November 1940 mit dem Hinweis, der Führer habe nach Lektüre des Textes entschieden, daß er im Augenblick nicht, »vielleicht aber schon in wenigen Monaten« erscheinen könne.[34] Ende November erklärte Hitler beim Gespräch mit einem ungarischen Diplomaten, er sehe die Regelung der »Judenfrage« für Europa als eine der größten Aufgaben für die Nachkriegszeit an und beabsichtige, beim zukünftigen Friedensvertrag Frankreich zu zwingen, eine seiner Besitzungen zur Verfügung zu stellen.[35] Madagaskar war nur ein Bestimmungsort unter anderen; Hitler sollte sich in den folgenden Monaten noch darauf beziehen. Jedenfalls scheint kein Zweifel möglich, daß er wünschte, die Juden nach Übersee zu schicken, und daß er das in nächster Zeit zu tun hoffte.

Nach dem Lublin-Plan erwies sich auch der Madagaskar-Plan als undurchführbar. Den einen wie den anderen hatte Hitler zu einer Zeit gefaßt, als sich die Lage der Dinge ständig wandelte und Pläne schnell untauglich wurden. Der erste wäre sowieso nur eine Zwischenlösung gewesen. Dagegen sollte der zweite eine definitive Lösung bieten. So kurzlebig sie auch waren, beide Projekte waren ernsthaft in Erwägung gezogen worden, das zweite ganz besonders.[36] Das eine wie das andere lassen einen Hitler sichtbar werden, der bestrebt war, sich auf Kosten anderer Staaten von den Unterhaltskosten für die Deportierten zu befreien. Die Konzentrierung von Millionen Menschen in einem Reservat hätte, wenn sie je verwirklicht worden wäre, mit Sicherheit unzählige Opfer gefordert. Hitler wußte das, aber es kümmerte ihn nicht; sollten doch andere die Verantwortung für das Schicksal der Deportierten übernehmen.

Die Zeiten der Erfolge trieben ihn jedenfalls nicht in Richtung Vernichtung. Die Abschiebung der europäischen Juden, ihre Abschottung in einem fernen Territorium würden reichen, um das Problem zu lösen. Seine antijüdische Politik blieb weiterhin abhängig von der strategischen Lage, die in einer gewissen Weise sogar seine Vorstellung vom jüdischen »Gegner« beeinflußte. Wenn man seine innere Einstellung gegenüber den Juden 1939–1941 untersucht, scheint es, als hätte sie zwischen dem Pakt mit der UdSSR und dem »Unternehmen Barbarossa« merkliche Veränderungen durchgemacht, jeweils entsprechend den Höhen und Tiefen seiner strategischen Situation.

Welch zentrale Rolle der Antisemitismus in seiner Weltanschauung spielte, sieht man, wenn man seine Interpretation des deutsch-sowjetischen Paktes betrachtet. Nach seiner Ansicht war das bolschewistische Regime das jüdische System schlechthin. Aber dieses Regime, das sein Todfeind hätte sein müssen, hatte sich zu einem Abkommen mit ihm bereit gefunden. Wie Hitler Mussolini am 18. März 1940 erklärte, war es dem Georgier Stalin gelungen, den jüdischen Einfluß zu unterdrücken und zurückzudrängen; die Sowjetunion knüpfe jetzt an das »slawische Moskowitertum« an.[37] Hitler war alles andere als ein Zyniker: Er verzerrte lieber die Realität, als daß er die Grundlagen seiner Weltanschauung hätte antasten lassen. Aber das wesentliche ist hier, daß der deutsch-sowjetische Pakt in seinen Augen bedeuten mußte, daß die jüdische Macht vermindert und die Wahrscheinlichkeit seines eigenen Erfolgs gewachsen war.

Vieles weist darauf hin, daß Hitler während der *Drôle de guerre* – der ersten Kriegsmonate, vor der Invasion Frankreichs – zuversichtlich in die Zukunft blickte. Goebbels zeigte ihn in seinen Tagebüchern, wie er Europa auf der Landkarte neu aufteilte, Deutschland seine Basis von vor dem Westfälischen Frieden wiedergab, Burgund als Siedlungsgebiet den Deutschen aus Südtirol zuwies und von der künftigen Weltherrschaft sprach.[38] Zuversicht schimmerte auch bei der Art durch, wie er in seinen Reden die Juden und ihre Rolle beschwor. Wenn er sie angriff – immer mit Heftigkeit –, gab er ihnen doch nicht die ausschließliche Schuld am Krieg. »Kriegshetzer« gab es unter den Juden wie unter den Nichtjuden; auch andere Kräfte wie Plutokraten, Reaktionäre, Demokraten, Kapitalisten usw. wurden bezichtigt.[39] Er betonte gern, daß er sie in Deutschland besiegt habe und das gleiche in dem Kampf tun werde, den er jetzt außerhalb führe.[40] Es geschah sogar, daß er, was ganz ungewöhnlich war, einen ironischen Ton anschlug: So höhnte er über den »Dialekt« in den Propagandasendungen des Londoner Rundfunks.[41]

Noch verblüffender war, daß er von den Juden als »dummen« Gegnern sprach, die demnach nicht ganz so mächtig waren, wie er immer behauptet und geglaubt hatte. Am 24. Februar 1940 zählte er sie zu den Völkern, die Opfer britischer Manipulationen geworden waren: Man habe »auch die Juden betrogen, denen man das gleiche Gebiet, das man den Arabern zusprach, auch gleich vornweg zugesprochen hatte«.⁴² Am 25. April 1940 notierte Goebbels, Hitler habe zu ihm gesagt,»daß die Juden doch am Ende immer sehr dumm sind«.⁴³ Am 8. November 1940 erklärte der »Führer« vor der »Alten Garde« der Partei in München, er sei immer der Ansicht gewesen,»daß es ein dümmeres Volk als das jüdische nicht gibt«. Dabei hatte er die Juden kurz zuvor als »satanische Macht« bezeichnet,»die von unserem ganzen Volk Besitz ergriffen« habe.»Das allmächtige Judentum hat uns damals den Krieg angesagt«, meinte er.⁴⁴ Kurzum, in dieser Zeit hegte er für die Juden eher Verachtung, als daß er sie fürchtete, auch wenn seine Furcht durchaus nicht aus der Welt war: So ganz dumm kann eine satanische Macht nicht sein.

Das alles macht es kaum wahrscheinlich, daß Hitler eine bedingungslose Absicht zur Vernichtung der Juden gehabt hätte. Ein Absatz in Goebbels' Tagebüchern ist in diesem Zusammenhang interessant. Am 5. Dezember 1939, am Tag nach einer Unterhaltung mit Hitler, bei der des längeren über die Juden gesprochen worden war, schrieb Goebbels, der Führer teile seine Ansicht:»Die Judengefahr muß von uns gebannt werden. Aber sie wird doch in einigen Generationen wieder auftauchen. Ein Allheilmittel dagegen gibt es gar nicht.«⁴⁵ Die Äußerungen sind typisch für die Vermessenheit der Nationalsozialisten, die wahnhaften Besorgnisse der Herren des Reiches für die Zukunft des deutschen Volkes, ihr Streben nach einem Werk mit Ewigkeitswert. Um so verblüffender, daß die Vorstellung der Vernichtung hier nicht sichtbar geworden ist, wo doch die geäußerte Besorgnis gerade darin das »Allheilmittel« hätte sehen können. Dabei scheute sich Hitler nicht, vor seinen Paladinen »Lösungen« durch Vernichtung darzulegen – aber die ins Auge gefaßten Opfer waren nicht die Juden. Am 17. August 1940 notierte Goebbels, Hitler habe in demselben Gespräch, in dem er gesagt hatte, er wolle die Juden nach Madagaskar »verfrachten«, sich über die Kriminellen und vor allem die »asozialen Elemente« geäußert; sie sollten »nicht für eine spätere Revolution konserviert« werden, man müsse sie »ausrotten«.⁴⁶

Ab Sommer 1940 sah sich Hitler einer neuen strategischen Situation gegenüber: Seine großen Siege brachten ebenso große Gefahren mit sich. Der britische Widerstand ließ das Risko eines sich unendlich hinziehenden Krieges wachsen, weil keiner der Gegner stark genug wäre, den anderen niederzuwerfen. Aber während das Reich seine Beistandsmöglichkeiten großenteils schon ausgeschöpft hatte, konnte Großbritannien noch hoffen, neutrale Staaten auf seine Seite zu bringen wie die mächtigen USA und, wer weiß, eines Tages die UdSSR. Im Sommer 1939 hatte Hitler die Vereinigten Staaten bei seinen strategischen Überlegungen noch nicht berücksichtigen müssen; ihre schlechte Bewaffnung und ihr extremer Isolationismus machten ein Eingreifen unwahrscheinlich. Ein Jahr später stand der Faktor Amerika im Zentrum seiner Sorgen und Überlegungen: Die Vereinigten Staaten zeigten immer deutlicher, daß sie eine Niederlage Großbritanniens nicht hinnehmen würden, hingegen die NS-Deutschlands wünschten. Dementsprechend leisteten sie London immer mehr Beistand und rüsteten selbst mit Nachdruck auf. Als sie im September 1940 fünfzig Zerstörer im Austausch gegen die Verpachtung bestimmter Basen lieferten, gaben sie sogar ihren neutralen Status auf und näherten sich dem einer kriegführenden Macht. Auch wenn Hitler wußte, daß ihr Eingreifen nicht in nächster Zukunft zu erwarten war und daß sie ein bis zwei Jahre Zeit brauchten, bevor die Aufrüstung ihnen das nötige Gewicht gab, so wußte er doch auch, daß sie dann ein entscheidendes Gewicht in die Waagschale werfen würden. Die Zeit arbeitete gegen ihn, und um diese bedrohliche Entwicklung so weit wie möglich hinauszuschieben, verfolgte er eine Politik äußerster Vorsicht ihnen gegenüber und bemühte sich, alles zu vermeiden, was ihren Kriegseintritt fördern oder beschleunigen konnte. So widerstand er beharrlich dem Drängen des Admirals Raeder, der die USA für eine *de facto* kriegführende Macht hielt und eine aggressive Seekriegspolitik befürwortete.

Dazu kam der sowjetische Faktor, der weniger ein Grund zur Sorge als ein beständiges Ärgernis war. Hitler sah, wie Stalin die baltischen Staaten kassierte, als die Welt gebannt auf Frankreichs Niederlage starrte, wie er Rumänien unter Drohungen nötigte, Bessarabien und einen Teil der Bukowina an ihn abzutreten, und wie er ganz ungeniert zeigte, daß ihn auf dem Balkan auch sonst noch manches reizte. Natürlich wußte Hitler, daß Moskau nicht fähig war, ihr Abkommen zu brechen, und daß Stalin gar nicht daran dachte. Mehr als die Furcht vor einem nicht wahrscheinlichen und fernliegenden Eintritt in den Krieg waren es strategische Überlegungen, in Verbindung mit seinen alten Expansionsträumen, die ihn eine Wendung gegen seinen Verbündeten erwägen ließen. Seiner Ansicht nach bestand Großbritannien deshalb so beharrlich auf dem Krieg, weil es hoffte, daß sich ihm eines Tages die USA und die UdSSR anschließen würden. Wenn aber die UdSSR in einem neuen Blitzkrieg geschlagen war, mußte London Frieden schließen, um so mehr, als die Wahrscheinlichkeit eines amerikanischen Eingreifens dann auch merklich verringert wäre. Tatsächlich rechnete Hitler damit, daß die Niederlage der Sowjetunion Japan von jedem Druck auf seine Westflanke befreien und es für die Vereinigten Staaten zu einer Bedrohung machen würde. Im ungünstigsten Fall würde die Eroberung der UdSSR das Reich immer noch in eine bessere Position versetzen, den Krieg gegen die Angelsachsen fortzusetzen.

Diese Strategie formulierte Hitler schon Ende Juli 1940. Ein Feldzug gegen die UdSSR konnte nicht vor dem folgenden Frühjahr begonnen werden; die endgültige Entscheidung fiel erst im Dezember. In der Zwischenzeit bemühte er sich um eine vorläufige Strategie, die darauf abzielte, die Vereinigten Staaten zu neutralisieren und Großbritannien zu isolieren. Im September unterzeichnete Deutschland den Dreimächtepakt mit Italien und Japan, dessen Ziel es war, die USA in ihrer Zuschauerrolle zu halten. Gleichzeitig bemühte sich Hitler, Großbritannien aus dem Mittelmeer zu vertreiben; dafür war er auf die Zusammenarbeit mit Italien angewiesen, das Übergriffe in seiner Interessensphäre argwöhnisch beobachtete, sowie auf die Zusammenarbeit mit Spanien und möglichst auch mit Vichy-Frankreich. Außerdem wurde, um den Gegner möglichst weitgehend zu isolieren, eine diplomatische Kampagne gestartet, die einen antibritischen Block zustande bringen sollte; selbst die UdSSR wurde eingeladen, sich ihm anzuschließen. Hitler scheint keine großen Erwartungen in diese Kampagne gesetzt zu haben, die Ribbentrop entworfen und in Gang gesetzt hatte. Ein Bruch zwischen London und Moskau wäre für den Augenblick ein Erfolg gewesen, ohne für die militärische Auseinandersetzung im folgenden Frühjahr ein Hindernis darzustellen. Die Gespräche, die er Anfang November in Berlin mit Molotow führte, bestätigten ihm, daß Stalin vorhatte, seine Position zu nutzen, ohne mit London zu brechen; das bestärkte ihn in seiner Absicht, die letzte kontinentale Großmacht zu Boden zu werfen.

Ende 1940 wurde deutlich, daß seine vorläufige Strategie nicht die erwarteten Früchte getragen hatte. Die vorsichtige Neutralität Francos machte es ihm unmöglich, Gibraltar zu erobern und die britische Präsenz im Mittelmeer zu beenden. Zugleich machte Mussolinis Scheitern in Griechenland eine deutsche Intervention im Frühjahr auf dem Balkan notwendig, und sei es nur, um die Region für die Dauer des Rußlandfeldzugs abzuriegeln. Die Vereinigten Staaten – weit entfernt davon, durch den Dreimächtepakt eingeschüchtert zu sein – nahmen jetzt eine unnachgiebigere Haltung gegenüber diesen Staaten ein, die sie fortan als Mitglieder einer weltweiten Verschwörung betrachteten. Die Wiederwahl von Roosevelt schließlich, der bekanntermaßen NS-Deutschland gegenüber feindselig gesonnen war, ließ Böses für die Zukunft ahnen.

Mehr als im Sommer mußte sich Hitler also auf einen günstigen Ablauf des »Unternehmens Barbarossa« verlassen. Es war offensichtlich aus Gründen beschlossen worden, die über das bloß strategische Kalkül hinausgingen. Hitler ergriff schleunigst die Gelegenheit, sich wieder auf den Weg zu diesem fundamentalen Ziel zu begeben, von dem ihn der Lauf der Ereignisse abgebracht hatte: der Eroberung von »Lebensraum«. Der Krieg gegen die Sowjetunion, gleichzeitig strategisches Mittel und ideologisches Ziel, stellte eine doppelt wichtige Herausforderung dar; Hitler glaubte, das Spiel gewinnen zu können, aber er kannte den Einsatz. So erklärte er am 9. Januar 1941 seinen Oberkommandierenden, wenn sich Deutschland eines Tages den vereinten Kräften Großbritanniens, der Vereinigten Staaten und der Sowjetunion gegenübersähe, dann würde »eine sehr schwierige Lage« entstehen.[47] Parallel zu diesem strategischen Schwenk verschob sich der Akzent seiner Bewertung der Juden. Im Januar 1941 erklärte er Mussolini, solange Stalin lebe, drohe wohl keine Gefahr. Aber wenn er nicht mehr da sei, könnten die Juden »wieder in den Vordergrund rücken«.[48] Die »jüdische Gefahr«, die das sowjetische System darstellte, war nur zeitweise verschwunden gewesen; sie kehrte jetzt für ihn in vollem Umfang zurück. Aber das sicherste Zeichen für diese Rückkehr der »satanischen« Macht der Juden in Hitlers Bewußtsein findet sich in der öffentlichen Wiederholung seiner »Prophezeiung« vom Januar 1939.

Damals hatte er im Reichstag den Juden die Vernichtung für den Fall eines neuen Weltkriegs prophezeit. Seitdem hatte er in seinen Reden nicht mehr davon gesprochen, und ich habe auch sonst in dem, was von seinen privaten Äußerungen erhalten geblieben ist, nirgends eine Spur davon gefunden. Zwei Jahre später, kurz nachdem er seinen Entschluß, die UdSSR anzugreifen, bekräftigt hatte, nahm er am 30. Januar 1941 diese Prophezeiung noch einmal öffentlich auf; er zeigte damit, daß sie in einer tieferen Schicht seines Denkens auf Sparflamme immer vorhanden gewesen war und daß er an der Schwelle großer Ereignisse seinen innersten Entschluß der Welt noch einmal bekanntgeben mußte. In dieser Rede bezog er sich auf seine Äußerungen vom Januar 1939, datierte sie aber auf den 1. September 1939. Wenn dieser Irrtum etwas zu bedeuten hat, dann drückt er aus, daß Hitler in dem Angriff auf Polen den Ausgangspunkt für die Situation sah, in der er sich jetzt befand – eine Situation, deren Gefährlichkeit er spürte.

Abermals bezog er sich auf die Vereinigten Staaten. Aber diesmal wies er explizit auf ihr mögliches Eingreifen in Europa hin und gab seinen Entschluß zu kämpfen bekannt. Die Prophezeiung selbst formulierte er freilich anders, er benutzte nicht wie 1939 das Wort »Vernichtung«, sondern wies vage darauf hin, daß die Rolle der Juden in Europa beendet sein würde. Unverändert blieb die Verbindung, die er zwischen der angekündigten Sanktion und der Ausweitung des Krieges auf die ganze Welt herstellte: »... daß nämlich, wenn wirklich die andere Welt von dem Judentum in einen allgemeinen Krieg gestürzt würde, das Judentum damit seine Rolle in Europa ausgespielt haben wird.«[49]

Sollte Hitler in diesem Augenblick seine Haltung geändert und beschlossen haben, die europäischen Juden zu vernichten? Wenn er es, wie ich glaube, ernst meinte, als er diese Erklärungen abgab, wenn er also mit seinen Worten etwas aussagen wollte, ist ein solcher Entschluß zu diesem Zeitpunkt unwahrscheinlich. Er selbst bezeichnete seine Erklärung abermals als Prophezeiung. Er wollte also ein zukünftiges Ereignis ankündigen, ein Ereignis, dessen Verwirklichung er von einer Bedingung abhängig machte: dem Ausbruch eines »Weltkriegs« oder eines »allgemeinen Kriegs«, einer Situation also, die seit Januar 1939 wahrscheinlicher geworden, aber Anfang 1941 noch nicht eingetreten war und die er auch nicht als unmittelbar bevorstehend erachtete. In dem Augenblick, in dem er seine Prophezeiung wiederholte, war er sich über den britischen Widerstandswillen im klaren, den er dem jüdischen Einfluß zuschrieb. Abermals sah er die jüdische Gefahr in der Sowjetunion wachsen, und er hatte beschlossen, sie in einem Blitzfeldzug zu vernichten. Schließlich wuchs in seiner Perspektive die Feindseligkeit der Vereinigten Staaten, wo der jüdische Einfluß gefährlich zunahm, wenn er auch das Spiel noch nicht gewonnen hatte. Eine Verlängerung und Ausweitung des Konflikts war mit Sicherheit zu einer ernsten Gefahr geworden; vielleicht begann ihm jetzt vor einem neuen vierjährigen Krieg zu grausen. Aber einzig der

Gang der Ereignisse in den Monaten, die auf den Beginn des »Unternehmens Barbarossa« folgten, sollte ihm zeigen, woran er war.

Die Quellen, die uns über sein Denken zwischen Herbst 1940 und Juni 1941 Aufschluß geben könnten, sind nicht sehr zahlreich; sie zeigen aber ausnahmslos, daß er noch immer den Plan hegte, die europäischen Juden zu deportieren und irgendwo zu konzentrieren. Nach den nachträglichen Aufzeichnungen von Major Engel, Heeresadjutant bei Hitler, die in der Datierung nicht sehr zuverlässig, aber inhaltlich allem Anschein nach authentisch sind, hat Hitler sich in einem Gespräch mit Keitel, Bormann, Ley und Speer, das Engel auf den 2. Februar 1941 datiert, lang und breit über die »Judenfrage« ausgelassen.

Danach erklärte Hitler, daß der Krieg zwar Gelegenheit biete, die »Judenfrage« schneller zu lösen, besonders deshalb, weil er eine Reihe von Ländern dem Einfluß des Reiches unterwerfe, daß er aber andererseits auch neue Schwierigkeiten aufwerfe. Sein Problem sei die Frage, wohin man mit mehreren Millionen Juden solle. Er fügte hinzu, er wolle von Frankreich fordern, daß es Madagaskar zur Verfügung stelle. Als Bormann fragte, wie die Juden während des Krieges dorthin gebracht werden sollten, antwortete er, darüber müsse man nachdenken, und er habe keine Lust, dabei Schiffe zu verlieren. Er schloß, indem er sagte, »er dächte über manches jetzt anders, nicht gerade freundlicher«.[50] Offensichtlich war er sich nicht genau darüber im klaren, wie er das Problem lösen wollte, das er geschaffen hatte, aber er blieb der Idee einer territorialen Lösung verhaftet. Sein letzter Satz könnte eine Verhärtung anzeigen, schwerlich aber einen Plan zur Vernichtung.

Goebbels notierte zweimal im Lauf dieser Zeit, im November 1940 und dann im März 1941, nach Gesprächen mit Hitler, daß die Juden eines Tages aus Europa deportiert würden; einen Bestimmungsort nannte er nicht.[51] Im April 1941 sprach Hitler gegenüber einem ungarischen Diplomaten von der Umsiedlung der Polen aus dem Warthegau und erwähnte in dem Zusammenhang die »Judenfrage«. »Seiner Meinung nach müßte diese in Europa einheitlich gelöst und die Juden ausgesiedelt werden.« Er habe darauf verwiesen, daß in der Vergangenheit mehrere Millionen Europäer hätten auswandern müssen. »Er sehe also darin keine Unmenschlichkeit, wenn jetzt die Juden gezwungen sein werden auszuwandern, vor allem als Reisende zweiter Klasse.«[52] Am 2. Juni 1941, also kaum drei Wochen vor Beginn des Feldzugs gegen die UdSSR, erklärte er Mussolini, daß alle Juden Europa verlassen müßten, und daß sie »vielleicht« in Madagaskar unterkommen könnten.[53]

Man kann, wohlgemerkt, nicht ganz ausschließen, daß er seine innersten Gedanken systematisch verborgen hat. Aber dann muß man auch zugeben, daß er eine Politik betrieben hätte oder durch den Apparat seines Regimes hätte betreiben lassen, die nicht mit seinen eigentlichen Wünschen übereinstimmte. Tatsächlich läßt sich aber in dieser Zeit kein Bruch mit den in den vergangenen Jahren befolgten Leitlinien feststellen. Eine Politik der Absperrung zielte wie zuvor darauf ab, die Rückkehr der Juden in das deutsche Einflußgebiet oder ihre Zuwanderung zu verhindern. Im August 1940 hatte Hitler persönlich Botschafter Otto Abetz die Anweisung gegeben, keinen der Juden in das besetzte Frankreich zurückkehren zu lassen, die vor dem deutschen Vormarsch geflohen waren.[54] Und im April 1941 griff er ein und ordnete an, daß keine polnischen Juden ins Reich geholt würden, um dem Arbeitskräftemangel abzuhelfen, obwohl alles vorbereitet war und Görings Zustimmung vorlag.[55]

Wenn sich die Gelegenheit bot, war es die Politik der Abschiebung, die praktiziert wurde. Ab Juli 1940 vertrieben die Gauleiter Robert Wagner und Josef Bürckel, die Elsaß-Lothringen »germanisieren« sollten, in mehreren Wellen fast eine Viertelmillion Franzosen nach Vichy-Frankreich, darunter alle 22 000 Juden der Region. Im Oktober taten sie mit Hitlers Billigung dasselbe mit mindestens 6500 deutschen Juden aus ihren Gauen Baden und der Saarpfalz; offenbar schien ihnen der Augenblick günstig, ihre Gaue »judenfrei« zu machen.[56]

Die Politik der Deportationen aus den eingegliederten Gebieten ins Generalgouvernement blieb ebenfalls aktuell; sie wurde Ende 1940 sogar wieder verstärkt. Zum großen Mißfallen Franks beharrte Hitler darauf, dem Generalgouvernement die Aufnahme der Polen aus den neuen Provinzen des Reiches zur Aufgabe zu machen. Frank berichtete, Hitler habe ihm am 4. November 1940 erklärt, die »Poleneinsiedlung« müsse sofort durchgeführt werden, weil sie nach dem Kriege mit internationalen Schwierigkeiten verbunden wäre; ein Motiv, das uns Besorgnisse enthüllt, die nur schwer mit einer Absicht der Vernichtung in Übereinstimmung zu bringen sind.[57]

Zu Beginn des Jahres 1941 arbeitete das RSHA einen Evakuierungsplan aus, der 831 000 Menschen betraf, Juden und Polen, die in den annektierten Gebieten lebten. Wieder einmal wollte Himmlers Stab zu hoch hinaus, und der Evakuierungsplan erlebte das gleiche Schicksal wie seine Vorgänger. Mitte März 1941 wurde er wegen der zunehmenden Proteste des Heeres, das zur Vorbereitung des Rußlandfeldzugs das Eisenbahnnetz benötigte, ausgesetzt, bevor er voll wirksam hatte werden können. Von der auch nur vorübergehenden Deportation aller Juden aus dem Großdeutschen Reich ins Generalgouvernement war – zu dieser Zeit jedenfalls – nicht mehr die Rede. Im Dezember 1940 genehmigte Hitler zwar noch die Deportation von 60 000 Juden aus Wien. Aber diese Maßnahme, die nur rudimentär verwirklicht wurde, und für die das Motiv die Wohnungsnot in Wien war, wurde als Ausnahme von der allgemein anerkannten Regel dargestellt, daß die Juden nach dem Krieg abgeschoben würden.[58]

Es wurde also beharrlich weiter die Politik der »Auswanderung« verfolgt. Da der Krieg diese aber immer mehr erschwerte, mußten Prioritäten festgelegt werden. So geht aus einem Rundschreiben des RSHA vom 20. Mai 1941 hervor, daß Göring wünschte, die Auswanderung der deutschen Juden trotz der Kriegssituation im Rahmen des Möglichen voranzutreiben. Das RSHA hatte deshalb beschlossen, den Juden aus Belgien und dem besetzten Frankreich die Auswanderung zu verbieten, um

den deutschen Juden die mageren Einwanderungsquoten der
Länder in Übersee vorzubehalten.[59] Während diese Politik umgesetzt wurde, traf man eifrig Vorbereitungen für die Lösung, die nach dem Krieg verwirklicht werden sollte. Seit dem Sommer 1940 bemühten sich die davon direkt betroffenen Verwaltungsstellen, die für eine Deportation der Juden aus Europa notwendigen Grundlagen zu schaffen. Das Innenministerium entwarf ein Gesetz, das den deutschen Juden die Staatsbürgerschaft entziehen sollte; es wurde nach mehreren Entwürfen und Gegenentwürfen Ende 1941 verkündet, aber in einem ganz anderen Kontext. Und während in Berlin Eichmann unter Mitarbeit von weit über einem Dutzend Vertretern anderer Dienststellen an seinem Madagaskar-Plan[60] feilte, wurden »Judenreferenten« in die besetzten oder befreundeten Länder geschickt, um die spätere große Evakuierung vorzubereiten. Diese »Judenreferenten« sollten im ganzen nationalsozialistischen Europa das in Deutschland verwirklichte antisemitische Programm in die Tat umsetzen. Durch die Erfassung der Juden, ihre Enteignung, ihren Ausschluß aus dem sozialen Leben und nach Möglichkeit ihre Konzentration sollten die für eine spätere Deportation notwendigen Voraussetzungen geschaffen werden. Die Arbeit dieser Experten sollte später zur Vernichtung beitragen – doch war dies nicht die ursprüngliche Absicht.

Im NS-Polizeiapparat wurde von dieser zukünftigen Deportation als der »Endlösung« gesprochen; dieser Ausdruck war, wie wir gesehen haben, Ende 1939 aufgetaucht und wurde seit Sommer 1940 immer häufiger benutzt, vor allem in der bald stereotypen Formel, »im Hinblick auf die kommende Endlösung der Judenfrage«. Diese gefährliche Formel hat viele Historiker in Verwirrung gestürzt, weil sie später benutzt wurde, um die Vernichtung zu bezeichnen. Weil es diese Formel enthielt, ist das oben erwähnte Rundschreiben des RSHA vom 20. Mai 1941 regelmäßig als Beweis für einen Plan zur Vernichtung zitiert worden. Der Satz, in dem sie auftaucht, zeigt jedoch, daß die Stunde des Genozids noch nicht gekommen war:»Eine Einwanderung der Juden in den von uns besetzten Gebieten ist im Hinblick auf die zweifellos kommende Endlösung der Judenfrage zu verhindern.«[61] Eine Anordnung, die nur dann sinnvoll war, wenn diese Endlösung das Ziel hatte, das nationalsozialistische Einflußgebiet von Juden zu räumen, und nicht, möglichst viele zu fassen, um sie zu vernichten. Ebenso wie Hitler begriff die Führungsspitze des Polizeiapparats schnell, daß der Madagaskar-Plan undurchführbar geworden war. Sie fuhr dennoch fort, in der vorgegebenen Richtung zu arbeiten, und ließ nur die Frage des Bestimmungsortes offen. Am 5. Februar 1941 definierte Heydrich die »Endlösung« als Transfer der Juden in ein später festzulegendes Land. In Paris hatte sich der Beauftragte für Judenangelegenheiten von Sipo/SD einige Wochen zuvor ähnlich ausgedrückt, als er von einem »Endlösungsprojekt« sprach und die Deportation der Juden in ein »noch zu bestimmendes« Territorium erwähnte.[62] Die Juden sollten Europa nach dem Ende des Krieges verlassen: Das reichte der NS-Polizei, ihren Auftrag auszuführen.

Nichts von alldem läßt darauf schließen, daß eine neue Phase eingetreten wäre. Vorbereitungen im Hinblick auf Vernichtungsmaßnahmen in europäischem Maßstab gab es zu dieser Zeit nicht; wir werden sehen, daß sie erst später auftauchen. Was die Ansichten und Eingriffe Hitlers angeht, so lassen sie keinerlei Intention in dieser Richtung erkennen. Selbst wenn man die Hypothese der Doppelzüngigkeit nicht ausschließen kann, läßt das zur Verfügung stehende Dokumentationsmaterial eher darauf schließen, daß er sich in bezug auf die Juden eine zweigleisige Denkweise offenhielt: einerseits den Entschluß zur Rache im Falle des Scheiterns, andererseits, weil er an den Erfolg glaubte oder glauben wollte, die Absicht, eine territoriale Lösung für die »Judenfrage« zu finden, in Madagaskar oder anderswo, eine Lösung, die gleich nach dem Krieg verwirklicht werden sollte.[63]

Diesem Schluß wollen wir nur provisorischen Wert beimessen;

im folgenden Kapitel soll untersucht werden, ob nicht für die sowjetischen Juden eine Vernichtungspolitik erdacht und vorbereitet worden ist. Zuvor möchte ich noch einen Punkt erörtern, der nicht ohne Bedeutung ist: die Haltung von Hitlers Gefolgsleuten. Inwieweit stimmten sie mit ihrem Chef überein? Es ist eine schwierige Frage, auf die es keine sichere Antwort gibt. Mir scheint, daß sie die ausgeprägten Zwangsvorstellungen Hitlers nicht teilten und daß er der einzige war, der an die Möglichkeit der Vernichtung dachte. Jedenfalls kann man behaupten, daß 1940 die späteren Vollstrecker des Völkermords nicht an einen Völkermord dachten. Wir erinnern uns an Himmlers Denkschrift vom Mai 1940, in der er die physische Vernichtung eines Volkes als »ungermanisch und unmöglich« bezeichnete. Zwei Monate später erwähnte Heydrich in einem Aktenvermerk vom 2. Juli 1940 an seinen Vorgesetzten die Reibungen mit der Armee, die die Liquidierung polnischer Führungskreise, die »in die Tausende« ging, hervorgerufen hatte, und bezeichnete die Maßnahmen als »außerordentlich radikal«.[64] Offensichtlich hatte er keine Ahnung von der Aufgabe, die wenig später auf ihn zukommen sollte. Von Göring gar nicht zu reden, dessen Antisemitismus ausgeprägt war, aber immer durch praktische Erwägungen unterdrückt werden konnte.

Es wäre interessant zu wissen, wie diese Männer die Vernichtungsverlautbarungen ihres Chefs wahrgenommen haben. Am Morgen nach der Rede vom 30. Januar 1939 faßte Goebbels die wichtigsten Punkte in seinem Tagebuch zusammen, aber die Prophezeiung erwähnte er nicht.[65] Die einzige Stelle, in der er vor dem Rußlandfeldzug darauf Bezug nahm, trägt das Datum 20. Juni 1941. Am Abend vorher war er bei Hitler gewesen, zusammen mit Frank, der über die Lage im Generalgouvernement berichtet und wahrscheinlich das elende Leben beschrieben hatte, das die Juden dort führten. Goebbels notierte: »Das Judentum in Polen verkommt allmählich. Eine gerechte Strafe für die Verhetzung der Völker und die Anzettelung des Krieges. Der Führer hat das ja auch den Juden prophezeit.«[66] Man sieht, daß er die Prophezeiung seines Chefs nicht wortwörtlich genommen hatte und sie auf eine vergleichsweise weniger radikale Weise interpretierte. Man sieht außerdem, daß er, auch wenn er noch nicht an die Vernichtung dachte, doch die Vorstellung von einer Dezimierung akzeptierte.

Mehrere Stufen unter Goebbels scheint der bescheidene Gestapofunktionär und Spezialist für Judenangelegenheiten, Adolf Eichmann, die Worte des »Führers« ebenfalls nicht buchstäblich genommen zu haben. Vor seinen Richtern in Jerusalem erklärte er, er habe die Prophezeiung Hitlers vernommen, sie aber nur für Propaganda gehalten.[67] Es ist wenig wahrscheinlich, daß sie der Aufmerksamkeit von Männern wie Himmler und Heydrich entgangen ist, vor allem, nachdem sie wiederholt worden war. Wenn nichts darauf hinweist, daß sie hierdurch angeregt wurden, Initiativen zu ergreifen oder Vorschläge zu machen, so konnten sie doch zumindest wissen, daß es eine radikalere Perspektive gab, und eine Entwicklung in Betracht ziehen, die sie selbst sich nicht ausgedacht hätten.

Jenseits dieser Frage der Wahrnehmung ist es wichtig, die Entwicklung eines Klimas zu erwähnen, in dem es, wenn aus der Prophezeiung ein Befehl geworden war, möglich wurde, diesen Befehl auch auszuführen. Bei den Nationalsozialisten, die sich auf die eine oder andere Weise damit zu befassen hatten, begann die »Judenfrage« ernste Frustrationen hervorzurufen. Ständig betonte Hitler seinen Entschluß, das Reich und Europa von den Juden zu befreien. Das wurde allmählich zu einer Obsession oder doch zu einer Staatsaffäre, der sich keiner seiner Paladine entziehen konnte, wenn er nicht allen Einfluß verlieren wollte. Aber die »Endlösung« entzog sich ihnen in gleichem Maße, wie sie sich vorwagten, während die Zahl der ihrem Zugriff ausgesetzten Juden mit jeder Eroberung anwuchs.

Diesem von dem fanatischen Antisemitismus Hitlers erzeugten Druck waren die Gauleiter, in deren Gebieten besonders viele Juden wohnten, am stärksten ausgesetzt. Etwa Goebbels, der unter anderem auch Gauleiter von Berlin war und sich geradezu zwanghaft über die große Zahl der Juden dort aufregte. Er versuchte, sie loszuwerden, wobei sich die Forderungen seines eigenen Antisemitismus mit denen seines Machthungers vereinigten. Seine Tagebücher zeigen, daß er die Frage in den Gesprächen mit Hitler immer wieder ansprach. Da er die Juden nicht aus Berlin vertreiben konnte, machte er immer neue Vorschläge, um ihre Trennung von der deutschen Bevölkerung zu verschärfen. Der Druck existierte also auch in der anderen Richtung: Der antisemitische Eifer seiner Würdenträger ließ das Fehlen einer »Lösung der Judenfrage« für Hitler immer unerträglicher werden.

In den Ostgebieten war die Lage nicht weniger irritierend für die Verantwortlichen, ob es sich nun um Hans Frank handelte oder um Arthur Greiser, den Gauleiter des Warthelandes, desjenigen der annektierten Gebiete, in dem immer noch die meisten Juden wohnten. Während Greiser alles tat, um seine Juden ins Generalgouvernement abzuschieben, verteidigte Frank jeden Schrittbreit seines Bodens und wartete ungeduldig auf den Tag, an dem auch sein Land von ihnen befreit wäre. Der eine wie der andere sah sich veranlaßt, Maßnahmen zu ergreifen, die sie für vorläufig hielten. Zwangsarbeit, Kennzeichnung, Schaffung von »Judenräten« als Vermittlern zwischen Juden und Besatzern, das alles wurde bald nach dem Einmarsch der deutschen Truppen eingeführt. Im Wartheland wurden die Juden schnell in Ghettos umgesiedelt, die von der übrigen Stadt abgeschnitten wurden; das größte entstand in Lodz (Litzmannstadt) und wurde am 1. Mai 1940 abgeriegelt. Im Generalgouvernement setzte dieser Prozeß später ein und war auch weniger systematisch. Das Ghetto von Warschau wurde im November 1940 nach dem Vorbild des Ghettos von Lodz errichtet; die Krakauer und Lubliner Ghettos entstanden im März 1941; und in einer ganzen Reihe von Orten gab es bis Ende 1941 und sogar bis ins Jahr 1942 kein Ghetto.

In der Anfangszeit diente die Schaffung geschlossener Ghettos in Lodz wie in Warschau dazu, die armen Bewohner auszusaugen: Sie mußten all ihr Geld und ihre letzte Habe für den Kauf der lebensnotwendigen Nahrungsmittel aufwenden. Als Hungersnot und Seuchen ausbrachen und die Sterblichkeitsziffern in unglaubliche Höhen trieben, sah sich die Verwaltung gezwungen, Stellung zu nehmen. Einige der für die Ghettos Verantwortlichen waren bereit, den Hunger wüten zu lassen; sie versprachen sich davon die Dezimierung, wenn nicht gar das Verschwinden der jüdischen Bevölkerung. Aber dieser Standpunkt wurde nicht akzeptiert, und es setzte sich deshalb eine andere Richtung durch: Man würde den Juden in den Ghettos Arbeit geben, damit sie ernährt werden konnten.[68]

Die NS-Funktionäre im Osten »normalisierten« die Lage schließlich, nachdem sie sie lange hatten treiben lassen und die Situation durch Maßnahmen wie die Einschließung der Juden in Ghettos verschlimmert hatten. Die Anwesenheit der Juden wurde als vorübergehend angesehen, man brauchte sich über ihr weiteres Schicksal keine Gedanken zu machen; mehr noch, die Verschlechterung ihrer Lebensbedingungen war ein willkommenes Argument, um in Berlin die Dringlichkeit einer Regelung hervorzuheben. Aber als klar wurde, daß für Hunderttausende von Menschen der Tod durch Entkräftung die Folge sein würde, wurde eine Entscheidung gefällt, die die Organisierung des Überlebens der jüdischen Bevölkerung für unbestimmte Zeit wiederaufnahm. Die Verantwortlichen brachten zwar trotzdem weiter ihren Wunsch zum Ausdruck, die Juden so schnell wie möglich loszuwerden. Es scheint jedoch, als sei in ihrem Denken eine Wandlung eingetreten, eine Veränderung, die sie nicht öffentlich machen konnten, deren Auswirkungen man aber noch sehen sollte. Arbeitende Juden waren, alles in allem, von Vorteil: Die Ausbeutung ihrer Arbeit hatte sich als einträglich erwiesen. Die Arbeitsunfähigen jedoch waren Ballast; wenn sie verschwanden, würde niemand sie vermissen.

Auch Himmler mußte feststellen, daß sich die Sache in die Länge zog. Die Vertreibung der Juden aus Europa verschwand in immer weiterer Ferne: Konnte man denn keine anderen Wege gehen? Er wußte von der »Euthanasie« und kannte die dabei angewandten Methoden; die technischen Dienste der Kriminalpolizei hatten zu ihrer Durchführung beigetragen. Anfang 1941 bat er Philipp Bouhler, den Chef der Kanzlei des Führers, um die Hilfe seiner Organisation bei der Tötung gebrechlicher oder unheilbar kranker Häftlinge in den Konzentrationslagern. Der unter dem Kodenamen »14 f 13« durchgeführten Aktion fielen 20 000 Menschen zum Opfer. Die Vergasung erwies sich als eine wirkungsvolle Methode, die ohne Schwierigkeiten auf weitere Kategorien von Opfern ausgeweitet werden konnte. Aber Himmler dachte noch nicht daran, sie auf die Juden insgesamt auszudehnen.

In Nürnberg erklärte Viktor Brack, einer der Spitzenbeamten der Kanzlei des Führers und Organisator der »Euthanasie«, daß ihm Himmler im Januar 1941 von seiner Absicht berichtet habe, die Juden sterilisieren zu lassen, und ihn gebeten habe zu prüfen, ob eine Massensterilisierung technisch durchführbar sei.[69] Brack leitete ihm am 28. März 1941 die Ergebnisse seiner Untersuchung zu: Es sei möglich, eine Massensterilisation durch Röntgenstrahlen durchzuführen, er bitte um Anweisung, »ob und was weiterhin in der Angelegenheit theoretisch oder praktisch geschehen soll«. Himmler ließ ihm sechs Wochen später antworten, er habe seinen Bericht mit Interesse gelesen und wolle bei nächster Gelegenheit mit ihm darüber sprechen.[70] Dabei blieb es einstweilen, und erst im Sommer 1942 äußerte Himmler wieder Interesse an der Sterilisierung ganzer Bevölkerungsgruppen. Inzwischen hatte die Vernichtung der Juden begonnen: Eine solche Vernichtung hatte Himmler Anfang 1941 nicht als Lösung für sein Problem angesehen.

Aber viele Dinge waren zu Beginn dieses Jahres 1941 nicht vorhersehbar. In der kleinen Stadt Auschwitz im annektierten Polen war 1940 ein Konzentrationslager für polnische politische Gefangene errichtet worden. Anfang 1941 wurde beschlossen, es zu vergrößern und ihm ein Lager anzuschließen, das 100 000 zukünftige sowjetische Kriegsgefangene aufnehmen sollte. Des-

Die territoriale Lösung 1939–1941

halb wurden die 6000 in Auschwitz wohnenden Juden im März 1941 aus ihren Wohnungen vertrieben und in anderen Orten des Bezirks untergebracht.[71] Dort suchten die NS-Schergen sie später wieder auf, um sie an den Ausgangspunkt zurückzubringen, wo inzwischen das Vernichtungslager entstanden war.

4. Das Los der sowjetischen Juden

Am 22. Juni 1941 überschritt die deutsche Wehrmacht die sowjetischen Grenzen und überrannte den schlecht vorbereiteten Gegner. Während die Armeen tief in das Land vorrückten, führten Einheiten der Polizei und der SS hinter der Front einen noch nie dagewesenen Mordfeldzug gegen die jüdische Bevölkerung. Bald wurden unter barbarischen Bedingungen Massenerschießungen durchgeführt. Einen Augenzeugenbericht gab in Nürnberg unter vielen anderen ein deutscher Zivilist, der während eines Rußlandaufenthalts, durch Schüsse aufmerksam geworden, zum entsetzten Zeugen einer dieser Hinrichtungen geworden war:

»Ich ging um den Erdhügel herum und stand vor dem riesigen Grab. Dicht aneinandergepreßt lagen die Menschen so aufeinander, daß nur die Köpfe zu sehen waren. Von fast allen Köpfen rann Blut über die Schultern. Ein Teil der Erschossenen bewegte sich noch. Einige hoben ihre Arme und drehten den Kopf, um zu zeigen, daß sie noch lebten. Die Grube war bereits dreiviertel voll. Nach meiner Schätzung lagen darin bereits ungefähr 1000 Menschen. Ich schaute mich nach dem Schützen um. Dieser, ein SS-Mann, saß am Rand der Schmalseite der Grube auf dem Erdboden, ließ die Beine in die Grube herabhängen, hatte auf seinen Knien eine Maschinenpistole liegen und rauchte eine Zigarette. Die vollständig nackten Menschen gingen an einer Treppe, die in die Lehmwand der Grube gegraben war, hinab, rutschten über die Köpfe der Liegenden hinweg bis zu der Stelle, die der SS-Mann anwies. Sie legten sich vor die toten oder angeschossenen Menschen, einige streichelten die noch Lebenden und sprachen leise auf sie ein. Dann hörte ich eine Reihe Schüsse.«[1]

Etwa 500 000 Juden – Männer, Frauen, Kinder – wurden allein 1941 auf diese Weise getötet; mindestens noch einmal so viele erfuhren in den folgenden Jahren das gleiche Schicksal. Der Krieg gegen die UdSSR stellte eine außerordentliche Radikalisierung im Vergleich zu den vorhergehenden Feldzügen dar. Das Mordpotential des Nationalsozialismus tobte sich in seinem ganzen Umfang aus. In Anbetracht dieser Massaker, in Anbetracht der Maßnahmen, die bald darauf ergriffen wurden, um die europäischen Juden zu töten, liegt der Gedanke nahe, daß der Beschluß zur Vernichtung der Juden vor dem 22. Juni 1941 gefaßt wurde. Die meisten Historiker haben das so gesehen: Der Tötungsbefehl müsse im Laufe der Vorbereitungen auf den Rußlandfeldzug, spätestens im Frühjahr 1941, gegeben worden sein.[2]

Diese Interpretation der Ereignisse ist wissenschaftlicher Standard geworden; sie hat Eingang in die Schulbücher gefunden. Sie stützt sich jedoch auf eine nur schmale und fragile Quellenbasis und zugleich auf eine fragwürdige Vorstellung von der Hitlerschen Ideologie. Hitler habe immer Bolschewismus und Judaismus miteinander verbunden: Nachdem er den einen zu vernichten beschlossen habe, habe er das auch mit dem anderen tun müssen. Oder so: Die Eroberung eines Reiches im Osten sei in seinem Geist unauflöslich mit der Vernichtung der Juden verbunden gewesen. Auch wenn vieles dafür spricht – diese Deduktionen bergen ein großes Problem. Die uns zur Verfügung stehenden Quellen weisen darauf hin, daß die Vorbereitungen zur Tötung der europäischen Juden nicht vor Herbstanfang begannen. Wenn der Beschluß im Frühjahr gefaßt worden wäre, wie will man diese Verzögerung bis zu seiner Verwirklichung erklären?

Diese Schwierigkeit ließe sich umgehen, wenn man von zwei Befehlen zur Vernichtung ausgeht: einem im Frühling, der die sowjetischen Juden betraf, einem zweiten im Sommer für die übrigen europäischen Juden.[3] Eine solche zweifache Entscheidung wäre auch überzeugend zu erklären. Aber das eigentliche Gegenargument ist ein anderes: Es gibt gute Gründe, die Existenz der ersten dieser Entscheidungen zu bezweifeln. Sicher, es wurde während des Rußlandfeldzugs damit begonnen, die sowjetischen Juden zu vernichten. Für September steht dies fest, aber ging es von Anfang an so? Zwei oder drei Monate mögen wenig sein im gesamten Zeitmaßstab, aber es gibt Situationen, wo innerhalb weniger Wochen eine Welt ins Wanken geraten kann.[4] Der Historiker gerät hier in einen immer undurchsichtigeren Bereich. Nichts gibt ihm Aufschluß über die Besprechungen, die zwischen Hitler und Himmler stattgefunden haben, über die Vorschläge, die unterbreitet, über die Initiativen, die ergriffen, über die Befehle, die erteilt wurden. Um eine karge Dokumentation zu ergänzen, bleibt kein anderes Mittel, als das Augenmerk auf die Täter aller Hierarchiestufen zu lenken und zu versuchen, die festgelegten Ziele zu entdecken sowie die Politik, die in den ersten Monaten des Rußlandfeldzugs verfolgt wurde: eines Feldzugs, der nach der Vorstellung der verantwortlichen Nationalsozialisten nur einen Sommer dauern sollte.

Mit den Vorbereitungen, natürlich den militärischen, aber auch den politischen, war Anfang des Jahres begonnen worden. Im März informierte Hitler die Generale über die Ziele, an denen ihm lag, und über die Art, wie er sie erreichen wollte. Der kommende Feldzug, sagte er, sei kein gewöhnlicher, sondern ein Kampf auf Leben und Tod zwischen zwei Weltanschauungen; er führe keinen Krieg, um den Feind zu »konservieren«, sondern um ihn zu vernichten. Der sowjetische Staat solle durch die Anwendung »brutalster Gewalt« zerschlagen werden. Die »Liquidierung« der kommunistischen Funktionäre und der »jüdisch-bolschewistischen Intelligenz« werde dafür sorgen. Für die Zukunft habe er die Errichtung mehrerer Satellitenstaaten vorgesehen, in denen man auf keinen Fall eine neue Führungsschicht entstehen lassen dürfe. Von der Wehrmacht erwarte er, daß sie begreife, daß der Krieg im Osten sich sehr unterscheiden werde vom Krieg im Westen: Die kommunistischen Kommissare seien Verbrecher und müßten als solche behandelt werden.[5]

Damit hatte er kundgetan, daß er in dem kommenden Krieg die Normen des Völkerrechts nicht respektieren wollte. Die Wehrmacht reagierte, wie er es erwartet hatte, und übernahm ohne weitere Schwierigkeiten zwei außerordentliche Weisungen. Zum einen sollte die Tätigkeit der Kriegsgerichte während des Rußlandfeldzugs aufgehoben sein; die Bewohner, die Widerstand leisteten, sollten kurzerhand erschossen werden, und eventuelle Exzesse der deutschen Soldaten sollten nicht automatisch verfolgt werden. Zum anderen sollten die politischen Kommissare nicht als Kriegsgefangene angesehen, sondern gleich nach ihrer Gefangennahme erschossen werden. Es ging dabei nicht um die militärische Sicherheit: Eine ganze Gruppe von Menschen war dem Tode geweiht nur wegen der von ihnen ausgeübten Funktion.

Die Wehrmacht hatte ihre Haltung seit dem Polenfeldzug sehr geändert. Die von Hitler errungenen Erfolge waren daran nicht unbeteiligt; aber der Haß auf den Kommunismus und die Verachtung der Slawen, gar nicht zu reden von festgefügten antisemitischen Vorurteilen, trugen ebenfalls dazu bei. Die militärischen Führer waren außerdem froh, die Hauptlast der von Hitler vorgesehenen tödlichen Maßnahmen auf Himmler abwälzen zu können. Nach einem Abkommen zwischen Heydrich und dem Heer konnten die Einsatzgruppen »in eigener Verantwortung« »Sonderaufgaben« im Operationsgebiet des Heeres durchführen. Himmler wollte jedoch mehr und bekam die Genehmigung, in den Gebieten hinter der Front »Höhere SS- und Polizeiführer« (HSSPF) zu ernennen, die ihm direkt verantwortlich und denen die Polizeitruppen, die SS-Truppen und die Einsatzgruppen unterstellt sein sollten.

Über die genaue Natur der »Sonderaufgaben«, mit denen Hitler seinen Chef der Polizei betraute, gibt es keine Dokumentation aus den ersten Monaten des Jahres 1941, aus denen wir etwas entnehmen könnten. Dem Chef des Wehrwirtschafts- und Rüstungsamts des OKW erklärte Göring am 26. Februar 1941, er sei »ebenso wie der Führer der Auffassung, daß bei dem Einmarsch deutscher Truppen in Rußland der ganze bolschewistische Staat zusammenbrechen würde«; er fügte hinzu, »es käme darauf an, zunächst schnell die bolschewistischen Führer zu erledigen«.[6] Hitlers Pläne gingen noch weiter, denn er sprach nicht nur von der Beseitigung des kommunistischen Apparats, sondern auch der »jüdisch-bolschewistischen Intelligenz«. Wenn man seine Aussagen wörtlich nimmt, zielte er besonders auf die jüdische Intelligenz ab, die nach seiner Ansicht Stütz- und Tragwerk des sowjetischen Regimes darstellte. Wenn diese Interpretation stimmt, hätte sich die Aufgabe der Truppen Himmlers in Rußland ihrem Wesen nach nicht von der in Polen unterschieden: hier wie dort gewaltsame Zerstörung des Staates und Vernichtung der Führungsschicht. Aber mit einer vorhersehbaren Verschärfung: Die Maßnahmen würden noch radikaler sein, weil sich in der NS-Wahrnehmung die staatliche Elite mit der feindlichen »Rasse« vermischte.

Die einzigen Dokumente, die uns einen Einblick in die Aufgabe der Einsatzgruppen geben, sind von Heydrich unterzeichnet und stammen vom Beginn des Feldzugs. Das erste ist ein Brief vom 2. Juli an die HSSPF, die Himmler kurz zuvor ernannt hatte.[7] Heydrich hatte sie nicht mehr vor ihrem Aufbruch in Berlin mündlich instruieren können und teilte ihnen nun die wesentlichen Punkte aus den Anweisungen mit, die er den Einsatzgruppen gegeben hatte. Sie hätten den Auftrag, für Sicherheit in den besetzten Gebieten zu sorgen. Neben den normalen Aufgaben (Beschlagnahme von Archiven, Einrichtung eines Netzes von Überwachung und Information usw.) sollten sie bestimmte Gruppen von Personen hinrichten. Die wichtigsten waren die Funktionäre der kommunistischen Partei, radikale »Elemente« und »Juden in Partei- und Staatsstellungen«. Außerdem sollten Pogrome der einheimischen Bevölkerung unterstützt oder sogar organisiert werden, wobei man das Durcheinander der ersten Tage der Besetzung nutzen konnte. Das andere Dokument trägt das Datum 17. Juli; es existierte jedoch als Entwurf schon seit Ende Juni. Darin gab Heydrich Anweisungen, welche

Kategorien von Personen unter den sowjetischen Kriegsgefangenen selektiert und exekutiert werden sollten, darunter »alle Juden«.[8] Keines dieser Dokumente nimmt Bezug auf einen Befehl zur Vernichtung der gesamten jüdischen Bevölkerung oder läßt auf die Existenz eines solchen schließen, auch wenn beide zeigen, daß sich die Haltung der Nationalsozialisten seit dem Polenfeldzug merklich verhärtet hatte. Es gibt meines Erachtens keinen triftigen Grund, das erste dieser Dokumente zu mißachten. Sicher, Heydrich schrieb, er teile seine Weisungen »in gedrängter Form« mit, aber es muß bezweifelt werden, daß er das Wesentliche entstellt hatte, wo doch die Adressaten seines Briefes die Aktionen der Einsatzgruppen überwachen sollten. Könnte es sich um ein Schreiben zur Täuschung handeln, das bestimmt war, den Militärbehörden vorgelegt zu werden? Aber Heydrich erwähnte darin, daß er seine Männer angewiesen habe, Pogrome auszulösen, »ohne eine Spur zu hinterlassen«: Er wollte jede Reibung mit den Militärbehörden vermeiden.

Mir scheinen noch andere Elemente für den Wahrheitsgehalt dieses Dokuments zu sprechen. Heydrich schrieb, das Nahziel sei, die politische Befriedung der besetzten Gebiete »mit rücksichtsloser Schärfe« durchzuführen. Aber das Fernziel, »auf welchem das Schwergewicht zu liegen hat«, setzte er hinzu, sei die »wirtschaftliche Befriedung«. Er teilte damit die Hauptsorge der nationalsozialistischen Führer, die darauf bedacht waren, möglichst schnell mit der Ausbeutung der Reichtümer des Landes zu beginnen. Dem Hinweis auf diese Priorität war kein Vorbehalt betreffend die Juden beigegeben. Mit den »Juden in Partei- und Staatsstellungen« zielte Heydrich übrigens offensichtlich auf die Elite der jüdischen Bevölkerung: Man findet hier den Willen Hitlers wieder, der die »jüdisch-bolschewistische« Führungsschicht beseitigt sehen wollte.

Der Befehl zur Anzettelung von Pogromen zeigt andererseits, daß die Aufgabe der Einsatzgruppen über die Eliminierung einer bestimmten sozialen Schicht hinausging: Die jüdische Bevölkerung sollte unterschiedslos in den ersten Tagen der Besetzung angegriffen und terrorisiert werden. Aber ein solcher Befehl hatte keinen Sinn, wenn die Vernichtung der Juden vorgesehen war. Zwischen dem, was wenig später die rationelle und geheime Organisation des Völkermords werden sollte, und der Nutzbarmachung von bestialischer und ganz offener Gewalt liegen Welten. Die Pogrome konnten Fluchtbewegungen nur steigern; ein paar Monate später, als die Vernichtung begonnen hatte, griffen Heydrichs Männer ganz im Gegenteil zur List, um die jüdische Bevölkerung zu beruhigen, damit sie bleibe oder gar zurückkehre, damit sie vollständiger vernichtet werden könne. Der Gedanke, Pogrome zu organisieren, ist letztlich nur zu erklären im Hinblick auf die kurze Dauer, die der Feldzug haben sollte. Sie waren das Mittel, bei dem geringen zur Verfügung stehenden Personalbestand – rund 3000 Männer für die riesige Sowjetunion – den Juden einen zusätzlichen Schlag zu versetzen.

Können andere Quellen zusätzlich Aufklärung geben? Außer Himmler, Heydrich, Göring und der obersten Heeresleitung war noch ein Mann tief in die Vorbereitungen zum Krieg in Rußland verwickelt: Alfred Rosenberg. Hitler hatte ihn Ende März an die Spitze eines »Amts für Fragen des osteuropäischen Raums« gesetzt; am 20. April hatte er ihn in seiner Rolle als »Beauftragten für die zentrale Bearbeitung der Fragen des osteuropäischen Raumes« bestätigt, und am 17. Juli ernannte er ihn zum Reichsminister für die besetzten Ostgebiete. Im April entwickelte Rosenberg schriftlich, vermutlich für Hitler, die wünschenswerten Ziele. Neben der »völligen Vernichtung der bolschewistischjüdischen Staatsverwaltung« und der Aufsplitterung des Landes in mehrere Einheiten sah er gewisse Verschiebungen der Bevölkerung vor, vor allem aus den baltischen Ländern, die deutscher Boden werden und vorher weitestgehend entvölkert werden sollten. Rosenberg erwähnte, daß die Juden in diesen Gebieten zusammen mit anderen unerwünschten Personen nach Weißrußland umgesiedelt würden.[9]

In einer Denkschrift vom 29. April, in der er die Grundlinien seiner Aufgabe umriß, schrieb er, die »Judenfrage« erfordere eine »allgemeine Behandlung«; es müsse eine »zeitweilige Übergangslösung« festgelegt werden, dazu gehörten Maßnahmen wie Arbeitszwang und Ghettoisierung.[10] Diese Übergangslösung führte nicht zur Vernichtung, sondern zur Deportation. In den Richtlinien vom 3. September für die Spitzen seiner Verwaltung wurde abermals präzisiert, die »Judenfrage« werde »nach dem Krieg für ganz Europa generell gelöst« werden. Bis dahin sollten bestimmte Maßnahmen angewandt werden, zu denen die Umschulung der Juden zu Landwirten und die Verbreitung des Hebräischen gehörten.[11] Für Rosenberg bedeutete die »Endlösung der Judenfrage« weiterhin die Umsiedlung der Juden in ein nicht festgelegtes Gebiet. Wenn ein Plan zur Vernichtung der sowjetischen Juden existierte, dann hat er ihn offensichtlich nicht gekannt. Hätte ihm Hitler aber eine solche Verantwortung übertragen, ohne ihn in eine so schwerwiegende Entscheidung einzuweihen, die ihn primär betraf? Man kann dies nicht ausschließen, aber sehr wahrscheinlich ist es nicht.

Wenden wir uns jetzt Himmler zu, dessen Beziehungen zu Rosenberg von Anfang an durch Mißtrauen und Feindseligkeit gekennzeichnet waren. Ende Mai bat er Bormann um Hilfe gegen den von Rosenberg geäußerten Anspruch, ihn, Himmler, in den künftig eroberten Gebieten seiner Autorität zu unterstellen. Am 16. Juni schrieb Bormann an Hans Lammers, den Chef der Reichskanzlei, um sich für Himmler einzusetzen. Er unterstrich die Bedeutung der Aufgabe, die jener im Osten zu erfüllen habe. Er fügte hinzu, daß »besonders in den ersten Wochen und Monaten« die Polizei ihre »überaus schwierige Aufgabe« frei von jeder Streitigkeit über Kompetenzen erledigen können sollte.[12] Auch hier ist die Perspektive die eines Feldzugs von kurzer Dauer, und es wird angenommen, daß Himmlers Aufgabe im wesentlichen in der gleichen Zeit abgeschlossen sein würde.

Über Himmlers Vorstellungen von der Zukunft gibt es trotzdem ein bemerkenswertes Dokument. Es geht darin um den berühmten »Generalplan Ost«, eine Denkschrift, die er am 24. Juni bei einem seiner Mitarbeiter in Auftrag gab und die er am 15. Juli erhielt, wie es der Begleitbrief zeigt, der im Gegensatz zum Text selbst erhalten geblieben ist.[13] Der Inhalt der Denkschrift ist uns dennoch überliefert durch eine kritische Analyse, die ein Beamter des Rosenberg-Ministeriums im Frühjahr 1942 anfertigte.[14] Obwohl es oft behauptet wird, ist es doch unwahrscheinlich, daß es sich bei dem analysierten Dokument um einen anderen Plan als den 1941 vom RSHA ausgearbeiteten gehandelt hat.[15] Der »Generalplan Ost« sah die Vertreibung von 31 Millionen Menschen aus Osteuropa und die Ansiedlung von 4,5 Millionen deutscher Siedler an ihrer Stelle vor. Das Unternehmen sollte während eines Zeitraums von dreißig Jahren bewerkstelligt und der Strom der Vertriebenen nach Westsibirien gelenkt werden.[16]

Die im besetzten Polen durchgeführten Evakuierungen verblaßten im Vergleich mit dem, was hier ins Auge gefaßt worden war. Was die Juden angeht, so ist das Dokument deswegen besonders wichtig, weil die fünf bis sechs Millionen in der UdSSR lebenden Juden ausdrücklich in die Gesamtzahl von 31 Millionen zu vertreibenden Menschen einbezogen waren.[17] Nicht Vernichtung, sondern Zwangsumsiedlung auf die andere Seite des Urals war ihnen bestimmt. Wie der Autor des Memorandums in seinem Brief vom 15. Juli erwähnte, hatte er seinen Plan auf der Basis der »Richtlinien und Hinweise« ausgearbeitet, die ihm Himmler bei ihrem Gespräch am 24. Juni gegeben hatte. Es ist kaum wahrscheinlich, daß Himmler es unterlassen hätte, seine Auffassung zu dem Punkt deutlich zu machen.

Wenden wir uns schließlich Frank zu. Am Tag nach dem bereits erwähnten Zusammentreffen mit Hitler und Goebbels am 19. Juni notierte letzterer über die Lage im Generalgouvernement: »Dort freut man sich schon darauf, die Juden abschieben zu können.«[18] Das freudige Ereignis schien nahe, und so verstand dies auch Frank. Als er wieder in Krakau war, verkündete er, der »Führer« habe ausdrücklich erklärt, daß »die Juden in absehbarer Zeit aus dem Generalgouvernement entfernt würden«, er wünsche deshalb keine weitere Ghettobildung mehr.[19] Er hatte die Äußerungen Hitlers für beschlossene Politik gehalten. Wie aus anderen Dokumenten hervorgeht, hatte er sie so verstanden, daß die Juden sowie »andere asoziale Elemente« Polens in die neuen Räume im Osten abgeschoben würden.[20] Am 19. Juli schrieb er an Lammers und forderte den Anschluß der Pripjet-Sümpfe an das Generalgouvernement; er wußte, daß sie von geringem wirtschaftlichen Interesse waren, und hoffte, dort die Juden ansiedeln zu können: Wenn sie das Gebiet urbar machten, taten sie eine produktive und für das Reich nützliche Arbeit.[21]

Hatte Hitler vor, die Juden Europas in die neuen Räume im Osten abzuschieben? Ein anderes Dokument scheint das zu bestätigen. Am 16. August 1941 beschwerte sich der rumänische Staatschef Antonescu darüber, daß die deutschen Truppen in der Ukraine bessarabische Juden nach Rumänien zurücktrieben, die seine eigenen Soldaten gerade erst nach Osten vertrieben hätten. Antonescu bat die Deutschen dringend, die Rückkehr dieser Juden zu verhindern, die »mit den ihm vom Führer in München über die Behandlung der Ostjuden gegebenen Richtlinien in Widerspruch stehe«; die deutschen Truppen brauchten nur »den Abschub der Juden in anderer Richtung zu veranlassen«.[22] Es ging hier um »Ostjuden«, aber es ist nicht ausgeschlossen, daß Hitler an alle europäischen Juden gedacht hat. Am 22. Juli erklärte er dem kroatischen Marschall Kvaternik gegenüber, er beabsichtige, alle europäischen Staaten aufzufordern, sich an der Entfernung der Juden zu beteiligen: »Wohin man die Juden schicke, nach Sibirien oder nach Madagaskar, sei gleichgültig.«[23]

Aus alldem kann man keine absoluten Schlüsse ziehen. Trotz der bleibenden beträchtlichen Unklarheiten sind jedoch einige Linien zu erkennen. Kein Dokument gibt an, daß Hitler die Vernichtung der sowjetischen Juden oder die Vorbereitungen dazu vor Beginn des Rußlandfeldzugs befohlen hätte. Die zur Verfügung stehenden Quellen weisen vielmehr darauf hin, daß das

Ziel die Vertreibung der Juden aus Europa und ihre Konzentrierung in einem Reservat blieb. Da Madagaskar in absehbarer Zeit nicht realisierbar zu sein schien, hat Hitler wahrscheinlich statt dessen auf Gebiete im Osten gezielt. Nichts jedoch zeigt, daß er eine Entscheidung gefällt hätte; dafür war Zeit nach dem Feldzug, dessen Ende für nahe gehalten wurde.

Das den sowjetischen Juden bestimmte Los kann man noch von einem anderen Blickpunkt aus untersuchen, wenn man die Aktivitäten der Truppen Himmlers im Sommer 1941 betrachtet. Die Historiker, die von einem Vernichtungsbefehl vor dem 22. Juni sprechen, stützen sich im wesentlichen auf zwei Quellen: den Stahlecker-Bericht von Anfang 1942, von dem später noch die Rede sein wird, und die Zeugenaussagen der Täter beim »Einsatzgruppen-Prozeß« in Nürnberg. In Anbetracht der Quellenlage mußten diese Aussagen das Urteil der Historiker beeinflussen. Die Verantwortlichen der Einsatzgruppen mußten es ja wissen, und ihre Aussagen stimmten weitgehend überein.

Hauptangeklagter war Otto Ohlendorf, Leiter der Einsatzgruppe D und der einzige von den vier Einsatzgruppenchefs vom Beginn des Rußlandfeldzugs, der vor Gericht erschien; zwei waren tot, und der letzte, Otto Rasch, konnte wegen seines schlechten Gesundheitszustandes nicht vor Gericht erscheinen. Mit Otto Ohlendorf wurden mehrere Führer von Einsatzkommandos, den Untereinheiten der Einsatzgruppen (es gab jeweils vier bis fünf), verurteilt. Mit nur zwei Ausnahmen versicherten alle diese Männer, daß ihnen ein Befehl zur Vernichtung der jüdischen Bevölkerung kurz vor Beginn des Feldzugs durch Bruno Streckenbach, den Leiter der Personalabteilung im RSHA, auf Anweisung Himmlers und Heydrichs überbracht worden sei. Die Verkündung dieses Befehls habe allgemeinen Protest hervorgerufen und zu einer lebhaften Diskussion mit Streckenbach geführt, der sie dann mit dem Hinweis beendet habe, das sei ein »Führerbefehl«.[24]

Die Übereinstimmung der Zeugenaussagen war beeindrukkend. Sie ließ die Aussage des Leiters des Einsatzkommandos 5, Erwin Schulz, er habe erst mehrere Wochen nach dem 22. Juni Kenntnis von einem Führerbefehl bekommen, als Kuriosum erscheinen. Das Bild hätte schon in Nürnberg anders aussehen können, wenn der zweite noch lebende Einsatzgruppenchef, Otto Rasch, hätte erscheinen können. Aus einer von seinem Verteidiger im voraus abgegebenen Erklärung geht hervor, daß er im gleichen Sinn wie Schulz ausgesagt hätte, dessen Vorgesetzter er war: Er habe erst mehrere Wochen nach Beginn des Feldzugs einen Befehl des Führers erhalten, zu einem Zeitpunkt, den er nicht genau festlegen konnte, im August oder September.[25]

Heute veranlassen uns eine Reihe von Fakten, die anläßlich späterer Prozesse aufgetaucht sind, die in Nürnberg vertretene These großenteils in Frage zu stellen, wenn nicht aufzugeben.[26] Sie gab Streckenbach eine zentrale Rolle, die ihm seiner Funktion nach nicht zustand: Logischerweise hätte Heydrich selbst den Befehl übermitteln müssen. Wie dem auch sei, Streckenbach, der von den in Nürnberg Angeklagten für tot gehalten worden war, kehrte Mitte der fünfziger Jahre aus einem sowjetischen Gefangenenlager zurück und bestritt, den berüchtigten Befehl überbracht zu haben. Weitere Führer von Einsatzkommandos, die zunächst der Justiz entgangen waren, legten vor Gericht Aussagen ab, die die Nürnberger Version nicht bestätigten. Schließlich widerriefen drei der Angeklagten aus dem »Einsatzgruppen-Prozeß« ihre Aussagen, die unter dem Druck von Ohlendorf entstanden seien, der im Interesse seiner eigenen Verteidigungsstrategie den Befehl zur Vernichtung so früh wie möglich erhalten haben wollte; die Rolle, die er gespielt hatte, wurde von den Anwälten mehrerer der Angeklagten, darunter seinem eigenen, bestätigt.[27]

Nach dem gegenwärtigen Stand bieten die Aussagen der ersten Leiter der Einsatzkommandos ein widersprüchliches Gesamtbild. Bei rund zehn Personen, die alle die eine oder andere

Verteidigungsstrategie verfolgen und alle Mühe haben, sich zu erinnern und die Ereignisse nach Jahrzehnten zu rekonstruieren, kann das nicht überraschen. Auf jeden Fall aber bezieht sich keiner mehr auf Streckenbach als Überbringer des Befehls zur Vernichtung, und das läßt ernste Zweifel an der Wahrhaftigkeit der Aussagen in Nürnberg aufkommen.[28] Der Stand der Dinge 1973[29]: Von zehn Einsatzkommandochefs behaupten zwei, niemals einen Befehl zur Vernichtung der jüdischen Bevölkerung bekommen zu haben; einer von ihnen hatte zuvor erklärt, er habe vor Beginn des Feldzugs einen solchen Befehl erhalten.[30] Vier andere behaupten, sie hätten den Befehl zur Vernichtung nach Beginn des Feldzugs erhalten, entweder gegen Ende Juli oder im August.[31] Die letzten vier behaupten, der Befehl sei ihnen vor dem 22. Juni gegeben worden, und zwar von Heydrich. Über den Ort des Geschehens sind sie sich jedoch nicht einig, zwei sehen ihn in Berlin, die beiden anderen in Pretzsch, wo die Gruppen zusammengestellt wurden.[32] Nun weisen aber die meisten Aussagen darauf hin, daß Heydrich in Pretzsch nur seine Männer Revue passieren ließ. Den Inhalt der Konferenz, die Mitte Juni in Berlin stattfand, hat Erwin Schulz in Nürnberg beschrieben, ohne daß seine Mitangeklagten widersprochen hätten.[33] Schulz zufolge hatte Heydrich sie über den bevorstehenden Beginn des Feldzugs informiert und ihn als einen Kampf zwischen zwei Weltanschauungen dargestellt. Der Bolschewismus werde vor keinem Mittel zurückschrecken; die Juden seien verbissene Feinde, die man härter treffen müsse als in Polen. Von einer Vernichtung der jüdischen Bevölkerung sei nicht die Rede gewesen.[34]

Die Aussagen der einen und der anderen sind ziemlich gleich verteilt. Aber sie vertragen sich nicht gleich gut mit dem, was man über die Art weiß, in der Heydrichs Truppen ihrem Auftrag nachkamen. Tatsächlich haben die gerichtlichen Untersuchungen gezeigt, daß die Opfer anfangs in der großen Mehrzahl der Fälle Männer waren, gelegentlich auch Jugendliche. Erst nach mehreren Wochen, frühestens seit Anfang August, wurden auch die Frauen und Kinder systematisch ermordet. Diese Tatsache ist auch für diejenigen Kommandos bewiesen, deren Chefs behaupten, sie hätten den Befehl zur Vernichtung vor dem Feldzug bekommen[35]; es gibt also ein Kohärenz-Problem.

Das zeigt sich, wenn man etwa die Erklärungen betrachtet, die Filbert angeboten hat, der Chef des Einsatzkommandos 9. Der von Heydrich übermittelte Befehl zur Vernichtung, versicherte er, sei vollkommen klar gewesen: Er erstreckte sich auf die ganze jüdische Bevölkerung. Er selbst habe ihn aber nur auf Männer angewendet, trotz des Drucks aus Berlin, bis er eines Tages den kategorischen Befehl bekommen habe, auch die Frauen und Kinder zu töten.[36] Seine Untergebenen erklärten, sie erinnerten sich an einen Befehl, den er ihnen in den letzten Tagen des Juli bekanntgegeben hätte. Sie sagten aber, er habe nur von einer »Intensivierung« und einer »Verschärfung« der früheren Instruktionen gesprochen.[37]

Ein anderes Beispiel ist das Kommando »Tilsit«, ein Sonderkommando, das jenseits der Grenze zu Litauen tätig werden sollte, um den Einsatzgruppen ihre Arbeit zu erleichtern und ihnen schnelleres Vorrücken nach Osten zu ermöglichen. Nach den Erklärungen des für dieses Kommando Verantwortlichen hatte Walther Stahlecker, der Leiter der Einsatzgruppe A, ihm gleich nach Beginn des Feldzugs befohlen, in einem fünfundzwanzig Kilometer breiten Streifen jenseits der Grenze sämtliche Juden, einschließlich der Frauen und Kinder, zu töten. Wie die Untersuchungen des Gerichts gezeigt haben, waren bis zum August die Opfer ganz überwiegend Männer. Der Chef des Kommandos bezog sich auf das wiederholte Drängen Stahleckers, er solle den empfangenen Befehl ausführen; er leugnete aber, dem nachgekommen zu sein: Die litauischen Kollaborateure hätten von sich aus begonnen, die jüdischen Frauen und Kinder zu erschießen.[38]

Diese Behauptung überzeugte das Gericht nicht. Aber entscheidend ist etwas anderes. Wie Filbert versuchte der Chef dieses Kommandos, seine heimliche Verweigerung des empfangenen Befehls glaubhaft zu machen. Dabei wäre es jedoch um einen ausdrücklichen Befehl gegangen, der noch dazu mit unbestreitbarer Autorität behaftet war: Himmler selbst hätte ihn schriftlich bestätigt. Es ist offenkundig, daß der Angeklagte übertrieb, ohne doch aus seiner Schwierigkeit herauszukommen, die auch für Filbert galt: Wenn es den Befehl so gegeben hätte, wie er ihn darstellte, hätte er ihn ausgeführt; wenn er dies nicht tat, dann deshalb, weil es zu Anfang keinen entsprechenden Befehl gab. Man kann die Hypothese eines vage gegebenen oder stillschweigenden Befehls zur Vernichtung nicht ausschließen; davon wird weiter unten noch die Rede sein.

Die gerichtlichen Untersuchungen haben ein zweites wichtiges Element ergeben: Die Art der Hinrichtungen änderte sich beträchtlich. In den ersten Wochen wurden die Opfer nach den Regeln des Standrechts erschossen. Ein Erschießungskommando bestand aus mindestens ebenso vielen Schützen wie Hinzurichtenden. Geschossen wurde mit Karabinern auf Befehl »Feuer«; im Kommando »Tilsit« wurde sogar ein Grund für die Erschießung angegeben. Die Opfer behielten ihre Kleidung an und wurden anschließend in die Gruben geworfen.

Nach einigen Wochen sahen die Dinge anders aus. Es wurden keine Erschießungspelotons mehr aufgestellt, sondern SS-Männer schossen den entkleideten Personen, die am Rand einer Grube knieten oder ausgestreckt in der Grube lagen, nacheinander mit Maschinenpistolen ins Genick oder in den Hinterkopf. Anfangs wurde noch jeweils eine dünne Schicht Erde auf die bereits dort liegenden Leichen geworfen; später mußten sich die Opfer einfach auf die Menschen legen, die vor ihnen getötet worden waren.[39] Während zunächst also noch der Schein einer militärischen Prozedur aufrechterhalten wurde, änderten sich von einem bestimmten Zeitpunkt an die Methoden: Bei den nun folgenden Massenschlächtereien kam es nur noch auf Effizienz und Zeitersparnis an. Aber offenbar war diese Entwicklung nicht vorgesehen und auch nicht vorbereitet worden. Wie Ohlendorf – hier glaubhaft – versicherte, hatte es vor dem Feldzug keine

Das Los der sowjetischen Juden 121

Instruktion und keine Schulung gegeben.[40] Die Mörder paßten sich mit ihren Methoden selbst einer Entwicklung an, die offensichtlich niemand vorausgesehen hatte.

Nach Lage der Dinge erscheint die Annahme, es sei erst nach dem 22. Juni ein Befehl erfolgt, glaubwürdiger. Wenn man den Erklärungen der oben erwähnten vier Kommandochefs wie denen anderer Zeugen glaubt, erreichte sie der Befehl, die jüdischen Familien zu töten, mehrere Wochen nach dem Einmarsch in die Sowjetunion: zwischen Ende Juli und Ende August. Der Befehl kam von Himmler, der ihn bei einem seiner Besuche in Rußland selbst bestätigte, wie etwa Mitte August in Minsk.[41] Es ist möglich, daß der Befehl die Gruppen nicht alle zur gleichen Zeit erreicht hat.

Der Befehl zur Vernichtung der Juden wurde nicht ohne Rechtfertigungsversuche ausgegeben. Schulz sagte aus, er sei um den 25. Juli in Schitomir zum Chef seiner Gruppe, Rasch, gerufen worden, der ihm erklärt habe, daß die Juden hinter der Front eine tödliche Gefahr darstellten und daß der Führer befohlen habe, alle jüdischen Männer, soweit ihre Arbeit nicht unentbehrlich sei, zu »liquidieren«. Etwas später erreichte ihn ein neuer Befehl: Die Frauen und Kinder sollten ebenfalls getötet werden, damit sie nicht in Zukunft als »Rächer« auftreten könnten.[42] Nosske, Chef des Kommandos 12, der in Nürnberg den Standpunkt Ohlendorfs unterstützt hatte, erklärte 1971, er könne sich erinnern, wie etwa zwei Monate nach Beginn des Feldzugs Ohlendorf und Rasch ihn über den Vernichtungsbefehl informiert hätten und daß sie mit Bezug auf die Frauen und Kinder von der Beseitigung »potentieller Gegner der Zukunft« gesprochen hätten.[43] In Minsk erklärte Himmler am 15. August 1941, nachdem er an einer Massenerschießung teilgenommen hatte, bei der ihm übel geworden war, daß »der schwere Kampf, den das deutsche Volk führen müsse, harte Maßnahmen wie diese erforderlich mache. Die Juden seien die Träger des Weltbolschewismus und müßten daher vernichtet werden. Er und Hitler hätten dafür vor der Geschichte die Verantwortung übernommen.«[44]

All diese Rechtfertigungen bezogen sich, explizit oder implizit, auf den Krieg, der gerade geführt wurde. Von den Juden – Frauen und Kinder eingeschlossen – wurde behauptet, sie stellten eine Gefahr militärischer Art dar. Diese Behauptung ist keine Diskussion wert, aber sie ist doch aufschlußreich. Selbst für SS-Männer war eine Rechtfertigung für den Mord an Frauen und Kindern nötig; die, die gegeben wurde, bezog sich auf die militärische Sicherheit. Vor dem Beginn des Rußlandfeldzugs hätten die NS-Führer ziemliche Mühe gehabt, überzeugende Argumente zu liefern, da sie doch an einen leichten und schnellen Sieg glaubten.

Wenn die Version einer stufenweisen Ausweitung der Vernichtungsaktionen eine höhere Glaubwürdigkeit beanspruchen kann, so ist doch Glaubwürdigkeit noch nicht Wahrheit. Es bleibt zu untersuchen, in welchem Maße die Quellen jener Zeit diese Auffassung bestätigen oder entkräften. Die Tätigkeit der Einsatzgruppen ist außergewöhnlich gut dokumentiert dank den fast täglichen Bulletins vom RSHA, das die Tätigkeitsberichte der Einsatzgruppen und -kommandos zusammenstellte (und gelegentlich leicht retuschierte). Diese Berichte sind im allgemeinen reichhaltig und genau; es wurde – so makaber es ist – über jedes einzelne Opfer akribisch Buch geführt.[45]

Diese Berichte zeigen, daß die Männer Heydrichs von Anfang an in der Sowjetunion Erschießungen in einem viel größeren Maßstab durchführten als in Polen. Ihre Opfer zählten bald nach Hunderten täglich. In der ersten Zeit wurden entsprechend den Befehlen Pogrome organisiert, mit besonderem Erfolg in der Ukraine und in den baltischen Ländern, vor allem in Litauen, wo sich in den größeren Städten grauenvolle Szenen abspielten. Die Einsatzgruppen selbst erschossen zu der Zeit fast nur männliche Juden, aber nicht alle. Die Berichte zeigen eindeutig, daß vorrangig die Mitglieder der Intelligenz zu Opfern wurden: Lehrer, Anwälte, Rabbiner usw.; die Ärzte waren ausgenommen.[46] In Minsk etwa trieb man alle Juden in einem Lager zusammen und

kontrollierte sie; nur die Angehörigen der Intelligenz wurden festgehalten und erschossen, die anderen in das Ghetto gesperrt.[47]
Die Einsatzgruppen schufen, wo sie hinkamen, Judenräte, erließen Vorschriften, wie die Kennzeichnungspflicht, und richteten Ghettos ein; Pogrome und Erschießungen brachten nur einen verhältnismäßig kleinen Teil der jüdischen Bevölkerung zum Verschwinden. Die Einsatzgruppen führten ihre »Aktionen« durch und rückten dann weiter vor, angespornt von Heydrich, der sie drängte, der Front dichtauf zu folgen. Die Schnelligkeit sollte sie möglichst effizient machen, weil sie ihnen erlaubte, die kostbaren Archive zu beschlagnahmen, kommunistische Funktionäre gefangenzunehmen und auch die Juden zu überraschen. Es war ein Wettlauf gegen die Zeit. Heydrich wollte offensichtlich, daß seine Männer möglichst viel erledigten in der kurzen Zeit, die ihnen zur Verfügung stand: Am 4. Juli forderte er die Bildung eines Vorkommandos, das mit den ersten Truppen in Moskau einmarschieren sollte.[48]

In ihren Berichten nehmen die Einsatzgruppen selten Bezug auf empfangene Befehle. Ein Text der Einsatzgruppe B, datiert auf den 5. August 1941, stellt in dieser Hinsicht eine Ausnahme dar.[49] Der Kern der »bisherigen« Tätigkeit, kann man dort lesen, sei gegen die jüdische Intelligenz gerichtet gewesen; Weißrussen seien nur dann erschossen worden, wenn es sich um überzeugte kommunistische Funktionäre gehandelt habe. Die »bisherige« Tätigkeit wurde so definiert: »... die jüdisch-bolschewistische Führungsschicht möglichst wirksam zu treffen, andererseits aber den Einsatz der russischen Wirtschaft für die deutsche Kriegführung nicht mehr als unbedingt nötig zu stören.« Es sind die gleichen Ausdrücke und die gleichen Besorgnisse wie in Heydrichs Brief vom 2. Juli.

Der Bericht bestätigt außerdem eine Radikalisierung. Das Wort »bisherige« taucht immer wieder auf, und man muß es mit folgender anderen Stelle vergleichen: In der letzten Zeit seien die Aktionen gegen die Juden »umfassender geworden«, und auf die von den Militärbehörden ausgegebenen Passierscheine werde »keine Rücksicht mehr« genommen. Der Verfasser des Berichts ließ, ohne das ausdrücklich zu sagen, einen Widerspruch deutlich werden zwischen dem Auftrag, wie er zu Beginn definiert war, und einer neuen Auslegung, die dem Ziel einer maximalen wirtschaftlichen Ausbeutung engegenwirkte.

Erst Anfang August werden Anzeichen für einen Willen zur Vernichtung deutlich. Das erste entstammt einem Bericht des Einsatzkommandos 10a (Gruppe D), in dem die Haltung der Ukrainer kritisiert wird, die nicht bereit seien, »im Sinne einer totalen Vernichtung gegen das hier noch lebende Judentum vorzugehen«.[50] In den folgenden Wochen und Monaten findet man mehrfach Hinweise dieser Art. Es gab also keine grundsätzliche Geheimhaltung; wenn die ersten Berichte nichts Derartiges zeigen, dann deshalb, weil es keine Veranlassung gab, sich auf einen nicht existierenden Befehl zu beziehen.

Meinungen über die »Judenfrage« und die Mittel zu ihrer »Lösung« sind selten zu finden, aber aufschlußreich. So die Passage in einem Bericht vom 23. Juli 1941 von der Einsatzgruppe B, bei dem es um die Lage der Juden in Weißrußland geht: »Eine Lösung der Judenfrage während des Krieges erscheint in diesem Raum undurchführbar, da sie bei der übergroßen Zahl der Juden nur durch Aussiedlung erreicht werden kann.«[51] Man spürt hier die Sorge um die »Lösung der Judenfrage«, als ob in Berlin gefordert worden wäre, während des Feldzugs darüber nachzudenken und entsprechend zu handeln. Die gewählte »Lösung« zeigt jedoch zur Genüge, daß die Vernichtung nicht für erreicht gehalten wurde.

Ein Bericht der Einsatzgruppe C vom 14. August, wahrscheinlich von Rasch geschrieben, vermittelt ein anderes Bild. Der Autor betonte im Zusammenhang mit der »Judenfrage« die Notwendigkeit, die ökonomische Wirklichkeit zu berücksichtigen. »Bis zur endgültigen Lösung der Judenfrage für den ganzen Kontinent« könnten die »überzähligen jüdischen Massen« verwendet werden, um die Sümpfe an Pripjet, Dnjepr und Wolga zu erschließen;»verwendet und verbraucht«, hieß es präziser.[52] Man kann diese Passage wohl kaum anders interpretieren denn als das Angebot einer Alternative für eine bereits getroffene Entscheidung, eine »Lösung«, die vom Inhalt her eine andere ist, aber ein ähnliches Resultat bringt: statt einer blutigen Vernichtung die Vernichtung durch Arbeit. Die Idee wurde im September in einem anderen Bericht der gleichen Gruppe abermals vorgebracht.[53]

Die bisher mitgeteilten Elemente betreffen alle Gruppen außer der Einsatzgruppe A, die in den baltischen Ländern operierte. In den Berichten dieser Gruppe wird zum Beispiel nicht die jüdische Intelligenz erwähnt; sie vermitteln den Eindruck, daß ihre »Aktionen« von Anfang an brutaler und weniger gezielt abliefen. So entnehmen wir einem Bericht, daß in Dünaburg (Daugavpils) in Lettland Mitte Juli die jüdischen Männer festgenommen und gleich erschossen worden seien, während ihre Familien aus der Stadt vertrieben wurden. Von einer Aussonderung wird nicht gesprochen; das Ziel scheint gewesen zu sein, die Stadt von der jüdischen Bevölkerung zu »säubern«.[54] Es ist also nicht auszuschließen, daß diese Gruppe besondere Richtlinien bekommen hat.

Das ist möglich und sogar wahrscheinlich, wenn man die Absichten der Nationalsozialisten betrachtet. Das »Ostland«, also die alten baltischen Länder, sollte im Gegensatz zu den anderen sowjetischen Gebieten dem Reich einverleibt werden. Bei einer Besprechung am 1. August in Anwesenheit Rosenbergs erklärte Hinrich Lohse, Reichskommissar für das Ostland, daß nach einer Entscheidung des »Führers« das Ziel sei, dieses Gebiet zu germanisieren, und daß die Juden »restlos« zu entfernen seien.[55] Lohse verstand dieses »Entfernen« auf eine unblutige Weise. Die zu dieser Zeit von ihm entworfenen »Vorläufigen Richtlinien für die Behandlung der Juden« riefen den Widerspruch von Stahlekker hervor, der in einem Schreiben mit dem Datum 6. August vor allem geltend machte, daß die vorgesehenen Maßnahmen »mit den der Einsatzgruppe A ... gegebenen Befehlen über die Behandlung der Juden im Ostland nicht im Einklang« stünden.[56] Alles scheint darauf hinzudeuten, daß zu dieser Zeit die Befehle, von denen Stahlecker sprach, Befehle zur Vernichtung waren. Aber war das von Anfang an so gewesen?

Anfang 1942 verfaßte Stahlecker einen Bericht, in dem er die Bilanz der Tätigkeit seiner Einsatzgruppe bis zum 15. Oktober 1941 zog. Es ist ein sehr oft zitiertes Dokument: Zusammen mit den Aussagen von Nürnberg ist es die Quelle, die die These von einem Vernichtungsbefehl vor Beginn des Feldzugs zu stützen scheint.»Befehlsgemäß war die Sicherheitspolizei entschlossen, die Judenfrage mit allen Methoden und aller Entschiedenheit zu lösen«, schrieb er. Es sei von vornherein zu erwarten gewesen, daß allein durch Pogrome das »Judenproblem« im Baltikum nicht gelöst werden würde.»Andererseits hatte die sicherheitspolizeiliche Säuberungsarbeit gemäß den grundsätzlichen Befehlen eine möglichst umfassende Beseitigung der Juden zum Ziel.«[57]

Es ist nicht ausgeschlossen, daß Stahlecker seiner Aufgabe nachträglich mehr Nachdruck verliehen hat. Aber es muß nicht so sein. Interessant ist festzustellen, daß er den empfangenen Befehl nicht als »Beseitigung aller Juden« definiert hat. Zwar benutzte er den Ausdruck »restlose Beseitigung« weiter unten in seinem Bericht, aber damit bezeichnete er das, was ihm noch zu tun übrigblieb. Meiner Ansicht nach muß der Befehl, so wie er ihn formulierte, zusammen mit den Bedingungen verstanden werden, unter denen er gegeben wurde, vor allem – einmal mehr – unter Berücksichtigung der sehr kurzen Dauer, die der Feldzug haben sollte. Unter diesem Gesichtspunkt bedeutete »eine möglichst umfassende Beseitigung der Juden« nicht Vernichtung. Aber eben durch diese Formulierung war es ein Befehl, dessen Anwendungsgebiet sich mit der Verlängerung des Krieges nur erweitern konnte: Die Vernichtung wurde damit zur Grenze.

Es ist wahrscheinlich, daß die Einsatzgruppe A veranlaßt wurde, härter vorzugehen, um das Gebiet in größtmöglichem

Maße von Juden zu »befreien«. Auf jeden Fall war es kein Vernichtungsauftrag, den sie in den ersten Wochen durchführte. Ein Bericht vom 11. Juli über die Stadt Kowno, die im Tätigkeitsbereich dieser Gruppe lag, meldete, daß 7800 Juden getötet worden seien, zum Teil im Verlauf von Pogromen, zum Teil durch von litauischen Kollaborateuren durchgeführte Erschießungen. Aber der Bericht kündigte auch das Ende der Massenerschießungen an: Demnächst würden nur noch »kleinere Exekutionen mit 50 bis 100 Leuten« stattfinden. Vorgesehen war, die Gefängnisse noch einmal zu durchkämmen sowie Juden gefangenzunehmen und zu erschießen, »soweit besondere Gründe vorliegen«. Außerdem wurde mit dem HSSPF vereinbart, »daß Ordnungspolizei einen Gürtel um Kowno zieht und keinen Juden hereinläßt. Nötigenfalls wird auf die Juden geschossen.«[58]

Ebenso vielsagend ist das Fragment eines Berichts von Anfang 1942, den sehr wahrscheinlich Jäger verfaßt hat, der Chef des Einsatzkommandos 3 und eine Bestie besonderer Art. »Im Laufe der Tätigkeit« seines Kommandos habe er feststellen müssen, »daß eine Stabilisierung des rückwärtigen Frontabschnitts mit der Liquidierung weniger Juden nicht zu erreichen war. (...) Es wurde nunmehr systematisch Kreis für Kreis des litauischen Gebiets von Juden beiderlei Geschlechts gesäubert.«[59] Das bestätigt, daß es irgendwann einmal eine Kursänderung gegeben haben muß. Jäger rechtfertigte sie durch die Erfordernisse der Sicherheit hinter der Front; die Juden seien Verbindungsleute der Partisanen und böten ihnen Unterstützung. Später, als Angeklagter, behauptete er dann, daß Heydrich vor dem Feldzug einen Befehl zur Vernichtung gegeben habe.

Die Kursänderung zeigt sich noch deutlicher in einem anderen Bericht, ebenfalls von Jäger, dem einzigen Dokument seiner Art, das überliefert ist.[60] Es handelt sich um eine Zusammenstellung der von seinem Kommando Tag für Tag durchgeführten Hinrichtungen bis zum 1. Dezember 1941. Die jüdischen Opfer waren in die Kategorien Männer, Frauen und Kinder unterteilt. Addiert man die Opfer des Monats Juli, so ergibt sich die Zahl von 4239 ermordeten Juden, darunter 135 Frauen. Im August steigt die Gesamtzahl auf 37 186 Personen, von denen die meisten (32 430) nach dem 15. August getötet worden sind, als auch Frauen und Kinder in großer Zahl Opfer der Massenmorde wurden. Im September erreichte die Summe einen neuen, grauenhaften Spitzenwert: 56 459 getötete Juden, davon 15 104 Männer, 26 243 Frauen und 15 112 Kinder. Diese Verschärfung kann nur von einem klaren politischen Entschluß herrühren, der zu einem bestimmten Zeitpunkt bekanntgegeben wurde.

Das Kommando von Jäger war außergewöhnlich in seiner Vernichtungswut. Aber ein steiler Anstieg der Kurve der Hinrichtungen zeigt sich bei allen Gruppen ab Ende August, wenn auch in unterschiedlich starkem Maße. Die Einsatzgruppe B teilte am 20. August mit, sie habe bisher 16 964 Personen (in ihrer großen Mehrheit Juden) hingerichtet; 30 094 waren es am 28. September. Einsatzgruppe C gab am 20. August eine Gesamtzahl von 8000 an; Anfang November war sie auf 80 000 gestiegen. Gruppe D hatte bis zum 19. August 8425 Personen getötet; 35 782 waren es am 30. September. Die Einsatzgruppe A wütete überall am schlimmsten: Bis zum 15. Oktober hatte sie fast 120 000 Juden ermordet.[61] Der mörderische Druck war im Baltikum stärker, aber der Unterschied ist doch nicht so gravierend, daß man von vollkommen anderen Befehlen ausgehen muß.

In Anbetracht dieser mörderischen Eskalation müssen wir wieder auf den ursprünglichen Befehl zurückkommen. Man kann nicht ausschließen, daß es schon vor dem Feldzug einen Befehl zur Vernichtung gegeben hat, aber dann wäre er vage gewesen oder hätte wichtige Dinge nur implizit enthalten, was wiederum Interpretationen verlangt hätte. Himmler und Heydrich hätten es den Chefs der Einsatzgruppen überlassen, nach und nach selbst die Implikationen des allgemein gehaltenen Befehls zu entdecken, den sie bekommen hatten; so hätten sie sich an die Art ihres Auftrags gewöhnen können. Aber das hieße vergessen, daß der Feldzug nur kurz sein sollte und daß ein Vernichtungsbefehl, dessen Tragweite sich allmählich erst »enthüllt«, selbst für die Männer Himmlers nicht die gewohnte Art von Befehl war: Er mußte explizit formuliert sein, um ausgeführt werden zu können. Das Argument unterstellt außerdem, daß Himmler selbst die feste Absicht gehabt hätte, die sowjetischen Juden zu vernichten. Sein Verhalten während der ersten Wochen des Feldzugs jedoch läßt daran ernsthaft zweifeln. Es gibt ausreichende Hinweise, die belegen, daß sich seine Befehle verschärften und daß er die mörderische Eskalation nicht vorausgesehen hatte. Wir müssen dazu unseren Blick von den Einsatzgruppen abwenden, die ja nur ein Teil der in den sowjetischen Gebieten zur Verfügung Himmlers stehenden Männer waren. Über die HSSPF, die einzusetzen das Heer ihm das Recht gegeben hatte, nahm er maßgeblichen Einfluß auf Truppen der Polizei und der Waffen-SS. Ab Ende Juli beteiligte er sie im Rahmen der Partisanenbekämpfung am Massenmord an den Juden. Mehrere zehntausend Opfer kamen zu denen der Schergen Heydrichs hinzu.[62]

Die seinen Truppen vor dem Feldzug gegebenen Anweisungen bleiben unklar. Auf jeden Fall waren es keine Anweisungen zur Vernichtung. Die Rekonstruktionen der Gerichte haben hier ebenfalls deutlich gemacht, daß bis zum August ausschließlich Männer hingerichtet wurden. Am 11. Juli übermittelte das Polizeiregiment Mitte seinen Abteilungen einen Befehl des HSSPF Mitte, Erich von dem Bach-Zelewski, Chef der Bodenkampfverbände: »Auf Befehl des HSSPF ... sind alle als Plünderer überführten männlichen Juden im Alter von 17-45 Jahren sofort standrechtlich zu erschießen.« Das hieß, eine übermäßig hohe Strafe anzuwenden; so war denn auch dieser Befehl von zusätzlichen Instruktionen begleitet. Die Offiziere sollten sich um die Männer ihrer Truppe kümmern, die diese Hinrichtungen durchzuführen hätten, und ihnen die Notwendigkeit solcher Maßnahmen begreiflich machen.[63]

Zwei Wochen später befahl Himmler von dem Bach-Zelewski, die Befriedung der Pripjet-Sümpfe einzuleiten. Teile der sowjetischen Armee hatten sich dort versteckt und bedrohten die deutschen Nachschublinien. Die »Befriedung«, wie Himmler sie verstand, sollte total sein: Der Feind durfte in dem Gebiet keine Unterstützung finden und keine Nahrungsmittel bekommen; alle Bewohner, die verdächtigt würden, die Partisanen zu unterstützen, sollten erschossen, ihre Familien vertrieben, ihre Häuser verbrannt werden.[64] Den Juden war ein besonderes Los bestimmt: Laut Befehl Nr. 42 der 1. SS-Kavallerie-Brigade sollten sie mit Ausnahme bestimmter Facharbeiter und Ärzte alle erschossen werden. Gerechtfertigt wurde dieses Vorgehen damit, daß sie die Partisanen unterstützten und zukünftige Gefahrenherde im Rücken des deutschen Heeres bildeten. Am 1. August präzisierte Himmler selbst: »Alle Juden müssen erschossen werden. Judenweiber sind in die Sümpfe zu treiben.«[65]

Von der Hinrichtung der als Plünderer festgenommenen Juden war man dazu übergegangen, alle Juden mit potentiellen Partisanen gleichzusetzen. Auch die Frauen und Kinder »verdienten« seitdem den Tod. Aber halten wir fest, daß Himmler noch nicht den Befehl zu geben gewagt hatte, sie zu erschießen: Noch verstand sich das nicht von selbst. Als das 2. SS-Kavallerie-Regiment Bericht erstattete, wies es darauf hin, daß die Frauen und Kinder in die Sümpfe getrieben worden seien, aber ohne Erfolg, das Wasser sei nicht tief genug zum Ertrinken gewesen; aus dem Schweigen des Textes kann man entnehmen, daß die Unglücklichen am Leben gelassen worden waren.[66] In den folgenden Wochen begannen dann Himmlers Truppen mit dem Erschießen von Frauen und Kindern, zum Teil in großer Zahl, wie in Kamenets-Podolsk: Die entscheidende Hemmschwelle war überschritten. Dabei wurde deutlich, daß solche Massenerschießungen die Nerven selbst der Abgebrühtesten strapazierten.

Am 15. August wohnte Himmler in Minsk einer Erschießung bei, die ihn die Fassung verlieren ließ. Er forderte daraufhin Arthur Nebe, den Chef der Einsatzgruppe B auf, ein »humaneres Tötungsverfahren« zu entwickeln – humaner für die Henker, weil die Massenerschießungen bei den Ausführenden Nervenzusammenbrüche hervorriefen. Nebe führte einen grauenhaften

Versuch an Geisteskranken mit Dynamit in einem Bunker durch; dann kam er auf die Idee, das Auspuffgas eines Motors zu benutzen. In den folgenden Monaten begann das RSHA, Lastwagen mit einem hermetisch abgeschlossenen Kastenaufbau zu konstruieren, in den mit einem Schlauch die Abgase geleitet werden konnten. Einige dieser Gaswagen erreichten Ende 1941 den Osten.[67]

Wenn Himmler oder Heydrich seit dem Frühjahr gewußt hätten, daß ihre Leute einige Monate später Frauen und Kinder in großer Zahl ermorden würden, hätten sie über weniger strapaziöse Methoden als das Erschießen nachgedacht. Aber nichts dergleichen war geschehen; man mußte erst suchen und entwikkeln. Das RSHA hatte bereits Erfahrungen: Das Sonderkommando Lange hatte 1940 in Ostpreußen einen Lastwagen benutzt, um Geisteskranke zu töten. Aber das war genaugenommen eine Gaskammer auf Rädern gewesen. Die Opfer waren mit Kohlenmonoxid vergast worden. Der Transport solcher Flaschen über große Entfernungen war aber schwierig und vor allem kostspielig. Der Gaswagen war eine improvisierte Antwort auf eine Situation, die niemand vorausgesehen hatte oder sich hätte ausdenken können. Weit entfernt davon, seine Männer machiavellistisch ihre Aufgabe zur Vernichtung selbst entdecken zu lassen, hatte Himmler, als er sie zur gleichen Zeit wie sie entdeckte, keine andere Sorge als die, ihnen die Bürde zu erleichtern.

Alles in allem hält die Hypothese von einem vor Beginn des Feldzugs gegebenen Befehl zur Vernichtung einer Prüfung nicht stand. Es ist eine ziemlich unwahrscheinliche Hypothese, wenn man die Perspektive der NS-Führer im Frühling 1941 berücksichtigt. Sie konnten gar nicht daran denken, mehrere Millionen Menschen innerhalb weniger Monate zu töten, und noch weniger konnten sie davon ausgehen, nach einem schnell gewonnenen Feldzug das Massaker fortzusetzen. Das Heer, die Verwaltung, die konservativen Eliten hätten nach Beendigung der Kampfhandlungen kaum die massenhafte Hinrichtung von Zivilisten, noch dazu von Frauen und Kindern, hingenommen.

Aller Wahrscheinlichkeit nach bekamen die Einsatzgruppen zu Beginn den Auftrag, die jüdische Elite so weit wie möglich zu vernichten und der jüdischen Bevölkerung zusätzlich einen blutigen Schlag durch die Organisation von Pogromen zu versetzen. Die Eskalation begann einen Monat später; sie führte irgendwann zwischen Ende Juli und Ende August zu der entscheidenden Wende, als auch Frauen und Kinder Opfer des Massenmords wurden. Damit hatte sich die Aufgabe der Truppen Himmlers geändert. Eine grobe Schätzung gibt an, daß bis Mitte August, innerhalb von knapp zwei Monaten, rund 50 000 Juden getötet worden sind – zehnmal so viele wie im Polenfeldzug. Aber doch eine nachgerade bescheidene Zahl im Vergleich mit der zehnmal so hohen, die Ende des Jahres, nach weiteren vier Monaten, erreicht war. Offensichtlich bezahlten die Juden die Verlängerung des Feldzugs, der im September beendet gewesen sein sollte, in exorbitant wachsendem Maße mit dem Leben.

5. Die endgültige Entscheidung

Im August war etwas Wesentliches in den Weiten Rußlands geschehen: Die Vernichtung der Juden hatte den Bereich des nur Möglichen verlassen und wurde nach und nach zur Realität. Vielleicht waren von diesem Augenblick an alle sowjetischen Juden dem Tode geweiht. Es ist auch möglich, daß die SS einen Befehl zum Massenmord bekommen hat, dessen Dauer und Umfang unbestimmt gelassen wurden und der schließlich vom Verlauf des Krieges abhängen sollte. Bei der Quellenlage ist keine der Hypothesen beweisbar. Dennoch kann man sich vielleicht für eine Richtung entscheiden, indem man eine andere Frage beantwortet. Verriet die Mordwelle, die über die sowjetischen Juden hereinbrach, einen Beschluß zur Tötung aller Juden unter deutscher Kontrolle? Wenn der Völkermord im Hochsommer beschlossen worden war, dann mußte die Politik des Reiches gegenüber den Juden dies deutlich machen.

Am 31. Juli 1941 unterzeichnete Göring ein Schreiben für Heydrich, mit dem er die Vollmacht erweiterte, die er ihm am 24. Januar 1939 gegeben hatte. Damals hatte er ihn beauftragt, die Emigration der deutschen Juden durchzuführen. Jetzt vervollständigte er: »In Ergänzung der Ihnen bereits mit Erlaß vom 24. 1. 39 übertragenen Aufgabe, die Judenfrage in Form der Auswanderung und Evakuierung einer den Zeitverhältnissen entsprechend möglichst günstigen Lösung zuzuführen, beauftrage ich Sie hiermit, alle erforderlichen Vorbereitungen in organisatorischer, sachlicher und materieller Hinsicht zu treffen für eine Gesamtlösung der Judenfrage im deutschen Einflußgebiet in Europa.« Er forderte ihn außerdem auf, ihm »in Bälde« einen Gesamtentwurf über die Vorausmaßnahmen zur Durchführung der angestrebten Endlösung der Judenfrage vorzulegen.[1] Dieser Text ist berühmt geworden und wird unweigerlich zitiert, wenn es um die Einleitung des Genozids geht. Dennoch enthält er nichts, was man als Ausgangspunkt der Vernichtung bezeichnen kann. Zugegeben, das Dokument entstand zu dem Zeitpunkt, als im Osten Himmlers Schergen begannen, die jüdische Bevölkerung zu töten. Das mag die Stunde des Todes für alle europäischen Juden bedeutet haben. Aber nichts ist weniger sicher. Der Text macht deutlich, daß es darum ging, Heydrichs Mandat zu ergänzen und sein Aktionsgebiet auf das gesamte nationalsozialistische Europa zu erweitern. Dabei wurde übrigens sogleich präzisiert: »Sofern hierbei die Zuständigkeiten anderer Zentralinstanzen berührt werden, sind diese zu beteiligen.«[2] Ziel dieses von Göring ausgegebenen Auftrags sollte sein, »die Judenfrage in Form der Auswanderung oder Evakuierung einer den Zeitverhältnissen entsprechend möglichst günstigen Lösung zuzuführen«. Formal hieß die angestrebte Lösung also: Auswanderung und Evakuierung.

Außerdem hatte Heydrich, bevor er auch nur eine einzige Maßnahme ergriff, Göring einen Gesamtentwurf vorzulegen. Man befand sich also im Stadium der Ausarbeitung von Vorschlägen, die erst noch der Zustimmung bedurften, und nicht im Stadium der Realisierung eines fertigen und gutgeheißenen Plans. Schließlich ist anzumerken, daß der Brief von Göring nur die seit dem vorangegangenen Sommer bestehende Lage verbindlich formulierte. Tatsächlich agierte Heydrich seither, als habe er die Zuständigkeit für die »Judenfrage« im gesamten deutschen Einflußgebiet: Er hatte das deutlich demonstriert, als er in eine ganze Reihe von Ländern »Judenreferenten« schickte.

Wie dieser Text entstand, bleibt unklar. Eichmann schrieb in seinen Memoiren, er sei in seiner Abteilung entstanden; Göring habe ihn nur zu unterschreiben brauchen.[3] Einem Teilnehmer der Wannsee-Konferenz zufolge soll Heydrich erklärt haben, er habe den Brief auf Hitlers Anweisung von Göring bekommen; aber das Protokoll bestätigt eine solche Äußerung nicht.[4] Die wahrscheinlichste Version ist die von Eichmann. Heydrich wollte vermutlich seine Kompetenzen in Erwartung einer in nächster

Zukunft bevorstehenden Situation schriftlich fixiert sehen: Das Ende des Rußlandfeldzugs würde die Verwirklichung der »Endlösung« auf die Tagesordnung setzen. Görings Brief beweist meiner Ansicht nach, daß noch nichts entschieden war. Wenn Hitler im Sinn gehabt hätte, Heydrich die Vernichtung der Juden anzuvertrauen, hätte er sich nicht damit abgegeben, die dafür notwendigen Kompetenzen schriftlich festlegen zu lassen.

Keines der erhaltenen Dokumente dieses Sommers zeigt, daß eine Vernichtung beschlossen oder vorbereitet war; einige von ihnen lassen im Gegenteil darauf schließen, daß die ins Auge gefaßte »Endlösung« weiterhin die Deportation der Juden in ein Reservat war. Am 1. August, dem Tag nach Görings Unterzeichnung des Schriftstücks, schrieb Heydrich an den Justizminister, der ihm einen Gesetzentwurf zur Kenntnisnahme hatte zukommen lassen. Es ging darum, auf Hitlers ausdrücklichen Wunsch ein diskriminierendes Strafgesetz für die Juden und die Polen einzuführen, die noch in den eingegliederten Gebieten lebten. In seiner Antwort forderte Heydrich vor allem, daß das Standrecht nicht nur für Polen, sondern auch für Juden vorgesehen werden sollte: »Wenn auch damit zu rechnen ist, daß in Zukunft in den eingegliederten Ostgebieten keine Juden mehr sein werden, halte ich es doch nach den augenblicklichen Verhältnissen für dringend erforderlich, das Standrecht nicht nur für Polen, sondern auch für Juden anzuordnen.«[5] Offensichtlich hielt er eine Ausrottung der Juden nicht für unmittelbar bevorstehend. »Wenn auch damit zu rechnen ist, daß in Zukunft...« wäre eine reichlich vage Formulierung für jemanden, von dem man annimmt, daß er am Vortag den Befehl zur Vernichtung bekommen habe.

Göring scheint auch nicht mehr gewußt zu haben. Anfang August mußte er zum Arbeitseinsatz von Juden in der Sowjetunion Stellung nehmen. Die Juden, erklärte er, hätten »in den von Deutschland besetzten Gebieten nichts mehr zu suchen«. Für den Augenblick sollten sie kaserniert und in Kolonnen zur Arbeit eingesetzt werden; ihre Ernährung sollte einer Sonderregelung unterliegen und kontrolliert werden.»Im übrigen sei es zu ehrenvoll, die Todesstrafe bei den Juden durch Erschießen zu vollziehen. Man müsse befehlen, daß sie gehängt würden.«[6] Alles, was Göring zu sagen hatte, war, daß die Juden das nationalsozialistische Europa verlassen würden; wann das sein würde, wußte er offensichtlich nicht. Wenn ihre Vernichtung beschlossene Sache gewesen wäre, hätte er vermutlich nicht das Bedürfnis gehabt, sich so, wie er es tat, über ihre Hängung auszulassen.

Die Lage in diesem Sommer 1941 wird noch klarer, wenn man sich für die Personen im Polizeiapparat interessiert, die direkt mit der Organisation der »Endlösung« zu tun hatten. Für Eichmann zum Beispiel, der gerne an der Spitze eines Einsatzkommandos am Rußlandfeldzug teilgenommen hätte. Anfangs enttäuscht, äußerte er sich später befriedigt darüber, daß er einer Aufgabe entgangen war, die, wie er aus den im RSHA eingehenden Berichten erfuhr, sich als ganz anders herausstellte, als er sie sich vorgestellt hatte.[7] In Berlin wurde er dann zum Schreibtischmörder. Unterdessen fand am 13. August im RSHA eine von ihm organisierte Sitzung mit Vertretern des Innenministeriums, des Vierjahresplans und der Parteikanzlei statt.

Eigentliches Thema der Sitzung war die Frage der »Mischlinge« und der »Mischehen« in Deutschland. Es ging um die Deportation einer mehr oder minder großen Zahl von Menschen. Eichmann hatte eine noch weiter gefaßte Aufgabe im Sinn: Er unterbreitete und erreichte die Bildung einer Arbeitsgruppe, die sich mit der Definition der Juden im europäischen Maßstab befassen sollte. Damit begannen die »erforderlichen Vorbereitungen«, mit denen Heydrich von Göring betraut worden war. Der »Rassenreferent« im Innenministerium erkannte die Gefahr: Versuchten nicht RSHA und Partei, unter dem Vorwand, »einen ›neuen Judenbegriff‹ in allen besetzten Gebieten einzuführen«, die nach ihrer Ansicht allzu großzügigen Kriterien rückgängig zu machen, die gleich nach dem Nürnberger Parteitag 1935 für das Reich festgelegt worden waren?[8]

Die endgültige Entscheidung 137

Aber das eigentlich Interessante an dem Bericht über dieses Treffen ist etwas anderes. Wie dort deutlich wird, hatten die Vertreter des RSHA, des Vierjahresplans und der Partei den gleichen Standpunkt gegenüber den »Mischlingen« und den »Mischehen« eingenommen. Im Falle einer Mischehe, in der die Frau Deutsche war, hielten sie es für richtig, daß sie mit ihrem jüdischen Mann und ihren Kindern »verschickt« werden sollte. Wenn der Mann Deutscher war, sollten Entscheidungen unter Berücksichtigung von drei Gesichtspunkten getroffen werden: dem Wert des einzelnen, den möglichen Auswirkungen auf seine deutsche Verwandtschaft und schließlich der Sorge, »kein deutsches Blut dem Judenreservoir zuzuführen«. So wie dies hier formuliert ist, hatte diese Sorge nur einen Sinn, wenn das Los der zu deportierenden Juden nicht Vernichtung hieß; denn nach nationalsozialistischer Denkweise würde das deutsche Blut das rassische Niveau der Juden anheben. Daraus läßt sich schließen, daß es in der Vorstellung der Fachleute, besonders Eichmanns, bis Mitte August offizielle Politik blieb, die Juden in ein Reservat zu schicken.[9]

Am 3. September sandte der SS-Sturmbannführer Rolf-Heinz Höppner, Leiter des SD-Abschnitts Posen, eine 13seitige Denkschrift an das RSHA, der er den letzten Schliff »nach der letzten Unterhaltung« mit Eichmann in Berlin gegeben hatte. In den eingegliederten Gebieten gab es seit Herbst 1939 eine »Umwandererzentralstelle«, deren Aufgabe die Deportation von Juden und Polen ins Generalgouvernement war. Höppner schlug vor, sie auf das ganze Reich auszudehnen und mit der Zuständigkeit für die Deportation zu betrauen, die »nach dem Krieg« für die im Großdeutschen Reich als »unerwünscht« angesehenen Volksteile durchgeführt werden würde; er zählte die jüdische Bevölkerung im Rahmen der »definitiven Lösung« der »Judenfrage« ausdrücklich dazu.

Nachdem er beschrieben hatte, welche Form die neue Organisation haben sollte, stellte Höppner die Frage nach dem Bestimmungsort der »unerwünschten« Volksteile. Er kannte, wie er schrieb, die Absichten der höchsten Instanzen nicht; trotzdem meinte er, daß das sowjetische Territorium einen angemessenen Raum bieten könnte. Aber er wollte sich nicht über das Thema auslassen, solange die »grundlegenden Entscheidungen« noch nicht gefällt seien. Nur einen Wunsch wollte er zum Ausdruck bringen: Wichtig sei, daß von Anfang an Klarheit über das Schicksal der zu vertreibenden Bevölkerungsteile herrsche. War das Ziel, »ihnen ein gewisses Leben für dauernd zu sichern«, oder sollten sie »völlig ausgemerzt« werden?[10]

Derselbe Höppner hatte Mitte Juli in einer Denkschrift über die Juden des Warthegaus die in den Kreisen der lokalen Polizeiführung vorgebrachten Vorschläge aufgeführt. Einer davon lautete, alle Juden des Gebietes in einem großen Lager zu sammeln und arbeiten zu lassen. Da die Gefahr bestehe, daß im kommenden Winter die Juden nicht mehr sämtlich ernährt werden könnten, sei zu erwägen, »ob es nicht die humanste Lösung wäre, die Juden, soweit sie nicht arbeitsfähig sind, durch ein schnellwirkendes Mittel zu erledigen«. Es sei außerdem der Vorschlag gemacht worden, »in diesem Lager sämtliche Jüdinnen, von denen noch Kinder zu erwarten sind, zu sterilisieren, damit mit dieser Generation tatsächlich das Judenproblem restlos gelöst wird«. Als er diese Denkschrift am 16. Juli an Eichmann schickte, schrieb Höppner: »Die Dinge klingen teilweise phantastisch, wären aber meiner Ansicht nach durchaus durchführbar.«[11]

Der Gedanke der Vernichtung setzte sich also nach und nach durch; es ist nicht verwunderlich, daß die SS-Führer im Wartheland schneller als andere darauf kamen: Die dortigen Juden waren seit fast zwei Jahren eine »Last« für sie. Ihre Vorschläge hatten jedoch keine unmittelbaren Folgen. In seiner Denkschrift vom September stellte Höppner fest, daß die »grundlegenden Entscheidungen« nicht gefällt worden seien. Aber seine Wahrnehmung der Atmosphäre, die Kenntnisse, die er von der Tätigkeit der Einsatzgruppen haben mußte, veranlaßten ihn, um Aufklärung über das den »unerwünschten« Volksteilen bestimmte Los zu bitten: Überleben oder Sterben? Die Antwort kam wenig später. Anfang September hatten die Männer, die die ersten Ausführenden der Vernichtung werden sollten, offiziell noch die Deportation in ein nicht festgelegtes Gebiet im Auge.

Übrigens stand den Juden die Emigration noch offen, wenngleich im August eine neue Beschränkung erlassen wurde: Die Auswanderung wurde den Juden der wehrfähigen Jahrgänge, also zwischen achtzehn und fünfundvierzig Jahren, ab sofort verboten.[12] Die große Mehrheit der noch in Deutschland gebliebenen Juden war älter. Die Jungen waren als erste fortgegangen. Es ist dennoch interessant, die Sorge der Nationalsozialisten festzustellen, die in den Juden potentielle Kämpfer sahen. Jedenfalls wurde die Emigration weiterhin gefördert, wie am 21. August der Chef der Gestapo in einem Rundschreiben wiederholte.[13] So konnten 1941 noch einige tausend Juden trotz der kriegsbedingten Hindernisse entkommen.

Im Juli und August galten die einzigen Tötungsvorbereitungen der Dienste Himmlers im Reich nicht den Juden, sondern den sowjetischen Kommissaren. Nach Ansicht des RSHA führte die Wehrmacht den Befehl, die politischen Kommissare zu töten, nur ungenügend aus; sie zog es vor, sie zusammen mit den anderen Kriegsgefangenen ins Hinterland befördern zu lassen. Heydrich erhielt die Erlaubnis, Kommandos in die Kriegsgefangenenlager zu schicken, die die Kommissare herausholten; aus Geheimhaltungsgründen mußte ihre Exekution in nahe gelegenen Konzentrationslagern erfolgen. Irgendwann im Juli oder August fand im Lager Sachsenhausen nördlich von Berlin eine Konferenz in Gegenwart von Theodor Eicke statt, dem Inspekteur der Konzentrationslager, der die bevorstehende Ankunft von 18 000 sowjetischen Gefangenen bekanntgab und die Einführung einer Methode zu ihrer schnellen Tötung forderte.

Es wurde bald eine Einrichtung geschaffen, die die anderen Lager dann nachahmten. Unter dem Vorwand einer ärztlichen Untersuchung wurden die Gefangenen einzeln, einer nach dem anderen, in einen Raum geschickt, wo sie sich vor eine Meßlatte stellen mußten. In Höhe des Genicks war eine Öffnung in der

Wand, durch die aus dem Nebenraum Pistolenschüsse abgegeben werden konnten. Zwischen Anfang September und Mitte November wurden so in Sachsenhausen mindestens 6500 sowjetische Gefangene ermordet.[14] In Auschwitz wurden im September andere Gefangene mit Hilfe eines starken Desinfektionsmittels, des Zyklon B, vergast; das Verfahren sollte noch eine Weile in kleinem Rahmen benutzt werden, bevor es später massiv eingesetzt wurde, um Juden zu töten.[15]

Einstweilen waren die Juden noch der »normalen« Verfolgung ausgesetzt. Zwei Maßnahmen sollten aber jetzt ihr Schicksal verändern: Im August wurde beschlossen, eine Kennzeichnung einzuführen; im September wurde ihre Deportation nach Osten befohlen. Beides waren Entscheidungen Hitlers, beides waren Umkehrungen seiner früheren Position. Ende 1938 hatte er eine Kennzeichnung der Juden verweigert; seitdem war die Maßnahme nur in den Gebieten im Osten eingeführt worden. Im August 1941 redete sich Goebbels, dem die vielen Juden in Berlin schon immer ein besonderes Ärgernis gewesen waren, der aber auch über die Lage an der Ostfront beunruhigt war, ein, »... die Judenfrage ist vor allem wieder in der Reichshauptstadt akut geworden«. Soldaten, schrieb er, würden »wenn sie aus dem Osten zurückkehren«, nicht mehr verstehen, daß Juden in Berlin »arisches Dienstpersonal besitzen« und große Wohnungen bewohnten, »während deutsche Familien, Frauen und Kinder von Frontsoldaten, in feuchten Kellern oder auf engen Mansardenstuben sitzen«. Ihnen müsse eine Kennzeichnung auferlegt werden, die sie daran hindere, »in der Öffentlichkeit als Miesmacher und Stimmungsverderber« aufzutreten.[16] Am 15. August lud das Propagandaministerium eilig zu einer Konferenz ein. Die Experten für Judenangelegenheiten der anderen Ministerien wurden über Goebbels' Vorschlag informiert und aufgefordert, ihn zu unterstützen. Eichmann, der das RSHA vertrat, teilte den Versammelten mit, daß Heydrich kürzlich einen entsprechenden Antrag an Göring geschickt habe und daß dieser geantwortet habe, darüber müsse der »Führer« entscheiden; nun werde ein neuer Plan ausgearbeitet, der Hitler zugeleitet werden solle.[17] Goebbels wollte Heydrich zuvorkommen. Als ihn Hitler am 18. August empfing, unterbreitete er ihm seinen Vorschlag, und er wurde angenommen. Das Tragen einer Kennzeichnung werde die Gefahr bannen, daß sich die Juden unerkannt als »Meckerer und Miesmacher« betätigten.[18] Die Maßnahme stand in Zusammenhang mit der Kriegssituation, den schweren Kämpfen an der Ostfront und ihren möglichen Auswirkungen auf die Stimmung der deutschen Bevölkerung. Goebbels wußte, daß er damit eine empfindliche Stelle bei Hitler berührte. War nicht im Ersten Weltkrieg die Gefahr von den demoralisierenden Aktivitäten ausgegangen, die die Juden im Hinterland so offen hatten ausüben können?

Am 1. September 1941 wurde die Polizeiverordnung über die Kennzeichnungspflicht erlassen, die besagte, daß alle Juden vom 6. Lebensjahr an ab dem 15. September einen gelben Stern auf der Kleidung zu tragen hatten. War das der Anfang vom Ende? Nichts läßt darauf schließen: Wenngleich diese Maßnahme eine Vorbedingung für die Deportation war, so wurde sie doch nicht im Hinblick auf eine für unmittelbar bevorstehend gehaltene Deportation erlassen. Außerdem hatte Eichmann auf der Sitzung im Propagandaministerium am 15. August die Anwesenden über den Stand der Evakuierungs-Planungen im RSHA unterrichtet. Heydrich habe dem »Führer« einen detaillierten Vorschlag unterbreitet, der jedoch Evakuierungen während des Krieges abgelehnt habe. Jetzt werde ein neuer Vorschlag ausgearbeitet, der auf Teilevakuierung der größeren Städte ziele.[19] Über das Ziel dieser Deportationen wurde nicht gesprochen; in Anbetracht der Situation konnte es sich nur um die Sowjetunion handeln.

Bei seiner Unterhaltung mit Hitler am 18. August hatte Goebbels außerdem die Genehmigung zur Deportation der Juden aus Berlin erbeten. Hitler antwortete ihm, er könne sie »unmittelbar nach Beendigung des Ostfeldzugs in den Osten abschieben«.[20] Seit dem Sommer 1940 hatte seine Antwort gleichbleibend gelautet, die Deportation der Juden werde nach dem Krieg stattfinden. Nun war er bereit, ihre Deportation nach dem Osten schon vor dem Ende des Krieges gegen Großbritannien ins Auge zu fassen. Aber vor dem Abschluß des Rußlandfeldzugs kam sie keinesfalls in Frage. Anfang September suchten die deutschen Militärbehörden in Serbien, 8000 jüdische Männer aus der Region zu deportieren unter dem Vorwand, sie wollten den um sich greifenden Partisanenkrieg eindämmen. Auf einen Antrag des Außenministeriums, betreffend die eventuelle Deportation dieser Juden ins Generalgouvernement oder nach Rußland, antwortete Eichmann am 13. September, das komme nicht in Frage: Selbst aus dem Reich könnten die Juden nicht dorthin geschickt werden.[21]

Einige Tage später, am 18. September, schrieb Himmler aus dem Führerhauptquartier an Arthur Greiser, den Gauleiter des Warthelands, um ihn über ein Ereignis zu informieren, das eine radikale Änderung der Haltung Hitlers darstellte. Dieser wünsche jetzt, daß das Reich und das Protektorat Böhmen und Mähren »möglichst bald« von allen dort lebenden Juden »geleert und befreit« würden. Himmler gab seine Absicht bekannt, diese Aufgabe noch vor dem Ende des Jahres zu verwirklichen. In einem ersten Schritt wollte er die Juden in die eingegliederten Gebiete transportieren, bevor sie im folgenden Frühjahr »noch weiter nach dem Osten« deportiert würden. Er bat Greiser, über den Winter 60 000 Personen in Lodz aufzunehmen, und kündigte an, daß Heydrich, der mit dem Unternehmen beauftragt sei, Kontakt zu ihm aufnehmen werde.[22]

Über die Motive für die Kehrtwendung, die Hitler gegenüber Himmler an diesem 18. September oder allenfalls am Abend zuvor bekanntgegeben haben muß, ist nichts gesagt. Eine der möglichen Erklärungen deutet auf Rosenberg, der am 14. September seinen Verbindungsmann beim Oberkommando des Heeres, Otto Bräutigam, beauftragt hatte, Hitler den folgenden

Die endgültige Entscheidung 143

Vorschlag zu unterbreiten: Die UdSSR habe soeben die Deportation der Wolgadeutschen nach Sibirien bekanntgegeben: Als Vergeltungsmaßnahme sollten die Juden Mitteleuropas nach Osten deportiert werden. Bräutigam erreichte den Wehrmachtsadjutanten bei Hitler, Schmundt, der sagte, »das sei eine sehr wichtige und dringliche Angelegenheit, für die sich der Führer sehr interessiere«. Am nächsten Tag erfuhr Bräutigam, daß Hitler befohlen habe, zunächst die Stellungnahme des Auswärtigen Amtes einzuholen.[23] Die Sache schien im Sande zu verlaufen. Rosenbergs Verbindungsmann im Führerhauptquartier schrieb ihm am 21. September, Hitler habe noch immer keine Entscheidung gefällt; tatsächlich erfuhr er erst am 7. Oktober von dem Befehl zur Deportation der Juden nach dem Osten, und auch da handelte es sich seiner Information nach nur um die Juden aus dem Protektorat.[24] Es kann sein, daß schließlich der Vorschlag Rosenbergs eine Rolle bei Hitlers Entschluß gespielt hat, die Juden zu deportieren, obwohl der Rußlandfeldzug noch nicht zu Ende war; aber er kann auf jeden Fall nur ein zweitrangiger Faktor gewesen sein.

Welche Bedeutung hatte nun dieser Entschluß? War er als Vergeltung gedacht, ohne den allgemeinen Massenmord zu beabsichtigen? Oder hatte damit die Stunde der Vernichtung geschlagen? Vieles von dem, was in diesen entscheidenden Wochen im September und Oktober geschehen ist, bleibt im dunkeln; aber wegen einer Reihe von konvergierenden Anzeichen neige ich zu der zweiten Interpretation.

Am 4. Oktober hatte Heydrich eine Unterredung mit dem wichtigsten Stellvertreter Rosenbergs, Gauleiter Meyer. Die »Judenfrage« war eines der behandelten Themen. Heydrich fragte sich, ob das Ministerium Rosenbergs »noch« immer einen eigenen Beauftragten für Judenfragen brauche; er wünschte, daß die SS das Monopol dafür habe. Interessant ist jedoch, daß in dem Bericht über die Unterhaltung ein Punkt auftaucht, der nicht notwendig mit Meyer diskutiert worden sein muß. Es wurde da auf die »Gefahr« aufmerksam gemacht, daß viele Unternehmen ihre Juden unter dem Vorwand behalten wollten, sie seien unabkömmlich, und niemand sich die Mühe machen würde, Leute auszubilden, die an ihre Stelle treten könnten.»Dies würde aber den Plan einer totalen Aussiedlung der Juden aus den von uns besetzten Gebieten zunichte machen.«[25]

Neben der für den Fanatismus der Männer des RSHA bezeichnenden Emphase (»zunichte machen«) ist diese Äußerung aus mehr als einem Grund bemerkenswert. Sie zeigt, daß man sich am Anfang einer umfangreichen Unternehmung befand: In diesem Augenblick war es erst ein Plan, von dem man fürchtete, daß seine Verwirklichung auf ernste Hindernisse stoßen könnte. Außerdem scheint es, daß der Plan die Gesamtheit der Territorien betraf, die der Kontrolle des Reiches unterstanden. In seinem Brief an Greiser hatte Himmler nur von den Juden des Reiches und des Protektorats gesprochen. Vielleicht wollte er seinen Gesprächspartner nicht erschrecken, indem er ihm die Ankunft der Juden ganz Europas ankündigte; vielleicht wurde das Projekt erst kurz danach erweitert. Wie dem auch sei: Konnte diese »totale Aussiedlung«, die da ins Auge gefaßt wurde, etwas anderes sein als die Vernichtung? Heydrich schloß die Juden aus der Sowjetunion in den fraglichen »Plan« ein. Wohin konnten sie mitten im Krieg »ausgesiedelt« werden? Und welchem Schicksal, wenn nicht dem Tod, waren die Juden geweiht, die man aus ganz Europa in eine Region schicken wollte, in der die jüdische Bevölkerung soeben unterschiedslos ermordet wurde?

Zwei Tage zuvor hatte sich in Paris ein Zwischenfall ereignet, der, wie wir sehen werden, in direkter Beziehung zu unserem Thema steht. In der Nacht vom 2. auf den 3. Oktober wurden bei Sprengstoffattentaten sieben Pariser Synagogen beschädigt; mehrere Franzosen und zwei deutsche Soldaten wurden verletzt. Als er von der Militärverwaltung gebeten wurde, die Affäre aufzuklären, antwortete Heydrichs Vertreter in Frankreich, Helmut Knochen, es handele sich um eine rein französische Angelegenheit und die für die Attentate Verantwortlichen gehörten höchstwahrscheinlich antisemitischen Kreisen der Kollaborateure an. Infolge einer Indiskretion kam heraus, daß die von Knochen gegebene Erklärung eine beträchtliche Lücke aufwies: Die Attentate waren zwar tatsächlich von Franzosen, Mitgliedern der kollaboristischen Gruppe von Eugène Deloncle, begangen worden, aber den Sprengstoff hatten ihnen Knochens eigene Dienste geliefert. Woraufhin der deutsche Militärbefehlshaber, Otto von Stülpnagel, wutentbrannt nach Berlin schrieb und Knochens Ablösung forderte.[26]

In einem Brief vom 6. November an das Oberkommando des Heeres (OKH) nahm Heydrich die volle Verantwortung für die Affäre auf sich. Nach einer Welle von Attentaten gegen die deutsche Wehrmacht sowie gegen französische Politiker, die der Kollaboration positiv gegenüberstanden (es handelte sich um Pierre Laval und Marcel Déat, die am 29. August bei einem Attentat verletzt worden waren), habe sich Deloncle vorgenommen, Vergeltung gegen die Juden zu üben. Heydrich habe sein Angebot angenommen; er stellte aber jetzt klar: »Seine Vorschläge wurden von mir erst in dem Augenblick angenommen, als auch von höchster Stelle mit aller Schärfe das Judentum als der verantwortliche Brandstifter in Europa gekennzeichnet wurde, der endgültig in Europa verschwinden muß.«[27]

Wenn die Worte einen Sinn haben, bedeutet dieser Satz, daß der Befehl zur Deportation zugleich ein Befehl zur Vernichtung gewesen war. Die indirekte Nennung Hitlers (»von höchster Stelle«) wäre nicht nötig gewesen, wenn es sich beim »Verschwinden« der Juden um eine ganz unschuldige Sache gehandelt hätte. Und Heydrich bestätigt uns, daß der Befehl im September gegeben wurde, wahrscheinlich in der zweiten Hälfte des Monats: Ein bis zwei Wochen dürften genügt haben, um das Attentat vorzubereiten. Man wird sich das Motiv merken müssen, das zur Rechtfertigung des »Verschwindens« der Juden vorgeschoben wurde: Sie waren »Brandstifter«, das hieß in der Hitlerschen Sprache, sie waren verantwortlich für den Krieg, sie hatten das Feuer ans Pulver gelegt und in die Flammen geblasen, um den Brand über die ganze Welt auszubreiten.

Dieser Brief sowie sein ganzes Verhalten in dieser Affäre lassen spüren, daß Heydrich über den Auftrag begeistert war, den man ihm gegeben hatte. Er muß sich jedenfalls seines Rückhalts ausreichend sicher gewesen sein, um sich in ein Unternehmen wie dieses zu stürzen, bei dem er Gefahr lief, sich mit der Wehrmacht anzulegen. Er schrieb übrigens, er sei sich »der politischen Tragweite der getroffenen Maßnahmen... voll bewußt«, zumal er »seit Jahren damit beauftragt« sei, die »Endlösung der Judenfrage in Europa vorzubereiten«. Irgend etwas war also geschehen, das seine Aktion erklärte. Es war nicht zufällig, daß er Paris als Zielscheibe gewählt hatte. Das Attentat sollte den »vorher in Paris so mächtigen« Juden klarmachen, daß sie sich in dem Land nicht mehr sicher fühlen dürften, das bis dahin ihre »europäische Zentrale« gewesen war. Die Zerstörung der Pariser Synagogen war wie eine Kriegserklärung, die symbolische Anmeldung der kommenden Vernichtung.

Während seines Prozesses in Jerusalem sagte Eichmann aus, er sei über einen Befehl zur Vernichtung der Juden zwei oder drei Monate nach Beginn des Krieges gegen die Sowjetunion informiert worden. Heydrich hatte ihn zu sich befohlen, und Eichmann erfaßte im ersten Augenblick die Tragweite seiner Worte gar nicht: »›Der Führer hat die physische Vernichtung der Juden befohlen.‹ Diesen Satz sagte er mir. Und als ob er jetzt die Wirkung seiner Worte prüfen wollte, machte er, ganz gegen seine Gewohnheit, eine lange Pause. Ich weiß es heute noch...«[28] Eichmann konnte das Datum, zu dem dieses Gespräch stattfand, nicht genauer angeben. Er versicherte, Heydrich habe ihn noch am selben Tag losgeschickt, er solle in Lublin die von Globocnik, dem dortigen SS- und Polizeiführer, für die Vernichtung getroffenen Vorbereitungen prüfen. Eichmann erinnerte sich, Männer gesehen zu haben, die Holzhäuser »schön dicht gemacht« hätten; darin sollten die Juden mit Hilfe eines starken Dieselmotors vergast werden. Die Gegend, die er beschrieb, kann nur Belzec gewesen sein, aber die Arbeiten dort begannen erst Ende Oktober, Anfang November, so daß sein Besuch irgendwann im No-

Die endgültige Entscheidung 147

vember oder Dezember stattgefunden haben muß. Vermutlich hat Eichmann in seiner Erinnerung zwei verschiedene Vorfälle durcheinandergebracht.[29] Wie wir sehen werden, besteht Grund zu der Annahme, daß er seit Ende September über den Plan zur Vernichtung auf dem laufenden war.

Ende September befaßte er sich tatsächlich mit der Deportation eines Teils der deutschen Juden nach Lodz. Am 29. September bekam er das Plazet des Innenministeriums, weil er versicherte, daß die Behörden in Lodz der geplanten Deportation zugestimmt hätten, was eine Lüge war. Der Leiter der Provinzverwaltung, in deren Zuständigkeit Lodz fiel, Friedrich Übelhör, ein hoher SS-Offizier ehrenhalber, protestierte heftig gegen die Aufnahme von zigtausend zusätzlichen Juden in einem ohnehin überbelegten Ghetto. Er legte Himmler seinen Standpunkt ausführlich dar, wobei er Eichmann »zigeunerhafter Pferdehändlermanier« bezichtigte, eine in SS-Kreisen unerträgliche Beleidigung. In diesem sehr bekannten Briefwechsel[30], der mit einer barschen Zurechtweisung von seiten Himmlers endete, gibt es ein vernachlässigtes Element, das von größtem Interesse ist.

In seinem Brief vom 9. Oktober schrieb Übelhör, daß die örtliche Gestapo seit mehreren Tagen an einer Umgestaltung des Ghettos von Lodz arbeite. Es solle in zwei streng getrennte Hälften unterteilt werden. Die eine werde das »Arbeitsghetto«, in dem die rund 40 000 arbeitenden Juden untergebracht würden; die andere ein »Versorgungsghetto«, in dem die nicht arbeitenden Juden leben würden, zu der Zeit etwa 100 000 Menschen. Übelhör erhob heftige Einwände gegen dieses Projekt und machte geltend, daß die Fabriken im Ghetto verstreut seien und daß es unmöglich sei, alle nicht arbeitsfähigen Juden auf der von der Gestapo vorgesehenen Fläche zu konzentrieren: Dieses zweite Ghetto solle eine Fläche von 0,748 Quadratkilometern haben, gegenüber 3,126 Quadratkilometern für das Arbeitsghetto.[31] Der Sinn dieser Reorganisation läßt für Zweifel keinen Raum: Die Teilung des Ghettos würde es erlauben, die arbeitsfähigen Juden zu erhalten; die anderen würden getötet werden. Es ist sehr zu bezweifeln, daß Eichmann, der enge Verbindung zu den für Judenfragen in Lodz verantwortlichen SS-Leuten hielt, nichts mit dieser Umgestaltung zu tun gehabt hat.

Zur gleichen Zeit begannen in der Region die Vorbereitungen zur Vernichtung. SS-Hauptsturmführer Herbert Lange von der Gestapo Posen, der im Jahr zuvor Geisteskranke ermordet hatte, bekam den Auftrag, die notwendigen Einrichtungen aufzubauen. In Begleitung eines Fahrers unternahm er auf der Suche nach einem geeigneten Gelände mehrere Reisen durch das Wartheland und meldete sich dann im RSHA in Berlin.[32] Ende Oktober richtete sich ein Kommando in dem kleinen Ort Chelmno ein und begann dort ein Lager aufzubauen. Bald danach trafen zwei vom RSHA gestellte Gaswagen ein; ab Anfang Dezember wurden die Juden der Umgebung vergast; im Januar dann die nicht arbeitenden Juden aus dem Ghetto von Lodz.

War die Vernichtung der Juden des Warthegaus eine Ad-hoc-Aktion, ein Mittel für Greiser, sich eines Bevölkerungsteils zu entledigen, der ihm lästig war? Man könnte sich eine Art Kuhhandel mit Himmler vorstellen: die Aufnahme weiterer Juden gegen die Erlaubnis, die nicht arbeitende jüdische Bevölkerung zu töten. In einem Brief an Himmler vom 1. Mai 1942 erinnerte Greiser im Zusammenhang mit der Vernichtung von 100 000 Juden aus seinem Gau daran, daß die Aktion von Himmler »genehmigt« gewesen sei – als ob der Vorschlag von jemand anderem, nämlich Greiser selbst, gekommen wäre.[33] Das ist durchaus möglich, aber daraus kann man nicht schließen, daß die Vernichtung der Juden auf lokaler Ebene begann und sich dann erst ausweitete und verallgemeinert wurde.[34] Denn im gleichen Augenblick wurden weiter östlich, im Distrikt Lublin, ebenfalls Vorbereitungen zur Vernichtung der jüdischen Bevölkerung des Generalgouvernements getroffen.

Hier war die Mannschaft Philipp Bouhlers und der Kanzlei des Führers verantwortlich, die nach Abschluß ihres »Euthanasie«-Auftrages verfügbar war. Am 24. August nämlich hatte Hitler die Einstellung dieser Aktion befohlen; anscheinend fürchtete er nach dem öffentlichen Protest des Bischofs von Münster und anderer ähnlicher Kritik Unruhen, die jetzt, wo der Krieg im Osten die Geschlossenheit der Bevölkerung hinter dem Regime forderte, höchst unwillkommen war. Hatte er dabei auch eine andere Beschäftigung für die »Euthanasie«-Mannschaft im Sinn? Es scheint nicht so. Nach der Aussage von Viktor Brack in Nürnberg wurde ein großer Teil des Personals nach dem Abbruch der Aktion entlassen.[35] Einige Wochen später, anscheinend nach einem Gespräch zwischen Bouhler und Himmler[36], wurden die unbeschäftigten Mordexperten zu einem unerwarteten Einsatz abkommandiert; zu Odilo Globocnik, dem SS- und Polizeiführer im Distrikt Lublin. Brack und Bouhler selbst suchten ihn im Herbst auf, Brack zufolge im September.[37] Christian Wirth, der von Beginn an mit der »Euthanasie« befaßt gewesen war und später Kommandant von Belzec und Inspekteur der drei Vernichtungslager im Generalgouvernement werden sollte, wurde ebenfalls Globocnik zugeteilt, und zwar »im Spätsommer 1941«.[38] Ende Oktober begann er mit der Errichtung des Lagers Belzec. Das alles verweist auf eine zentrale Entscheidung, die Ende September oder Anfang Oktober gefällt worden sein müßte.[39]

Während die Vernichtungsmaschinerie im Aufbau war, nahm das RSHA entschlossen die Deportationen in Angriff. Zu warten, bis alles bereit war, kam nicht in Frage; das Reich sollte möglichst schnell von Juden »befreit« werden. Die ersten Transporte rollten am 16. Oktober 1941 in Richtung Lodz. Bereits am 10. Oktober fand in Prag ein Treffen unter dem Vorsitz von Heydrich statt, den Hitler Ende September beauftragt hatte, das Protektorat, in dem es gärte, wieder an die Kandare zu nehmen. Eichmann war anwesend, ebenso die höchsten Vertreter der örtlichen Polizei und SS. Es wurde daran erinnert, daß der »Führer« vor Ende des Jahres die Juden aus dem »deutschen Raum« verschwinden sehen wollte; nichts durfte dem im Wege stehen, nicht einmal Transportprobleme. Man spürt hier wieder, die SS war sich bewußt, daß sie eine historische Aufgabe zu vollbringen hatte.

Es wurde auch über Lodz und die dort aufgetretenen Schwierigkeiten gesprochen. Vermutlich im Ergebnis einer Aussprache zwischen Greiser und Himmler sollte Lodz schließlich 20 000 Juden und 5000 Zigeuner statt der zunächst angekündigten 60 000 Personen aufnehmen. Dementsprechend mußte das RSHA andere Bestimmungsorte suchen. Wie wir aus dem Protokoll der Sitzung erfahren, wurden Riga und Minsk in Betracht gezogen, also Städte im Operationsgebiet der Einsatzgruppen. Eichmann erwähnte die Möglichkeit, daß Juden auch in die »Lager für kommunistische Häftlinge« der Einsatzgruppen B und C geschickt würden. Es ist nicht nötig, sich zu fragen, was mit all diesen Menschen geschehen sollte, vor allem, wenn man die folgende Präzisierung berücksichtigt: Für die 50 000 Juden, die man nach Riga und Minsk deportieren wollte, sollten »die lästigsten Juden herausgesucht werden«, anders ausgedrückt, die Gebrechlichen, Kranken, nicht Arbeitsfähigen.[40] Ab dem 14. November startete eine Reihe von Transporten in Richtung Sowjetunion; die Mehrheit der Deportierten wurde bei der Ankunft erschossen.

Andere Äußerungen während dieser Sitzung weisen darauf hin, daß es wirklich um Vernichtung ging, die da geplant wurde. So war vorgesehen, die Juden aus dem Protektorat in zwei Ghettos zusammenzufassen, die ihrerseits in ein »Arbeitslager« und ein »Versorgungslager« unterteilt werden sollten. Man rechnete damit, daß die Juden »ja schon stark dezimiert« daraus hervorgehen würden, bevor man sie überhaupt nach Osten evakuierte. Es wurde übrigens empfohlen, bei der Auswahl der Juden zu prüfen, »ob nicht dieser oder jener Jude dabei ist, der von hohen Reichsstellen protegiert wird«, das gebe nur Schreiberei.[41] Das Problem wurde ernsthaft erwogen: Am 1. November notierte Himmler nach einem Telefongespräch mit Heydrich: »Aufenthalt von Juden über sechzig Jahren«[42]; der Plan zu einem »Altenghetto«, wie es dann in Theresienstadt eingerichtet wurde, nahm Gestalt an. Zum Abschluß der Vorbereitungen blieb nur noch, das Netz zuzuziehen. Am 2. oder 3. Oktober 1941 schon hatte Himmler, der sich in Kiew aufhielt, Eichmann mit dem Flugzeug kommen lassen, damit er ihm einen Gesamtbericht zur Lage bei der jüdischen Emigration liefere.[43] Am 18. Oktober notierte er nach einem Telefongespräch mit Heydrich: »Keine Auswanderung von Juden nach Übersee.« Fünf Tage später informierte der Chef der Gestapo seine Abteilungen, daß die Emigration der Juden fortan verboten sei.[44] Innerhalb von vier Wochen, zwischen dem 18. September und dem 18. Oktober 1941, wurden die entscheidenden Weichen gestellt. Die Teilnehmer an der Wannsee-Konferenz, die am 20. Januar 1942 stattfand, brauchten nur noch die seit Mitte Oktober von Himmler und seinen Leuten entwickelte Lösung nachzuvollziehen. Diese Lösung war erreicht worden, indem man verschiedene Elemente zusammenfügte: Die Erfahrung, die das RSHA seit dem Herbst 1939 mit Deportationen gesammelt hatte; die Tötungsmethoden, die zu anderen Zwecken oder kleineren Aktionen von der Kanzlei des Führers und gesondert von den Männern Heydrichs in der Sowjetunion entwickelt worden waren; schließlich die Unterscheidung zwischen arbeitenden und nicht arbeitenden Juden, die sich bei den für die Ghettos in Polen Verantwortlichen durchgesetzt hatte.

Tastende Versuche waren auf ein Minimum reduziert worden. Hauptgrund für die Deportation der Juden in die Sowjetunion war der Druck, den Hitler ausübte, weil er das Reich vor Jahresende »gesäubert« sehen wollte, obwohl man mit dem Bau der Vernichtungslager gerade erst begonnen hatte. Außerdem scheint es, als hätte zu diesem Zeitpunkt die Führungsspitze der Partei die Errichtung von Lagern in der UdSSR ins Auge gefaßt. Heydrich erklärte Goebbels, den er am 23. September im Führerhauptquartier traf, daß die Juden, sobald die militärische Lage es erlaubte, in die von den Kommunisten entlang dem Weißmeer-Ostsee-Kanal gebauten Lager deportiert würden.[45] Wenn es solche Pläne gegeben hat, dann sind sie anscheinend schnell wieder aufgegeben worden, denn die Todeslager wurden im Generalgouvernement und Oberschlesien konzentriert.

Seit Mitte Oktober 1941 vergrößerte sich der Kreis der Eingeweihten allmählich. Am 23. Oktober hatte ein Redakteur des *Stürmer*, der antisemitischen Zeitung Streichers, gerade erfahren, daß im Osten Vorbereitungen im Gang waren: »In nächster Zeit wird von dem jüdischen Ungeziefer durch besondere Maßnahmen manches vernichtet werden.«[46] Am 25. Oktober schrieb der Beauftragte für Judenfragen in Rosenbergs Ministerium an Hinrich Lohse, den Reichskommissar Ostland, um ihn darüber zu informieren, daß sich Brack mit Eichmanns Zustimmung bereit erklärt hatte, »Vergasungsapparate« zu liefern, mit denen nicht arbeitsfähige Juden getötet werden sollten. Eichmann hatte übrigens angekündigt, daß die Juden des Reichs in den Osten deportiert und diejenigen, die arbeiten könnten, dort beschäftigt würden.[47]

Im September hatte Frank noch gehofft, daß die Juden »in Reservate im tiefsten Rußland (Ural)« deportiert würden.[48] Am 13. Oktober erklärte er Rosenberg, daß er die Juden aus dem Generalgouvernement gern nach dem Osten schicken würde; Rosenberg antwortete, das sei zur Zeit unmöglich, er wolle aber, wenn es soweit sei, sein möglichstes tun, die Judenemigration nach dem Osten zu fördern.[49] Rosenberg muß wenig später über die Vernichtungspläne unterrichtet worden sein, spätestens Mitte November. Als er am 18. November die Presse empfing, erklärte er im Vertrauen, daß die »Judenfrage« nur durch »eine biologische Ausmerzung des gesamten Judentums in Europa« gelöst werden könne.[50] Zwei Tage zuvor hatte Goebbels in der Zeitung *Das Reich* einen Artikel erscheinen lassen, in dem zu lesen stand, daß die Prophezeiung des »Führers« sich zu verwirklichen beginne. Frank selbst wurde wahrscheinlich gegen Ende November eingeweiht, nachdem er einen seiner Stellvertreter nach Berlin geschickt hatte; jedenfalls informierte er am 16. Dezember seine engsten Mitarbeiter über den geplanten Massenmord.[51]

Die endgültige Entscheidung

Seit Anfang November 1941 beschäftigte sich Eichmann mit den Vorbereitungen für eine interministerielle Konferenz zur »Judenfrage«. Am 29. November wurden die Einladungen zum 9. Dezember verschickt; vermutlich wegen des japanischen Angriffs gegen die Vereinigten Staaten wurde die Konferenz dann auf den 20. Januar 1942 verschoben. Es eilte nicht. Die Konferenz hatte lediglich den Zweck, die Ministerialbürokratie in ein schon begonnenes Unternehmen einzubeziehen. Das von Eichmann angefertigte Protokoll der Wannsee-Konferenz wurde sowohl von Heinrich Müller, dem Chef der Gestapo, als auch von Heydrich selbst überarbeitet. Nicht alles durfte gesagt werden, das Wesentliche aber sollte sichtbar werden; Heydrich wollte Eichmann zufolge die Zustimmung der versammelten Staatssekretäre zu seiner Aufgabe festhalten.[52] Das Schlußdokument verschwieg, welches Los den nicht arbeitsfähigen Juden bestimmt war. Man kann es sich leicht denken, wenn man das den anderen bestimmte Los betrachtet: Ein großer Teil derer, die arbeiten konnten, würden dabei umkommen; die Überlebenden würden getötet werden, damit sich die »jüdische Gefahr« nicht erneut bilden konnte.[53]

Die nationalsozialistische Führungsspitze scheint ernsthaft vorgehabt zu haben, die arbeitsfähigen Juden zu nutzen. Wahrscheinlich war Arbeitskräftemangel der Grund. Himmler hatte seit Ende September seine Absicht kundgetan, die Häftlinge der Konzentrationslager zur produktiven Arbeit einzusetzen.[54] Die arbeitsfähigen Juden sollten ihren Beitrag zum Aufbau des Wirtschaftsimperiums leisten, das er anstrebte. Nur wenige taten das schließlich. Die Vernichtungsmaschinerie tötete die meisten arbeitsfähigen Personen zusammen mit den anderen. Daraus läßt sich nicht auf eine zusätzliche Radikalisierung des Massenmords schließen: Den arbeitsfähigen Juden wurde in jedem Fall nur ein Aufschub gewährt, bevor auch sie getötet wurden.

6. Hitler und der Genozid

Zwei Wendepunkte sind deutlich geworden: der erste im Laufe des August 1941, als die Ermordung der Juden in der Sowjetunion auf Völkermord hinauslief; der zweite etwa Mitte September, als der Beschluß, die Juden des Reiches nach Osten zu deportieren, begleitet wurde von Vorbereitungen, die darauf hinwiesen, daß künftig alle Juden unter NS-Herrschaft dem sofortigen oder baldigen Tod geweiht waren. Gut ein Monat lag zwischen diesen zwei Wendepunkten; die Verschärfung des Tötens in der Sowjetunion bedeutete also nicht, daß die Dinge damit definitiv festgelegt waren. Alles scheint darauf hinzudeuten, daß es eine Entwicklung gab, die sich über mehrere Wochen erstreckte, bevor im September 1941 die unheilvolle Entscheidung fiel.

Kehren wir jetzt von den Vollstreckern zur Spitze des Regimes zurück, zu dem Mann, der alles beherrschte. Es war die Autorität des »Führers«, auf die sich Himmler berief, als er seinen Truppen den Befehl gab, Frauen und Kinder in der Sowjetunion zu vernichten. Es war unbestreitbar Hitler, der die Kennzeichnung der Juden im Reich und dann ihre Deportation nach Osten beschloß, und es gibt keinen Grund, zu bezweifeln, daß er den Befehl gab, mit den Vorbereitungen für die Vernichtung zu beginnen. Nichts jedoch gibt uns Aufschluß über die Gründe, die ihn zu diesen Entscheidungen veranlaßten, und über die Art und Weise, wie er sie seinen Gefolgsleuten präsentierte. Einiges läßt sich vielleicht dennoch erfassen, wenn wir den Kontext rekonstruieren, in dem die Entscheidungen fielen. Die Art, wie Hitler den Verlauf des Rußlandfeldzugs wahrnahm, die Art, in der er darauf reagierte und in der sich das in seinen Äußerungen über die Juden niederschlug – das alles soll uns ermöglichen, das Bild zu vervollständigen und die vorgelegte Interpretation zu überprüfen.

Tatsächlich könnte man in einer ersten Reaktion bezweifeln, daß diese Interpretation überhaupt stimmen kann. Stand nicht am Ende des Sommers 1941 das Reich auf dem Höhepunkt seiner territorialen Eroberungen? Es bedurfte vier langer Jahre erbitterter Kämpfe, um es zu Boden zu werfen. Noch war der Krieg kein Weltkrieg geworden, das geschah erst im Dezember mit dem japanischen Angriff auf Pearl Harbor und der deutschen Kriegserklärung an die Vereinigten Staaten. Aber dieser Blick auf den Zweiten Weltkrieg ist irreführend. Wir müssen vielmehr von Hitlers Wahrnehmung der Dinge ausgehen. Die Quellenlage reicht in dieser Hinsicht, um den Kontext klar darzulegen, in dem der Übergang zum Genozid stattfand.

Der Rußlandfeldzug wurde in einem Klima beispielloser Zuversicht vorbereitet. Die deutsche Wehrmacht, die bis dahin von einem Erfolg zum nächsten geeilt war, würde mit einem so schlecht gerüsteten, schlecht geführten und schwach motivierten Feind kurzen Prozeß machen. Dieser Ansicht war jedenfalls die deutsche Führungsspitze. Aufs Geratewohl abgegebene Schätzungen über den Stand der sowjetischen Wiederaufrüstung, tiefsitzende Vorurteile über die slawische Unfähigkeit zur Organisation, ebenso hartnäckige vorgefaßte Meinungen über die Unbeliebtheit des Stalinschen Regimes – das alles verleitete zum Optimismus. Unter geschicktem Einsatz ihrer Kräfte und ihrer Mobilität würde die deutsche Wehrmacht die sowjetischen Truppen umzingeln und vernichten, bevor sie überhaupt Zeit gehabt hätten, sich geordnet zurückzuziehen. Dieser ungeheure Schlag mußte das sofortige Zusammenbrechen des Regimes und der Führung der Sowjetunion zur Folge haben.

Die Schätzungen über die Dauer dieses neuen Blitzkrieges reichten von einigen Wochen bis zu einigen Monaten. Die Operationsabteilung des Heeres sah als Termin Mitte September vor.[1] Hitler sprach Goebbels gegenüber im Juni von einem Krieg von vier Monaten. Sein Gesprächspartner war darüber erstaunt. Goebbels war sich sicher, daß er weniger lange dauern werde, daß der Bolschewismus »wie ein Kartenhaus zusammenbrechen« werde.[2] Hitler zählte zu den gemäßigten Optimisten. Er war von Natur aus mißtrauisch und geneigt, mit unvorhergesehenen Schwierigkeiten zu rechnen. Er wußte, daß alles von der Schnelligkeit abhing, daß nichts sie gefährden durfte. Dem Chef des Generalstabs des Heeres, Franz Halder, hatte er am 17. März erklärt: »Wir müssen von Anfang an Erfolge haben. Es dürfen keine Rückschläge eintreten.«[3]

Der Rußlandfeldzug war ein Vabanquespiel, und das wußte Hitler sehr gut. In den Wochen vor dem 22. Juni hörte er nicht auf, seine Gefahren und seine Verheißungen zu beschwören. Das »Unternehmen Barbarossa« sei »ein Risiko«[4], und sogar «ein großes Risiko«.[5] Er hatte das Gefühl, »vor einer geschlossenen Tür« zu stehen: Würde er mit »geheimen Waffen« konfrontiert sein oder mit der »Zähigkeit des Fanatikers«?[6] Es war »ein schweres Unternehmen«. »Wenn es schief geht, ist sowieso alles verloren.«[7] Andererseits hatte er Vertrauen zu seiner Armee und glaubte, daß der Krieg mit England bald beendet sein werde. Die Niederlage der Sowjetunion werde die Engländer veranlassen, den Kampf aufzugeben, vielleicht noch vor Ende des Jahres.[8]

Es hing also vieles vom Erfolg des »Unternehmens Barbarossa« ab. Deutschland mußte fähig werden, den Krieg gegen England zu beenden oder ihn gegen die vereinten angelsächsischen Kräfte fortzusetzen, wenn es nötig würde. Es mußte außerdem eine Wirtschaft stabilisieren, die auf einen langen Krieg nicht vorbereitet war und bereits in puncto Arbeitskräfte und Rohstoffe ernsthaft unter Druck stand. Ein Grund mehr, daß der Feldzug kurz sein mußte: Nur wenn sich die Zerstörungen in Grenzen hielten, würde eine schnelle Ausbeutung der Reichtümer des Landes möglich sein.

Nach dem Fall der UdSSR sollte dann die deutsche Wehrmacht im Herbst Blitzoperationen im Nahen Osten unternehmen, das Mittelmeer abriegeln, indem sie Gibraltar einnahm, und sich im westlichen Nordafrika und auf den Inseln im Atlantik festsetzen. Dann, 1942 spätestens, würde Großbritannien gezwungen sein,

Frieden zu schließen. Japan, von sowjetischem Druck befreit, würde seinerseits nicht zögern, sich der britischen Besitzungen im Fernen Osten zu bemächtigen und damit gleichzeitig die Vereinigten Staaten in Schach zu halten. Eine amerikanische Intervention blieb Hitlers Hauptsorge. Ohne sie, so glaubte er, könne der Krieg noch vor Jahresende beendet sein; mit ihr jedoch würde er »noch lange Jahre« dauern.[9]

Die ersten Wochen des Ostkrieges entsprachen dann auch seinen Erwartungen. Die feindliche Front wurde ohne Schwierigkeiten durchbrochen, die deutschen Armeen drangen schnell in die »Weite des Raumes« vor. Tag für Tag wurde unter Fanfaren die Beute bekanntgegeben: riesige Mengen an Ausrüstung, Hunderttausende von Gefangenen. Anfang Juli sah die deutsche Führung den Krieg für praktisch gewonnen an.[10] Hitler ließ seinen Träumen von der Kolonisierung freien Lauf und entfaltete die brutalen Vorstellungen, die er von diesem Krieg hatte. Am 8. Juli erklärte er, er wolle Moskau und Leningrad mit seiner Luftwaffe dem Erdboden gleichmachen. So verliere er weder Männer noch Panzer; außerdem brauche er die Bevölkerung dieser Städte im kommenden Winter nicht zu ernähren. Ohne Gemütsbewegung sah er eine »Volkskatastrophe, die nicht nur den Bolschewismus, sondern auch das Moskowitertum der Zentren beraubt«.[11]

Hitlers zwanghafter Antisemitismus ließ ihm offenbar keine Ruhe; er konnte mitten in der Planung militärischer Operationen durchbrechen. Am 10. Juli äußerte er seine großen Sorgen um die auf Kiew vorrückenden Panzerdivisionen; er sei überzeugt, daß die Brücken zerstört würden, weil die Stadt zu 35 Prozent von Juden bewohnt sei.[12] In seinen Augen konnten sie gar nichts anderes als aktive und erbitterte Gegner sein. Trotzdem lag ihm die Vorstellung von einem Massenmord noch fern. Am Ende desselben Tages erklärte er im kleinen Kreis, er fühle sich »wie Robert Koch in der Politik«. So wie dieser den Bazillus entdeckt habe, habe er »den Juden als den Bazillus und das Ferment aller gesellschaftlichen Dekomposition« ausgemacht. Und er habe bewiesen, daß ein Staat ohne Juden leben könne: »Das ist der schlimmste Schlag, den ich den Juden versetzt habe.«[13]

Am 14. Juli stimmte er dem Rüstungsprogramm zu, das nach dem Ende von »Barbarossa« verwirklicht werden sollte. Der Personalbestand der Wehrmacht würde erheblich eingeschränkt; damit würden eine Million Arbeiter wieder für die Produktion frei. Gleichzeitig sollte die Zahl der Panzerfahrzeuge vergrößert werden, damit die vorgesehenen Kriegshandlungen im Nahen Osten und Nordafrika erfolgreich durchgeführt werden konnten. Aber die Luftwaffe sollte die Hauptnutznießerin der neuen Rüstungsanstrengungen sein; das erforderte die angestrebte endgültige »Abrechnung« mit Großbritannien.[14] Die Annahme dieses Programms bestätigt, daß nach Hitlers Ansicht die ersten Wochen des Krieges erwartungsgemäß verlaufen waren. Dennoch beschäftigten ihn auch da schon viele Sorgen.

Schon am 30. Juni 1941 hatte er Mussolini geschildert, wie überrascht er von der Menge der Waffen gewesen sei, über die der Gegner verfügte.[15] Er mußte bald feststellen, daß auch die Reserven grob unterschätzt worden waren. Aber das Verblüffendste waren für ihn der Kampfgeist und die Hartnäckigkeit, die die sowjetischen Truppen bewiesen; dies sollte sich noch verstärken, als erst bekannt wurde, welches Schicksal ihre politischen Kommissare erwartete und wie die Kriegsgefangenen behandelt wurden, nicht zu vergessen die blindwütige Unterdrückungsstrategie der deutschen Besatzer. Im Westen hatte sich inzwischen die Lage ebenfalls verschlechtert: Am 7. Juli errichteten die Vereinigten Staaten auf Island einen Militärstützpunkt. Abermals widerstand Hitler dem Druck der Marine. Ihm lag daran, »den Kriegseintritt der USA noch 1–2 Monate hinauszuschieben«; der Sieg im Osten würde wahrscheinlich abschreckend auf die Haltung der Vereinigten Staaten wirken.[16]

Am 15. Juli empfing er den japanischen Botschafter Hiroshi Oshima. Er berichtete ihm über die Serie der »Überraschungen«, die er gerade über die »gigantische« Rüstung der Sowjets und ihren verbissenen Kampf empfunden habe: Die Russen kämpften »wie wilde Tiere«. Er glaubte gleichwohl, daß die Kämpfe Mitte September beendet sein würden. Dieser Optimismus war sicher zu einem großen Teil aufrichtig, aber er hatte auch einen Zweck: Nachdem Hitler das ganze Frühjahr hindurch auf Japan eingewirkt hatte, die britischen Besitzungen im Fernen Osten anzugreifen, wünschte er jetzt Japans Eintritt in den Krieg gegen die Sowjetunion. Er brauchte keine Unterstützung, versicherte er, er denke nur an die gemeinsame Zukunft Deutschlands und Japans. Immerhin gab er zu, daß es leichter sein werde, die Sowjetunion in einem gleichzeitigen Vorgehen zu bezwingen. Deren schnelle Niederlage, meinte er, liege im Interesse des einen wie des anderen Landes: Sie hielte die Vereinigten Staaten aus dem Krieg heraus.[17] Hier drückte sich Unruhe oder zumindest eine Besorgnis aus, die auch andere spürten. So notierte in Rom Ciano am 9. Juli, daß der deutsche Vormarsch jetzt langsamer vor sich gehe wegen des unnachgiebigen Widerstands der Russen, und am 16. berichtete er von den Befürchtungen Mussolinis, daß das Reich nicht vor dem Winter siegen könnte, was zahlreiche unbekannte Faktoren ins Spiel bringen würde.[18]

In der zweiten Hälfte des Juli wurde die Unruhe allmählich zur Krise. Trotz der enormen Verluste fuhr der Gegner fort, unbeirrt weiterzukämpfen. Ohne Unterbrechung wurden neue Divisionen in den Kampf geworfen. Es wurde immer deutlicher, daß trotz der Erfolge und der eroberten Gebiete die Wehrmacht ihr Ziel nicht erreicht hatte. Die Kampfstärke des Feindes sei entscheidend geschwächt, meinte Halder am 23. Juli, aber nicht endgültig zerschlagen.[19] Der Gegner hatte einen bedeutenden Teil seiner Truppe der Einschließung entziehen können und war jetzt immer besser imstande, seine Verteidigung zu organisieren. Am 25. Juli sprach der Oberbefehlshaber des Heeres, Walther von Brauchitsch, von der Sowjetarmee als »dem ersten ernsten Gegner« und setzte hinzu, die »Länge des Krieges zehrt an den Nerven".[20]

Auch Hitler war beunruhigt, weil soviel Zeit verstrich. Keitel berichtete am 25. Juli 1941, daß der »Führer« sich besorgt frage:

»Wieviel Zeit habe ich noch, um mit Rußland fertig zu werden, und wieviel Zeit brauche ich noch?«[21] Goebbels spürte die gleiche Nervosität; seine Tagebücher zeigen, wie schnell sich der Himmel verdüstert hatte. Am 17. Juli vermerkte er den »weiterhin außerordentlich starken feindlichen Widerstand an allen Fronten«.[22] Zwei Tage später betrachtete er den Krieg als einen Kampf »um Sein oder Nichtsein«.[23] Am 26. Juli entschloß er sich, der Propagandaabteilung neue Weisungen zu erteilen: »Das Volk muß wissen, daß Deutschland jetzt um seine nackte Existenz kämpft und daß wir nur zu wählen haben zwischen einer absoluten Liquidierung der deutschen Nation und der Weltherrschaft.«[24]

Hitler zeigte in seinem Verhalten, welche Unsicherheit ihn ergriffen hatte. Der ursprüngliche Operationsplan war an dem unerwarteten Widerstand des Feindes gescheitert; für diesen Fall war nichts vorgesehen. Die Kriegsweisung Nr. 33, die er am 19. Juli 1941 erließ, eröffnete einen ganzen langen Monat der Auseinandersetzungen mit seinen militärischen Beratern, vor allem mit Halder, über die künftig zu verfolgende Strategie. Während der Chef des Stabes ihn drängte, die Streitkräfte auf Moskau vorrücken zu lassen und dort das Gros der sowjetischen Armee zu vernichten, wünschte er, auf den Flügeln vorzugehen, um schließlich den Kessel hinter Moskau schließen und sich unverzüglich der industriellen Zentren und der Rohstoffquellen in Nordrußland und der Ukraine bemächtigen zu können. Widersprüchliche Weisungen waren das Ergebnis dieser scharfen Debatten. Die vom 30. Juli schob die grundlegende Entscheidung nur auf: Wegen des Auftauchens bedeutender neuer feindlicher Verbände, der Erfordernisse des Nachschubs und der Notwendigkeit der Instandsetzung der gepanzerten Einheiten erhielt die Heeresgruppe Mitte einstweilen nur den Befehl, in die Defensive überzugehen.[25]

Die seit Mitte Juli aufgetretenen Schwierigkeiten schlugen sich auf Hitlers Verfassung nieder, besonders auf seine Vorstellung von der Aufrechterhaltung der Ordnung und seine Haltung gegenüber den Juden. Am 3. Juli hatte Stalin zum Partisanenkrieg im Rücken der deutschen Wehrmacht aufgerufen. Die wenigen deutschen Reservetruppen mußten gegen eine Gefahr mobilisiert werden, die zwar noch nicht sehr ernst war, die aber im gleichen Maße wuchs wie die außerordentlich brutale Repression, mit der sie hätte unterdrückt werden sollen. Am 16. Juli beschrieb Hitler bei einer Konferenz, bei der die wichtigsten NS-Führer anwesend waren, seine Kriegsziele im Osten. Er wolle die eroberten Gebiete behalten und wie Kolonien behandeln, dies aber nicht an die große Glocke hängen. »Alle notwendigen Maßnahmen – Erschießen, Aussiedeln etc. –« sollten dennoch durchgeführt werden. Was den Partisanenkrieg angehe, so habe er »auch wieder seinen Vorteil: Er gibt uns die Möglichkeit auszurotten, was sich gegen uns stellt.« Die besetzten Gebiete müßten »befriedet« werden, »dies geschehe am besten, daß man jeden, der nur schief schaue, totschieße«.[26]

Am 22. Juli kam Hitler auf das Thema zurück, als er den Kommandanten in den rückwärtigen Heeresgebieten die Anwendung drakonischer Maßnahmen zur Durchsetzung der Ordnung befahl; es müsse alles unternommen werden, um »der Bevölkerung jede Lust zur Widersetzlichkeit zu nehmen«.[27] Drei Tage später nahm das Oberkommando der Wehrmacht seinerseits Stellung zu der Partisanengefahr. Der im Kampf festgenommene Gegner sollte getötet werden; im Fall des passiven Widerstands der Bevölkerung sollten kollektive Vergeltungsmaßnahmen angewendet werden; »verdächtige Elemente«, denen eine Straftat nicht nachgewiesen werden könne, die aber wegen ihrer Gesinnung und Haltung gefährlich erschienen, sollten den Einsatzgruppen übergeben werden.[28]

Die Mordaktionen der SS zeigten die Zunahme der Brutalität, die der Verlauf des Ostkrieges nach nur wenigen Wochen bei der deutschen Führungsspitze hervorgerufen hatte. Die NS-Ideologie hatte für diese Entfesselung der Raserei den Weg bereitet: Der Kampf gegen einen zugleich verachteten und dämonisierten Gegner rechtfertigte jeden Exzeß. Die Wehrmacht selbst hatte schon am ersten Tag die Juden als eine Kategorie von verdächtigen und gefährlichen Personen bezeichnet, die man mit der größten Unnachgiebigkeit behandeln müsse. Die Verbindung zwischen den Juden und den Partisanen drängte sich den militärisch Verantwortlichen im rückwärtigen Heeresgebiet bald auf: Die Tätigkeit der SS wurde durch nichts mehr gebremst.

Am 22. Juli empfing Hitler ein Mitglied der kroatischen Führung, Marschall Kvaternik. Diesem erklärte er, daß seiner Überzeugung nach der größte Teil der feindlichen Streitkräfte in sechs bis acht Wochen vernichtet sein werde. Mit Bezug auf die Geschichte versicherte er, »das Schicksal Napoleons werde diesmal nicht ihn, sondern Stalin treffen«, eine unlogische Behauptung, die aber psychologisch aufschlußreich ist. Als sich das Gespräch den inneren Problemen Kroatiens zuwandte, mahnte Hitler seinen Gesprächspartner zur Anwendung brutalster »Säuberungsmaßnahmen«. »Asoziale« und Verbrecher müßten vernichtet werden; wenn ein Staat seine Besten an der Front ihr Leben hingeben ließe, sei es »verbrecherisch, die Schurken zu schonen«.

Dann kam er wieder auf die Lage im Osten zurück; er sprach von den Juden als der »Geißel der Menschheit«. Sie hätten als kommunistische Kommissare in den baltischen Ländern ihre Schreckensherrschaft ausgeübt; jetzt nähmen die Bewohner dieser Länder dafür blutige Rache. Er wiederholte seinen Wunsch, sie aus Europa zu entfernen; es sei »gleichgültig«, ob man sie nach Madagaskar oder nach Sibirien schicke.[29] Seine Vernichtungswut rechtfertigte Hitler bezeichnenderweise mit dem Blut der im Kampf gefallenen Soldaten. Er richtete sie jedoch nur zum Teil gegen die Juden. Wenn er – zustimmend – die Massenmorde erwähnte, die in den baltischen Ländern verübt wurden, dann schrieb er sie der einheimischen Bevölkerung zu und übernahm keine Verantwortung dafür; er bestätigte erneut seine Absicht, die Juden Europas in irgendeinem Gebiet zu konzentrieren.

Anfang August sah er sich mit denselben finsteren Aussichten konfrontiert. Der ursprüngliche Zeitplan würde nicht eingehalten werden können; das Risiko eines nicht vor dem Winter abgeschlossenen Feldzugs wuchs mit jedem Tag. Es war nicht mehr die Rede davon, Moskau am 15. August zu erreichen und den Krieg am 1. Oktober 1941 zu beenden, wie er dem Botschafter Schulenburg zu Beginn des Feldzuges gesagt hatte.[30] Die Diskussionen mit den Militärs über den weiteren Ablauf der Operationen wurden noch härter und führten dauernd zu unbefriedigenden Kompromissen, die die Atmosphäre belasteten. Am 11. August skizzierte Halder in seinem Kriegstagebuch ein wenig ermutigendes Bild von der Situation. Der »Koloß Rußland« war unterschätzt worden: Statt der erwarteten 200 Divisionen hatte er 360 aufgestellt. Für jedes Dutzend zerschlagene Divisionen stellte der Russe ein neues Dutzend hin, schlecht ausgerüstet, aber immerhin vorhanden. Der Gegner profitierte außerdem von der Nähe seiner »Kraftquellen«, während sich die deutsche Wehrmacht von den ihren entfernte. Außerdem konnte der Feind ausnutzen, daß die deutschen Linien weit auseinandergezogen waren, und sie angreifen und ihnen zusetzen.[31]

Am 18. August schlug die Wehrmacht einen Operationsplan vor, in dem der Einnahme von Moskau Priorität eingeräumt wurde. Hitler wurde wütend und setzte seinen Standpunkt in einer Form durch, die keine Diskussion mehr gestattete. Die für den Gegner lebenswichtigen Wirtschaftszentren – die Gegend um Leningrad im Norden, das Donezbecken und die Krim im Süden – sollten vor dem Einbruch des Winters eingenommen sein; ein Angriff in Richtung Moskau würde erst nach Abschluß dieser Operationen erfolgen. Von diesem Zeitpunkt an ließen die deutschen Führungskräfte merken, daß sie den Abschluß des Feldzuges vor dem Winter für immer weniger wahrscheinlich hielten. Am 19. August wurde die Umorganisation der Armee, die bereits im Herbst, nach dem Abschluß des »Unternehmens Barbarossa«, hätte stattfinden sollen, auf einen unbestimmten Zeitpunkt verschoben; gleichzeitig wurden die für den Herbst vorgesehenen Unternehmungen gegen England verschoben und die Aktivitäten auf andere Kriegsschauplätze verlegt. Die Konsequenzen dieser unerwarteten Verlängerung des Feldzugs waren nicht mehr zu übersehen. In einer im letzten Drittel des August verfaßten Denkschrift zog Keitel, der Chef des Oberkommandos der Wehrmacht, Bilanz und legte die Perspektiven dar. Nach acht Wochen des Feldzugs stieß die Wehrmacht trotz großartiger Siege immer noch auf sowjetischen Widerstand. Unabhängig davon, ob ein plötzlicher Zusammenbruch des Gegners überhaupt möglich war, würden sich die Dinge wahrscheinlich in eine andere Richtung entwickeln. Tatsächlich legte Keitel die Arbeitshypothese zugrunde, daß der Feind vielleicht nicht vor dem Winter vollkommen geschlagen wäre und daß die Operationen im kommenden Jahr weitergehen würden. Er untersuchte die Rückwirkungen auf die strategische Lage Deutschlands; alle waren sie negativ. Japan würde den Gedanken eines Eingreifens gegen die UdSSR aufgeben, zu dem es – wie wir heute wissen – ohnehin nur für den Fall eines unmittelbar bevorstehenden deutschen Sieges entschlossen war. Die Verbindung zwischen England und der Sowjetunion über den Iran würde nicht verhindert werden können, weil die Türkei, wie übrigens auch Spanien und Frankreich, neutral bleiben würde. Im Mittelmeer würde die Lage der Achse schwieriger werden. Und wenn auch eine angelsächsische Invasion auf dem europäischen Kontinent nicht in naher Zukunft bevorstand, konnte sich die Lage doch grundlegend ändern, wenn Nordafrika in die Hände des Gegners fiel: Italien wäre dann direkt bedroht.

Das Ziel des Reiches blieb, wie Keitel betonte, England niederzuwerfen. Dieses zu erreichen war jedoch schwieriger denn je geworden. Keitels Analyse zeigt, daß die amerikanische Intervention für unabwendbar gehalten wurde; sie war nur eine Frage der Zeit. Die Unterzeichnung der Atlantik-Charta durch Churchill und Roosevelt am 12. August 1941 hatte soeben die Solidarität der beiden angelsächsischen Mächte sehr deutlich gemacht. Selbst wenn der Gegner im Osten im folgenden Frühjahr vernichtet sein würde, wäre der Krieg noch lange nicht beendet. Das alles war zwischen den Zeilen der Denkschrift Keitels zu lesen; es ist unwahrscheinlich, daß Hitler es nicht wahrgenommen hat, selbst wenn er es nicht eingestehen wollte. Übrigens billigte er das Dokument und erlaubte, daß es den Chefs der drei Waffengattungen sowie Ribbentrop zugeleitet würde; er untersagte aber seine Vervielfältigung und die Weiterverteilung an andere.[32]

Wahrscheinlich hatte er selbst schon seit Anfang August eine Verlängerung des Krieges in Erwägung zu ziehen begonnen. Jedesmal, wenn er ausländische Besucher empfing, meistens Diplomaten verbündeter Staaten, versicherte er nachdrücklich, daß das Schlimmste geschafft und der Sieg errungen sei. Gleichwohl konnte man leise Vorbehalte und Zweifel hinter all dem Optimismus heraushören. Als er am 6. August Antonescu empfing, benutzte er zweimal das Wort »hoffen« im Zusammenhang mit den Zielen, die er sich gesetzt hatte: Er »hoffe«, die wichtigsten Wirtschaftszentren des Gegners besetzen zu können; er »hoffe«, diese Ziele bis zum Eintritt der schlechten Jahreszeit erreicht zu haben.[33] Gemessen an dem ursprünglichen Plan, die Linie Wolga–Archangelsk zu erobern, bedeutete dies eine wichtige Modifikation. Hitler wußte auch, daß Stalin hinter dem Ural über bedeutende Produktionszentren verfügte und daß er mit jeder weiteren Woche mehr Arbeiter und ganze Fabriken ins Hinterland verlegen konnte; er zog es aber vor, die Bedeutung herunterzuspielen, ohne daß er selbst davon überzeugt war und ohne seine wachsende Gewißheit von einem Steckenbleiben des Krieges betäuben zu können.

Am 25. August 1941 traf er Mussolini und redete wie gewohnt vom Sieg. Der Feind werde spätestens im Oktober unter den Schlägen der deutschen Wehrmacht zusammenbrechen: Der Verlust seiner Wirtschaftsbasen werde seine Vernichtung abschließen. Im selben Gespräch erklärte er jedoch, daß es wenig ausmache, ob dieser Zusammenbruch sich kurzfristig vollziehe, in ein paar Monaten oder erst im folgenden Frühjahr: Die Instrumente des Sieges, so versicherte er, seien in deutscher Hand.[34] Ein italienischer Diplomat, der dem Treffen beiwohnte, schrieb, die deutsche Führung zeige »Scheinoptimismus«, und sie habe sich noch nicht von ihrer Betroffenheit über den sowjetischen Widerstand erholt.[35]

Daß Hitler anfing, auf Frieden zu setzen, zeigt, wie seine Hilflosigkeit in dieser Zeit gewachsen war. Am 18. August erwähnte er einem überraschten Goebbels gegenüber ein zu erwartendes Friedensangebot Stalins. Er sei bereit, es anzunehmen unter der Bedingung von großen territorialen Zugeständnissen und der Entwaffnung des Gegners bis zum letzten Gewehr; das bolschewistische System möge sich dann hinter dem Ural entwickeln, wie es wolle. Natürlich hätten die angedeuteten Forderungen nur nach einem überwältigenden Sieg durchgesetzt werden können. Andererseits zeigte er, als er sagte, er sei bereit, mit Stalin Frieden zu schließen, daß er gar nicht mehr so sicher war, ihm eine vernichtende Niederlage bereiten zu können. In demselben Gespräch mit Goebbels erklärte er, daß der Frieden auch sehr plötzlich eintreten könne: Vielleicht werde Churchill stürzen?[36] In den folgenden Wochen erwähnte er mehrfach seine Hypothese von einem plötzlichen Ende des Krieges gegen die Sowjetunion. Stalin konnte gestürzt werden, oder er zeigte sich zu einem Waffenstillstand oder Frieden bereit. Er, Hitler, wäre einverstanden, wenn Stalin sich nach Asien zurückziehe oder, noch besser, wenn er sich in Richtung auf den Persischen Golf ausbreite; letzteres werde zu Streitigkeiten mit Großbritannien führen und der Sache des Reiches förderlich sein.[37] Hitler phantasierte von einem wundersamen Frieden, der ihn aus der Schlinge befreien würde, in der er sich zu verheddern glaubte.

Zur selben Zeit verhärtete sich ohne Zweifel seine Haltung gegenüber den Juden. Um den 8. bis 10. August 1941 sprach er bei einem der Monologe, die er bis spät in der Nacht zu halten pflegte und die Bormann seit neuestem mitschreiben ließ, von der Evakuierung von Bevölkerungsteilen. Wenn ein Land zu Evakuierungen ein Recht habe, dann Deutschland; hatten nicht mehrere hunderttausend Deutsche nach dem Ersten Weltkrieg Ostpreußen verlassen müssen? Er verstehe nicht, wie man in der Evakuierung von 600000 Juden »ein Äußerstes an Brutalität« sehen könne.[38] Seinen festen Willen, die Juden aus dem Reich zu vertreiben, wiederholte er Goebbels gegenüber in dem Gespräch am 18. August, bei dem er beschloß, sie mit einem gelben Davidstern zu kennzeichnen. Er sprach von ihrer Deportation nach Osten unmittelbar nach Kriegsende und fügte hinzu, das harte Klima werde ihnen eine Lehre sein.

Aber das wichtigste ist, daß er sich dabei auf seine »Prophezeiung« bezog. »Sie bewahrheitet sich in diesen Wochen und Monaten mit einer fast unheimlich anmutenden Sicherheit. Im Osten müssen die Juden die Zeche bezahlen; in Deutschland haben sie sie zum Teil schon bezahlt und werden sie in Zukunft noch mehr bezahlen müssen.«[39] Der Massenmord an den sowjetischen Juden war angesprochen, und er hatte sich dazu bekannt; er sprach davon wie von einem neuen Geschehen, das verknüpft war mit der Wendung, die der Krieg genommen hatte. Die Juden mußten die »Zeche« bezahlen. Hier wurde Rache geübt für das vergossene deutsche Blut. Hitler wollte auch an den deutschen Juden Rache nehmen, mit welchem Nachdruck, das blieb zunächst offen: Ihr Los konnte genauso hart ausfallen wie das der sowjetischen Juden, es konnte auch weniger hart werden. Der Gedanke der Vernichtung nahm in dem Maße Gestalt an, wie die Schwierigkeiten im Osten zunahmen, aber die definitive Entscheidung war offenbar noch nicht gefallen.

Es ist bezeichnend, daß er in seinen Monologen im Sommer und Herbst immer wieder die Erinnerung an 1918 beschwor. Die Lage, in der er sich befand, forderte den Vergleich mit der traumatisierenden Erfahrung heraus, die sein politisches Weltbild geformt hatte. »400 Tanks im Sommer 1918, und wir würden den Weltkrieg gewonnen haben!« »Zusätzliche Truppen auf dem rechten Flügel 1918, und der Sieg wäre errungen worden«![40] Ebenso viele Äußerungen zeigen, daß er sich in schwankender Lage fühlte, und dies nicht nur in militärischer Hinsicht. Am

Abend des 14. September erinnerte er an die Revolution von 1918 und ihre Führer, die seiner Ansicht nach alle Abschaum aus den Gefängnissen gewesen waren. Das werde sich nicht wiederholen: Er habe Himmler befohlen, im Fall innerer Unruhen alle Häftlinge der Konzentrationslager zu erschießen, um so der Masse ihre Anführer zu nehmen.[41]

Die Lage war andererseits nicht so, daß er in tiefe Hoffnungslosigkeit hätte versinken müssen. In denselben Wochen des September und Oktober, in denen die Vorbereitungen zum Völkermord anliefen, sieht man ihn Zuversicht bekunden, Gefühle, deren Grenzen und deren Hintergrund man allerdings sehen muß. Wenn er auch hatte zugeben müssen, daß aller Wahrscheinlichkeit nach der Krieg nicht vor Beginn des Winters beendet sein würde, so wollte er nur um so mehr an eine Wende glauben, durch die mit einem Schlag die aufgezwungenen Verzögerungen wieder aufgeholt würden. Im September war die Offensive im Süden erfolgreich gewesen. Kiew war eingenommen worden und das Donezbecken sowie ein Teil der Krim. Hitler befahl nun, eine Offensive in Richtung Moskau zu beginnen. Sie konnte Mitte Oktober mit dem Doppelsieg von Brjansk und Wjasma abgeschlossen werden. Der Gegner hatte beträchtliche Verluste erlitten, aber wieder einmal war es ihm gelungen, mit einem großen Teil seiner Streitkräfte der Einkesselung zu entgehen.

Am Vorabend dieser Offensive ließ Hitler aufwendig in der Presse verkünden, daß der Sieg nun gesichert sei. Motive der psychologischen Kriegsführung sowie das Bemühen, seinen Verbündeten und dem deutschen Volk wieder Zuversicht einzuflößen, trugen zu diesem Verhalten bei. Es spiegelte sich darin auch der feste Glaube an einen entscheidenden Sieg; ein Glaube, der dennoch eine unausrottbare Besorgnis durchscheinen ließ. In dem Aufruf an die Soldaten der Ostfront vom 2. Oktober betonte Hitler, daß alle Vorbereitungen zur Niederwerfung des Feindes getroffen worden seien, aber er hielt es doch für richtig hinzuzufügen,»soweit sie Menschen meistern können«. In einer Rede vom folgenden Tag, in der er ebenfalls den kommenden Sieg ankündigte, ließ er in einem Nebensatz die Möglichkeit durchblicken, daß »dieser Krieg länger dauert«.[42] Seine Hoffnungen wie seine Anwandlungen von Zuversicht waren in Wirklichkeit die Kehrseite einer von Grund auf düsteren und quälerischen Verfassung.[43] Wenn er zu der Zeit von einem bevorstehenden Endsieg im Osten wirklich überzeugt gewesen wäre, hätte er nicht die sofortige Deportation der Juden befohlen, die im Gegensatz zu seiner bisherigen Haltung stand. Gleichzeitig verschärften sich übrigens seine antisemitischen Erklärungen. In seinen Botschaften und Reden prangerte er immer heftiger die Juden als ausschließlich Verantwortliche für den Krieg an, als Gegner, die sich hinter der doppelten Maske des Kapitalismus und des Bolschewismus geschworen hätten, das nationalsozialistische Deutsche Reich zu vernichten »und vor allem unser Volk auszurotten«.[44] Am 3. Oktober gab er die Schuld denen, die Churchill zum Krieg getrieben hätten und froh gewesen seien, als sie ihn am 1. September 1939 hätten ausbrechen sehen, und fügte hinzu: »Sie werden jetzt unterdes vielleicht schon über diesen reizenden Krieg anders denken.«[45] Die Juden waren zwar nicht ausdrücklich genannt, aber sie waren ganz offensichtlich gemeint: In dem Maße, wie Hitler Anspielungen auf eine vernichtende Rache machte, läßt das »jetzt unterdes« auf eine soeben getroffene Entscheidung schließen.

Privat sollte er sich in den folgenden Wochen deutlicher ausdrücken, ohne seine Anspielungen ganz aufzugeben. Seine Monologe vom September enthüllen nichts Bedeutsames; die von Ende Oktober dagegen sind vielsagend. Am 21. Oktober erklärte er, als er von den Juden sprach, »wenn wir diese Pest ausrotten, vollbringen wir eine Tat für die Menschheit«, von der sich das deutsche Volk noch gar keine Vorstellung machen könne.[46] Am 25. Oktober erinnerte er in Gegenwart von Himmler und Heydrich an seine Prophezeiung und fügte hinzu, die Juden hätten zwei Millionen Tote aus dem Weltkrieg auf dem Gewissen, und jetzt kämen wieder Hunderttausende dazu. »Sage mir keiner: Wir können sie doch nicht in den Morast schicken! Wer kümmert sich denn um unsere Menschen? Es ist gut, wenn uns der Schrecken vorangeht, daß wir das Judentum ausrotten. Der Versuch, einen Judenstaat zu gründen, wird ein Fehlschlag sein.«[47]

Hier wird wieder die Verbindung zwischen dem vergossenen deutschen Blut und dem Tod der Juden deutlich. Der vorletzte Satz bleibt zum Teil unklar, ist aber doch interessant. Tatsächlich läßt er die zweideutige Einstellung Hitlers gegenüber seinem Vernichtungswerk sichtbar werden. Einerseits war er darauf bedacht, das Geheimnis zu wahren; wie er am 21. Oktober erklärt hatte, war das deutsche Volk noch nicht in der Lage zu begreifen, welchen Dienst er der Menschheit erwies. Andererseits mußte er davon sprechen und sich dazu bekennen. Ab Ende des Jahres sollte er seine Prophezeiung mehrfach wiederholen, wobei er zu verstehen gab, daß sie im Begriff stand, verwirklicht zu werden. Er wollte, daß der jüdische Gegner wußte, was es kostete, sich ihm entgegenzustellen.

Tatsächlich hatte der Verlauf des Ostkrieges in den zwei letzten Monaten des Jahres 1941 seine schlimmsten Befürchtungen bestätigt. Im November wollte er das Schicksal zwingen, indem er trotz der ungünstigen klimatischen Bedingungen, der mangelnden Winterausrüstung und des beklagenswerten Zustands seiner Reserven eine neue Offensive gegen Moskau einleitete. Er suchte wie besessen die Entscheidung, während er sich tatsächlich um Ziele schlug, die die Bedenklichkeit seiner Lage verrieten: Die Offensive sollte vor allem dazu dienen, den Gegner zu schwächen, damit er selbst ungefährdet seine Vorbereitungen für die Operationen im Frühjahr treffen konnte. Sie war nicht so erfolgreich wie die vorige. Nun war es der Feind, der zur Offensive überging, indem er plötzlich dem Vormarsch der deutschen Wehrmacht ein Ende setzte: Es fehlte wenig, und er hätte ihr eine katastrophale Niederlage beigebracht.

Das »Unternehmen Barbarossa« war damit endgültig gescheitert. Die NS-Führungsspitze mußte zugeben, was sie sich Ende Oktober nicht hatte eingestehen wollen. Dennoch stand es schon seitdem außer Zweifel, daß das Spiel sowohl vom militärischen wie vom wirtschaftlichen Standpunkt aus verloren war. Der Krieg hatte die deutsche Wehrmacht zu viel an Material und an Menschen gekostet. Ihre Kampfkraft war erheblich geschwächt; Halder notierte am 23. November: »Ein Heer, wie das bis Juni 1941, wird uns künftig nicht mehr zur Verfügung stehen.«[48] Außerdem hatte der Rußlandfeldzug die deutsche Wirtschaft in eine ernste Krise gestürzt; Arbeitskräfte und Rohstoffe waren so knapp geworden, daß die Rüstungsproduktion gefährdet war. Am 29. November erklärte der Minister für Bewaffnung und Munition, Fritz Todt, gegenüber Hitler, daß der Krieg nur mit einem politischen Friedensschluß für das Reich vorteilhaft enden könne: Militärisch und wirtschaftlich sei er bereits verloren.[49]

Eine Woche zuvor hatte Goebbels Hitler geradeheraus gefragt, ob er noch an einen Sieg glaube. Hitler hatte darauf geantwortet: »Wenn er im Jahre 1918 an seinen Sieg geglaubt habe, wo er als halbblinder Gefreiter in einem pommerschen Lazarett lag und keine Hilfsmittel besaß, wie soll er jetzt nicht an unseren Sieg glauben, da er die stärkste Wehrmacht der Welt zu seiner Verfügung habe und fast ganz Europa ihm zu Füßen liege?«[50] Das war in gewisser Weise ein Eingeständnis, daß der Weg zum Sieg lang und schwer werden würde, daß es dazu derselben erstaunlichen Folge von günstigen Bedingungen wie in der Vergangenheit bedurfte. Anfang Dezember veranlaßte ihn der japanische Angriff auf Pearl Harbor, den Vereinigten Staaten den Krieg zu erklären; damit beruhigte er seinen Verbündeten und drückte seinen Willen zum Kampf mit einem Gegner aus, dessen Eingreifen er für unausweichlich hielt. Er befand sich jetzt in derselben Lage wie das kaiserliche Deutschland, einer Lage, die er immer hatte vermeiden wollen, weil er ihre tödliche Gefahr erkannt hatte.

Zu diesem Zeitpunkt war die Vernichtungsmaschinerie in Gang gekommen. Hitler hatte freilich nicht den Kriegseintritt der Vereinigten Staaten abgewartet, um sie zu starten. Der Beschluß war

Folge einer mörderischen Wut, die sich in dem Maße gesteigert hatte, in dem Hitler das Scheitern des Ostkrieges und das Mißlingen seiner ganzen Unternehmung erkannte. Seit August wußte er, daß ein Endsieg im Osten vor Einbruch des Winters wenig wahrscheinlich war und daß der Krieg im folgenden Jahr weitergehen würde. Gleichzeitig wurde der britische Widerstand stärker und die amerikanische Intervention wahrscheinlicher. Vielleicht unterschätzte er die Hindernisse, die sie noch hätten aufhalten können, aber wichtig ist nur das Gefühl, das er von einem künftig unabwendbaren Geschehen hatte. Unter diesen Bedingungen brauchte er nicht zu warten, bis der Krieg formell ein Weltkrieg geworden war.

Seit seinem Eintritt in die Politik hatte er über dem Gedanken eines Scheiterns gebrütet und seinen Beschluß gefaßt. Er kannte die Gefahr, und er erkannte sie, als sie sich zeigte: als ein langer Krieg, an dessen Ende das Schreckgespenst der Niederlage wartete. Als er Mitte September 1941 beschloß, die Juden zu töten, hielt er seine Niederlage sicherlich noch nicht für unabwendbar. Aber er spürte, daß er viel Glück brauchte, um in dieser Lage noch zu siegen, und er sah ganz gewiß, welchen Preis er würde zahlen müssen, um nicht besiegt zu werden. Der Tod der Juden stellte demnach gleichermaßen eine Opfergabe und einen Racheakt dar. Indem er diejenigen tötete, die er für seine eigentlichen Feinde hielt – wobei es bei seiner Besessenheit wenig ausmachte, daß seine Feinde unbewaffnete und ohnmächtige Menschen waren –, zeigte er seine Entschlossenheit zum Kampf bis zum bitteren Ende; mit dieser Art Opfertod der Juden legte er sich fanatisch fest, um den Sieg zu erringen oder bis zum Tod zu kämpfen. Gleichzeitig und vor allem sühnte er das vergossene deutsche Blut, er rächte sich im voraus für die sich abzeichnende deutsche Niederlage an jenen, die er in seinem antisemitischen Wahn für die Schuldigen hielt; und dieses Rachewerk führte er dann um so erbitterter durch, je mehr sich seine Lage verschlechterte und er sich einem apokalyptischen Ende näherte.

Schluß

Seit einem halben Jahrhundert lastet die »Endlösung« auf dem Gewissen Europas. Ob man sie leugnet, ob man ihrer gedenkt, ob man ihre Einzigartigkeit zu ermessen versucht – sie beschäftigt den Geist, und sie dringt ins Herz.[1] Sie zieht auch weiterhin das Interesse des Historikers auf sich, der die doppelte Aufgabe hat, das Geschehen in seinen verschiedenartigen Dimensionen zu rekonstruieren und sein Wesen zu begreifen. Für die erste dieser Aufgaben reichen die Mittel seines Fachs, auch wenn in Anbetracht der Quellenlage die diversen Rekonstruktionen sich in Stimmigkeit und Wahrscheinlichkeit nur graduell voneinander unterscheiden können. Für die zweite Aufgabe dagegen scheint die Reflexion hoffnungslos unzureichend zu sein: Das Geschehen bleibt zu einem großen Teil rätselhaft durch seine Massivität und seine Heterogenität. Wie Saul Friedländer schrieb, entspringt die »Ohnmacht des Historikers aus der Gleichzeitigkeit und der Wechselwirkung von vollkommen heterogenen Phänomenen: messianischem Fanatismus und bürokratischen Strukturen, pathologischen Impulsen und behördlichen Verordnungen, archaischen Einstellungen und einer hochentwickelten Industriegesellschaft«.[2]

Die Ermordung der europäischen Juden war ein Unternehmen, an dem unzählige Menschen in ganz Europa beteiligt waren. Vom Diensteifer bis zum Komplizentum, von der Zustimmung bis zur Gleichgültigkeit trug alles zu ihrer Verwirklichung bei. Die Maschinerie funktionierte, nachdem sie einmal gestartet war, nach dem Trägheitsprinzip: Das Verbrechen war zu einem großen Teil die Tat von Bürokraten. Jeder erledigte seine Aufgabe, indem er sich auf das ihn betreffende Glied der Kette konzentrierte, einer Kette, an deren Ende der Tod selbst verwaltet wurde. Aber auch wenn die »Endlösung« in ihrer Verwirklichung, direkt und indirekt, eine anonyme, kalte und in Abschnitte gegliederte Angelegenheit blieb: Ein Mann, der erfüllt war von der tiefsten Überzeugung, spielte eine unverwechselbare Rolle dabei, sie in Gang zu setzen und sie in Schwung zu halten. Auf dem Gebiet der Vernichtung hatte Hitler das letzte Wort und war die eigentliche Triebkraft.

Im Mai 1942 schrieb Greiser an Himmler, um ihm mitzuteilen, daß die Vernichtung der Juden des Warthelandes kurz vor dem Abschluß stehe; er würde jetzt gern das gleiche Schicksal den rund 30 000 an Tuberkulose erkrankten Polen bereiten. Himmlers Adjutant antwortete ihm am 14. Mai 1942, sein Vorschlag sei Heydrich zur Stellungnahme unterbreitet worden, aber »der letzte Entscheid muß ja in dieser Angelegenheit vom Führer gefällt werden«.[3] Es wäre verwunderlich, wenn es bei dem Los von Millionen Juden anders gewesen wäre.

Ob die »Endlösung« stattgefunden hätte, wenn Hitler im Sommer 1941 gestorben wäre? Ohne ihn hätte der letzte Impuls wahrscheinlich gefehlt. Die Juden hätten in einem von Göring, Goebbels oder Himmler geführten Europa gelitten. Die Politik der Diskriminierung wäre auch ohne ihn verfolgt, es wären Gewalttaten begangen worden, vielleicht sogar in großem Umfang. Zum Völkermord jedoch bedurfte es des Anstoßes durch Hitler, eines Anstoßes, der eine lange Vorgeschichte hatte. Hitler stolperte nicht versehentlich in die Vernichtung hinein. Er entschied sich auch nicht als letztes Mittel dafür, weil alle anderen »Lösungen« gescheitert waren. Und er vernichtete die Juden nicht, um ein Programm zu vollenden, das er sich fest und für jeden Fall vorgenommen hatte.

Sein Antisemitismus hatte ihm zugleich Orientierungen und Problemlösungen vorgegeben, deren Gesamtheit zwar weniger als ein Programm, aber mehr als eine schlichte Obsession war. Diese Elemente reichten aus, um sein Handeln anzuregen und zu lenken, auch wenn sie ziemlich verschwommen waren. Spätestens seit dem Ende der dreißiger Jahre hat Hitler in zwei Richtungen gedacht, die seine Haltung bestimmten: Er suchte

Schluß

nach einer territorialen Lösung der Judenfrage für den Fall des Sieges und schwor radikale Rache für den Fall der Niederlage. Zwischen diesen zwei politischen Linien, die beide darauf abzielten, Europa von den Juden zu »befreien«, gab es keine scharfe Trennung; die eine war mit der Weiterführung der anderen verknüpft. Die Konzentration in einem Reservat hätte eine beträchtliche Dezimierung der jüdischen Bevölkerung bedeutet. Darin jedoch hätten die Juden nur das Schicksal der slawischen Völker Osteuropas geteilt, deren Deportation nach Sibirien Millionen Tote gekostet hätte. Die Vernichtung war nur eine andere Methode, die Juden aus Europa verschwinden zu lassen. Aber es gab eine Schwelle zwischen der einen und der anderen: Ehe Hitler sie überwinden konnte, mußte die Situation eintreten, die er immer befürchtet hatte, und er mußte auch den Eindruck haben, daß das Unternehmen durchführbar war.

Im Sommer 1940, auf dem Höhepunkt seiner Erfolge, war er noch bereit, die Juden nach Übersee zu schicken. Während er – seines Sieges sicher – den Rußlandfeldzug vorbereitete, unternahm er nichts gegen sie. Als der Feldzug jedoch eine unerwartete Wendung nahm, erkannte er die aufkommende Gefahr mit einer Schärfe, die er einer langen inneren Vorbereitung verdankte. Bei dieser Konstellation wußte er, woran er war. Es bedurfte keiner Radikalisierung; im Gegenteil, seine Haltung war erschreckend festgelegt. Es war die Haltung eines Mannes, der die Möglichkeit seines Scheiterns immer mitbedacht und die entsprechende Antwort vorbereitet hatte.

Doch selbst wenn diese Antwort feststand und keiner Radikalisierung bedurfte, so mußte Hitler sie doch in die Tat umsetzen; er mußte entscheiden, von welchem Punkt an die Dinge wirklich eine Wendung zum Schlechteren nahmen. Die sowjetischen Juden fielen der Wut zum Opfer, die in ihm wuchs, während er seinen Weg suchte, bestätigt durch die mörderischen Regungen seiner Gefolgschaft. Zu einem ganz bestimmten Zeitpunkt, wahrscheinlich im September 1941, wagte er den Sprung. Ihm war klargeworden, daß der Krieg länger als erwartet dauern würde. Mit der Entscheidung zur Vernichtung der Juden riß er die Initiative wieder an sich, die ihm auf militärischem Gebiet schon zu entgleiten drohte. Angesichts des zu erwartenden Scheiterns seines Hegemoniebestrebungen brach er alle Brükken hinter sich ab und beschloß, die für seinen Mißerfolg Verantwortlichen zu vernichten; von nun an würde er den militärischen Kampf und den Massenmord an Unschuldigen unerschütterlich vorantreiben, und wenn Deutschland dabei in Trümmern gehen sollte.

Die sich zu Beginn des Herbstes 1941 abzeichnende Verlängerung des Krieges ließ ihn zu seinem Entschluß kommen. Doch erst der Übergang zum totalen Krieg machte dessen Durchführung möglich. In dem gesamten System setzten Männer, die von sich aus und unter anderen Umständen ein solches Unternehmen nicht betrieben oder geduldet hätten, den Beschluß eifrig in die Tat um oder duldeten sie. Die Wehrmacht war mit schlechtem Beispiel vorangegangen: Gegenüber dem unerbittlichen Widerstand des sowjetischen Feindes machte sie sich eine Haltung zu eigen, die zu unkontrolliertem Morden führte. In der deutschen Bevölkerung ließen die Leiden und Nöte das normale menschliche Empfinden abstumpfen, während die Unterdrückung durch das Regime immer stärker wirkte. Die Kirchen, die einst gegen die »Euthanasie« protestiert hatten, schwiegen zur Deportation der Juden.

Dadurch, daß der Krieg sich in die Länge zog, wurden nicht nur die ideologischen Elemente verschärft, vor allem der Antikommunismus, den die deutschen Eliten mit dem Kern des Regimes teilten. Der Krieg verstärkte nicht nur allenthalben die moralische Gleichgültigkeit, die vielleicht die wirksamste Unterstützung für die »Endlösung« war. Er radikalisierte auch bei den überzeugten Nationalsozialisten eine ideologische Ader, die Hitler sehr gut zu nutzen verstand und die dazu diente, ihren Willen zu stärken und ihr Handeln zu rechtfertigen. Deutsche vergossen ihr Blut; es bestand die Gefahr, daß die Juden ihrerseits den

Krieg überlebten und zu Siegern würden. Diese Vorstellung steckte, wie wir gesehen haben, im Zentrum von Hitlers Weltanschauung, sie weckte sein Racheverlangen. So erklärte er in einer Rede, die er am 30. Januar 1942 in Berlin hielt, nach Wiederholung seiner Prophezeiung: »Zum erstenmal werden nicht andere allein verbluten, sondern zum erstenmal wird diesesmal das echt altjüdische Gesetz angewendet: ›Aug' um Aug', Zahn um Zahn‹!«[4]

Hitler war abermals der rechte Mann am rechten Ort. Er weckte mit seinem Willen zur Vernichtung der Juden den mörderischen Haß, der in seinen Parteigenossen glühte, einen Haß, der, wäre er sich selbst überlassen geblieben, vermutlich die Stufe der Pogrome nicht überschritten hätte. Goebbels entrüstete sich seit dem 18. August 1941 darüber, daß die Deutschen nicht nur Krieg führen, sondern auch noch »die parasitären Juden« ernähren müßten, »die nur auf unsere Niederlage warten«. Am 26. August notierte er, daß in dieser Zeit, wo Deutschland um sein Leben kämpfte, er den Juden schon »alle Möglichkeiten abschneiden« würde, »am Kriege zu verdienen oder überhaupt vom Krieg ungeschoren zu bleiben«.[5] Als am 16. Dezember 1941 Hans Frank seinen Mitarbeitern den Beschluß zur Tötung der Juden bekanntgab, erklärte er, als »alter Nationalsozialist« müsse er sagen, wenn die Juden in Europa den Krieg überleben würden, »wir aber unser bestes Blut für die Erhaltung Europas geopfert hätten«, dann würde dieser Krieg doch nur einen Teilerfolg darstellen.[6] Frank ging hier noch vom deutschen Endsieg aus: Wieviel mehr mußte sich ein Massenmord aufdrängen, wenn statt dessen eine Niederlage bevorstand. Nach dem Krieg sollte der Assistent von Adolf Eichmann, Frank Novak, bei seinem Prozeß zur Rechtfertigung der Ermordung der Juden erklären, daß »im Zuge des Krieges unzählige Deutsche an der Front und in der Heimat ums Leben kamen, während die Juden, die nicht einrücken mußten, ungeschoren durchkämen«.[7]

Diese Vorstellung stammte unverändert aus dem Jahr 1918, aus den Klischees und Einstellungen, die das Trauma der Niederlage in der deutschen extremen Rechten verankert hatte. Die Juden, ein Volk von Feiglingen, führten keine Kriege; als Volk von Kriegsgewinnlern trieben sie die anderen dazu, sich gegenseitig umzubringen, damit sie sich um so leichter die Herrschaft sichern könnten; als satanisches Volk hatten sie die ganze Welt gegen Deutschland vereint und sich die Vernichtung des deutschen Volkes auf die Fahnen geschrieben. Die zerstörerische Kraft dieser Anschauung wurde noch gesteigert durch die biologistische Weltsicht der Nationalsozialisten, die dem deutschen Blut, seiner Erhaltung und seiner Vermehrung eine besondere Bedeutung zumaß. Der archaische Trieb des Blutes, das nach Rache schrie, fand in ihrer rassistischen Weltanschauung eine moderne Nachfolge.

Die Vernichtung traf die Juden, weil sie alles verkörperten, was als abscheulich und gefährlich galt: Liberalismus und Demokratie, Materialismus und Hedonismus, nicht zu vergessen Marxismus, der die heftigsten Reaktionen hervorrief. Dennoch ist es falsch, den Antibolschewismus mehr als den Antisemitismus als treibende Kraft bei der »Endlösung« anzusehen.[8] Der Haß der Nationalsozialisten auf den Kommunismus, seine Gleichstellung mit dem Judaismus erklärt sicher die Brutalität ihres Vorgehens in den ersten Wochen des Rußlandfeldzugs ebenso wie die erneute Radikalisierung dieser Brutalität, als die Kämpfe eine unerwartete Negativwendung nahmen. Aber die Verlängerung des Krieges im Osten allein führte nicht zur Vernichtung der europäischen Juden. Der amerikanische Faktor war genauso entscheidend: Die Schwierigkeiten im Osten förderten die Wahrscheinlichkeit eines Eintritts der Vereinigten Staaten in den Krieg und damit schließlich einer Niederlage des Deutschen Reiches.

Im Sommer 1941 sah sich Hitler durch die Annäherung, die sich zwischen der Sowjetunion und den angelsächsischen Ländern anbahnte, einer weltweiten Koalition gegenüber, die er ebenfalls den Juden zuschrieb. Die Vernichtung derjenigen, die in seiner Macht waren, war also mehr als die Frucht seines

Antibolschewismus. Sie war das monströse Produkt seines Hasses auf einen »Weltfeind«, der die gegensätzlichen Züge des Kapitalismus und des Bolschewismus trug und der jetzt die Masken fallenließ, um seine teuflische Einheit zu enthüllen. Die europäischen Juden ereilte damit ihr Schicksal, unerbittlich wie in einer Tragödie. Europa konnte nur durch den sowjetischen Widerstand und die amerikanische Intervention vom nationalsozialistischen Joch befreit werden; aber die Erweiterung zum Weltkrieg war auch das Todesurteil für die europäischen Juden. Die Befreiung Europas wurde mit dem Leben der Juden bezahlt.

Danksagung

Mein Dank gilt den vielen Mitarbeiterinnen und Mitarbeitern der Archive, die ich bei den Vorbereitungen für dieses Buch aufgesucht habe, insbesondere Alfred Streim und Willi Dreßen von der Zentralen Stelle der Landesjustizverwaltungen zur Verfolgung von NS-Verbrechen, Ludwigsburg. Einen ganz besonderen Dank sage ich Sarah Halperyn und Widar Jacobsen vom Centre de documentation juive contemporaine, Paris; in all den Jahren ist mir ihr freundlicher Empfang und ihre Sachkompetenz zugute gekommen.

Abkürzungen

ADAP	Akten zur deutschen auswärtigen Politik
BAK	Bundesarchiv Koblenz
BA-MA	Bundesarchiv-Militärarchiv, Freiburg i. Br.
CDJC	Centre de documentation juive contemporaine, Paris
EM	Ereignismeldung
HSSPF	Höherer SS- und Polizei-Führer
IHTP	Institut d'histoire du temps présent, Paris
IMT	Internationales Militärtribunal, Nürnberg
PA-AA	Politisches Archiv des Auswärtigen Amtes, Bonn
RSHA	Reichssicherheitshauptamt
VfZ	Vierteljahreshefte für Zeitgeschichte
ZStL	Zentrale Stelle der Landesjustizverwaltungen zur Verfolgung von NS-Verbrechen, Ludwigsburg

Anmerkungen

Einführung

1 Raul Hilbergs Werk *Die Vernichtung der europäischen Juden*, in der durchgesehenen und erweiterten Auflage (deutsch: Frankfurt 1990), ist zum Standardwerk geworden. Ich mache jedoch folgende Einschränkung: Hilberg interessiert sich vor allem für die Art und Weise, in der der Genozid durchgeführt wurde. Er bietet ein Schema an: Um die Juden zu töten, mußte man sie definieren, sie enteignen, sie konzentrieren, sie deportieren. Das ist logisch und richtig, aber das Problem ist, daß er die Dinge so darstellt, als hätte sich die historische Entwicklung an ein logisches Schema gehalten. Deshalb mißt er der Bürokratie die Rolle der treibenden und determinierenden Kraft bei, die, nachdem sie ihre Verfolgungsarbeit einmal begonnen hatte, ihren Lauf nicht mehr hätte stoppen können, bevor die Vernichtung vollendet war. Daher auch nur auf wenigen Seiten am Anfang des Kapitels über die Deportationen (S. 411 ff.) der Verweis auf die nationalsozialistische Politik der Auswanderung und der »Judenreservate«: als habe es sich nur um kurze und nicht wirklich ernstgemeinte Abweichungen von der geraden Linie gehandelt, die zum Massenmord führte.
2 Vgl. z. B. Karl Dietrich Bracher, *Die deutsche Diktatur. Entstehung, Struktur, Folgen des Nationalsozialismus* (Köln 1969); Eberhard Jäckel, *Hitlers Weltanschauung* (Stuttgart 1983); Lucy S. Dawidowicz, *Der Krieg gegen die Juden 1933–1945* (München 1975); Gerald Fleming, *Hitler und die Endlösung* (Wiesbaden und München 1982); Helmut Krausnick, »Judenverfolgung«, in *Anatomie des SS-Staates*, Bd. 2 (München 1967).
3 Zu diesen Historikern, die die Position von Ernst Fraenkel (*Der Doppelstaat*, Frankfurt u. Köln 1974, englische Ausgabe Oxford 1941) und Franz Neumann (*Behemoth: Struktur und Praxis des Nationalsozialismus 1933–1944*, Köln 1977, 1. engl. Aufl. 1944) übernahmen, gehören z. B. Martin Broszat (*Der Staat Hitlers, Grundlegung und Entwicklung seiner inneren Verfassung*, 8. Aufl. München 1979); Karl A. Schleunes, *The Twisted Road to Auschwitz. Nazi Policy Toward the German Jews* (Urbana/Ill. 1970); Uwe Dietrich Adam, *Judenpolitik im Dritten Reich* (Düsseldorf 1972). Auch bei Joseph Billig (*Die Endlösung der Judenfrage*, New York 1979) findet man eine Auffassung, die Hitlers Unentschlossenheit und die Vorreiterrolle seiner Anhänger beim Genozid unterstreicht. Léon Poliakov (*Bréviaire de la haine*, Paris 1951) meint ebenfalls, daß

Hitler nicht vorhatte, die Juden zu vernichten: Die Nationalsozialisten seien »irgendwie ungewollt, gedrängt, mitgerissen von den Geistern, die sie gerufen hatten« (S. 3-4), zum Genozid gekommen.

4 So der Titel eines 1946 erschienenen Buches von Walter Petwaidic, *Die autoritäre Anarchie* (Hamburg 1946).

5 Vgl. Martin Broszat, »Hitler und die Genesis der ›Endlösung‹«, *VfZ*, 4, 1977, S. 739–775; Hans Mommsen, »Die Realisierung des Utopischen: Die ›Endlösung der Judenfrage‹ im ›Dritten Reich‹«, *Geschichte und Gesellschaft*, 3, 1983, S. 381–420.

6 Zur Diskussion zwischen den zwei Strömungen vgl. die in *L'Allemagne nazie et le Génocide juif* (Paris 1985) und *Der Mord an den Juden im Zweiten Weltkrieg*, hrsg. v. E. Jäckel und J. Rohwer (Frankfurt 1987) veröffentlichten Tagungsbeiträge sowie die des Pariser Symposiums vom Dezember 1987 *La Politique nazie d'extermination* (Paris 1989). Vgl. auch Michael R. Marrus, *Holocaust in History* (London 1987), und allgemeiner Ian Kershaw, *Der NS-Staat. Geschichtsinterpretationen und Kontroversen im Überblick* (Reinbek 1988).

7 Saul Friedländer hat diese zentrale Rolle Hitlers betont, vor allem in dem grundlegenden Artikel »From Antisemitism to Extermination«, *Yad Vashem Studies*, XVI, 1984, S. 1–50.

8 Vgl. Eberhard Jäckel: *Hitler in History* (Hanover [USA] und London 1984), S. 44–65; und *Hitlers Herrschaft* (Stuttgart 1986), S. 89–122. Vgl. auch Sebastian Haffner, *Anmerkungen zu Hitler* (Frankfurt 1982), S. 140/41.

9 Vgl. von Christopher Browning besonders *Fateful Months. Essays on the Emergence of the Final Solution* (New York 1985).

10 Arno Mayer, *Der Krieg als Kreuzzug. Das Deutsche Reich, Hitlers Wehrmacht und die »Endlösung«* (Reinbek 1989).

1. Hitlers Antisemitismus

1 Detlef Grieswelle, *Hitlers Rhetorik in der Weimarer Zeit* (Diss. Saarbrücken 1969), S. 356–358.

2 Vgl. Hermann Rauschning, *Gespräche mit Hitler* (Zürich 1940), S. 38 ff., 128 ff. Wie viele andere Historiker halte ich die Aussagen Rauschnings in den großen Linien für akzeptabel. Zu den politischen und gesellschaftlichen Aspekten der Hitlerschen Ideologie vgl. Rainer Zitelmann, *Hitler. Selbstverständnis eines Revolutionärs* (Hamburg 1987).

3 Adolf Hitler, *Sämtliche Aufzeichnungen 1905–1924,* hrsg. von Eberhard Jäckel und Axel Kuhn (Stuttgart 1980), Nr. 578, S. 1025–26.

4 Adolf Hitler, *Mein Kampf* (76. Aufl. München 1933), S. 279–280 u. 447.

5 Ebd., S. 275/76, 446–48.

6 Ebd., S. 782.

7 Ebd., S. 247. Zum Einfluß des Ersten Weltkrieges auf Hitler vgl. Rudolph

Binion, »... *Daß ihr mich gefunden habt.*« *Hitler und die Deutschen*. Eine Psychohistorie (Stuttgart 1978), sowie sein anregender Artikel »Der Jude ist weg. Machtpolitische Auswirkungen des Hitlerschen Rassengedankens«, in: *Die deutsche Frage im 19. und 20. Jahrhundert*, hrsg. von J. Becker und A. Hillgruber (München 1983), S. 347–372.
8 Sämtliche Aufzeichnungen, a. a. O., Nr. 566, S. 1003; *Mein Kampf*, a. a. O., S. 186, 588/89, 771/72.
9 *Mein Kampf*, a. a. O., S. 775.
10 Ebd., S. 69.
11 Ebd., S. 225.
12 Ebd., S. 743.
13 *Sämtliche Aufzeichnungen*, a. a. O., Nr. 103, S. 138; Nr. 109, S. 148; Nr. 113, S. 153.
14 Ebd., Nr. 388, S. 644. Diese Aspekte hat E. Jäckel bereits hervorgehoben (*Hitlers Weltanschauung*, a. a. O., S. 71).
15 *Mein Kampf*, a. a. O., S. 751.
16 Vgl. z. B. *Sämtliche Aufzeichnungen*, a. a. O., Nr. 173, S. 276; *Mein Kampf*, a. a. O., S. 358.
17 Victor Klemperer: *LTI* [Lingua Tertii Imperii] (Leipzig 1966, 1. Aufl. 1946), S. 71.
18 *Sämtliche Aufzeichnungen*, a. a. O., Nr. 61, S. 89/90.
19 Zum Beispiel ebd., Nr. 91, S. 120; Nr. 98, S. 128.
20 BAK, *NS 26/55*. Rede vom 7. 12. 1928, S. 33.
21 Das forderte er am 18. 9. 1922. *Sämtliche Aufzeichnungen*, a. a. O., Nr. 405, S. 690.
22 Rauschning, *Gespräche mit Hitler*, a. a. O., S. 223.
23 *Sämtliche Aufzeichnungen*, a. a. O., Nr. 421, S. 727 (13. 11. 1922).
24 Otto Wagener, *Hitler aus nächster Nähe. Aufzeichnungen eines Vertrauten* (Kiel 1987), S. 223.
25 William Carr, *Adolf Hitler. Persönlichkeit und politisches Handeln* (Stuttgart 1980), Anm. 25, S. 230.
26 *Mein Kampf*, a. a. O., S. 738.
27 Das zeigt sich exemplarisch in einer Rede Hitlers vom 29. April 1937, vgl.: *Es spricht der Führer. Sieben exemplarische Reden*, hrsg. v. Hildegard von Kotze und Helmut Krausnick (Gütersloh 1966), S. 147–148.
28 Vgl. Stephen Wilson, *Ideology and Experience. Antisemitism in France at the Time of the Dreyfus Affair* (London 1982).
29 Diese Kritik scheint mir das Buch von Jäckel hervorzurufen, *Hitlers Weltanschauung*, a. a. O.
30 *Mein Kampf*, a. a. O., S. 185 u. 186.
31 Ebd., S. 772.
32 *Ohne Maske. Hitler – Breiting. Geheimgespräche 1931*, hrsg. v. Edouard Calic (Frankfurt 1968), S. 94/95. Zu diesem Buch und seinem Herausge-

ber vgl. *Reichstagsbrand. Aufklärung einer historischen Legende*, v. Uwe Backes et al. (München 1986).
33 Zu diesem letzten Zitat (einer Rückübersetzung aus dem Französischen) vgl. *Le IIIe Reich et les Juifs*, hrsg. vom Comité pour la défense des droits des Juifs (Antwerpen 1933), S. 94. Zu den anderen Beispielen vgl. *Die Stellung der NSDAP zur Judenfrage*, hrsg. vom Centralverein deutscher Staatsbürger jüdischen Glaubens (Berlin o. J.).
34 Aus einem Artikel des *Judenkenner* (Berlin) vom 27. Oktober 1935, zitiert nach H. G. Adler, *Der verwaltete Mensch* (Tübingen 1974), S. 60. Vgl. dazu auch Herbert A. Strauss, »Hostages of ›World Jewry‹. On the Origins of the Idea of Genocide in German History«, *Holocaust and Genocide Studies*, 1988/2, S. 125–136.

2. Die Auswanderungspolitik 1933–1939

1 Adam, *Judenpolitik im Dritten Reich*, a. a. O., S. 28–33.
2 *Die Tagebücher von Joseph Goebbels*, hrsg. v. Elke Fröhlich (München 1987), I/2, S. 398.
3 Helmut Genschel, *Die Verdrängung der Juden aus der Wirtschaft im Dritten Reich* (Göttingen 1966), S. 56.
4 *Akten der Reichskanzlei. Regierung Hitler 1933–1938* (Boppard 1983), Teil I, Dok. 193, S. 677.
5 Genschel, a. a. O., S. 47.
6 Eliahu Ben Elissar, *La Diplomatie du IIIe Reich et les Juifs. 1933–1939* (Paris 1968), S. 38.
7 *Akten der Reichskanzlei*, a. a. O., Dok. 193, S. 675.
8 Ebd., Dok. 180, S. 631–33.
9 Genschel, a. a. O., S. 81–82.
10 Vgl. Gisela Bock, *Zwangssterilisation im Nationalsozialismus* (Opladen 1986).
11 Ben Elissar, a. a. O., S. 150–55.
12 Schleunes, *The Twisted Road to Auschwitz. Nazi Policy toward the German Jews*, a. a. O., S. 178–180.
13 Ben Elissar, a. a. O., S. 85 ff.
14 Genschel, a. a. O., S. 109.
15 *Die Tagebücher von Joseph Goebbels*, a. a. O., I/2, S. 488.
16 Genschel, a. a. O., S. 114. Zu den ungeordneten Umständen, unter denen diese Gesetze formuliert wurden, vgl. Lothar Gruchmann, »Blutschuldgesetz und Justiz. Zur Entstehung und Wirkung des Nürnberger Gesetzes vom 15. September 1935«, VfZ, Juli 1983, S. 418–42.
17 »Bericht des mit der Führung der Geschäfte beauftragten SS-Sturm-

manns Dr. Schlösser über die Besprechung im Rassenpolitischen Amt vom 25. 9. 1935«, BAK, NS 2/143.
18 »Das Reichsministerium des Inneren und die Judengesetzgebung«, VfZ, Juli 1961, S. 281.
19 Adam, a. a. O., S. 135 ff.
20 Die Tagebücher von Joseph Goebbels, a. a. O., I/2, S. 520, 537, 540.
21 Die Ansicht von Schleunes, daß Hitler in diesen Jahren eine »schwankende und unentschlossene« Rolle gespielt hätte, scheint mir übertrieben (a. a. O., S. 131).
22 Vgl. Die Tagebücher von Joseph Goebbels, a. a. O., I/2, S. 504 (19. 8. 1935); S. 618 (29. 5. 1936); S. 727 (15. 11. 1936).
23 Ebd., I/3, S. 55 (23. 2. 1937).
24 Ebd., I/3, S. 351 (30. 11. 1937).
25 BAK, R 18/5514. »Vermerk über die Besprechung am 29. September 1936«.
26 Aufzeichnung Clodius, 27. 1. 38, ADAP D/5, Nr. 579. Vgl. auch Ben Elissar, a. a. O., S. 216, 219 ff.
27 Ben Elissar, a. a. O., S. 183/84.
28 Adam, a. a. O., S. 161/62; Genschel, a. a. O., S. 142, Anm. 9.
29 Herbert Rosenkranz, Verfolgung und Selbstbehauptung. Die Juden in Österreich 1938–1945 (Wien 1978), S. 27.
30 Genschel, a. a. O., S. 150.
31 Rosenkranz, a. a. O., S. 106.
32 Genschel, a. a. O., S. 150.
33 Ebd., S. 168–72.
34 Die Tagebücher von Joseph Goebbels, a. a. O., I/3, S. 452 (11. 6. 1938).
35 Ebd., I/3, S. 490 (25. 7. 1938).
36 Ben Elissar, a. a. O., S. 284 ff.
37 Krausnick, »Judenverfolgung«, Anatomie des SS-Staates, a. a. O., Bd. 2, S. 276. Vgl. auch Hermann Graml, Reichskristallnacht. Antisemitismus und Judenverfolgung im Dritten Reich (München 1988) und Der Judenpogrom 1938. Von der »Reichskristallnacht« zum Völkermord, hrsg. v. Walter H. Pehle (Frankfurt 1988).
38 »Stenographische Niederschrift von einem Teil der Besprechung über die Judenfrage (...)«, IMT, Bd. XXVIII, S. 499, PS 1816.
39 Adam, a. a. O., S. 217.
40 David Bankier, »Hitler and the Policy-Making Process on the Jewish Question«, Holocaust and Genocide Studies, Bd. 3, Nr. 1, S. 6. Bankier zeigt in überzeugender Weise die ständige Aufmerksamkeit Hitlers und seine vielen Eingriffe in die antijüdische Politik des Regimes.
41 Adam, a. a. O., S. 218/219, spricht in diesem Zusammenhang von Hitler als einem »überlegenen Taktiker«.
42 Ben Elissar, a. a. O., S. 383 ff.

43 Avraham Barkai, *Vom Boykott zur ›Entjudung‹. Der wirtschaftliche Existenzkampf der Juden im Dritten Reich 1933–1943* (Frankfurt 1987), S. 156; Rosenkranz, a. a. O., S. 227.
44 ADAP, D 4, Dok. 271, S. 293.
45 Lipski zu Beck, 20. 9. 1938, Dok. 99 in Jozef Lipski, *Diplomat in Berlin. 1933–1939,* hrsg. von W. Jadrzejewicz (New York 1968), S. 411.
46 Ben Elissar, a. a. O., S. 411 ff.
47 ADAP, D 5, Dok. 119 (5. 1. 1939), S. 131.
48 ADAP, D 4, Dok. 158 (21. 1. 1939), S. 170/71.
49 *Dokumente der deutschen Politik,* Teil 7, Bd. 2 (Berlin 1941) S. 476–79.
50 Ebd., S. 478.
51 Die große Mehrheit der Historiker berichtet über diese Rede Hitlers, als ob er die Vernichtung mit dem Kommen des Krieges ganz allgemein verknüpft hätte. Er sprach aber vom Weltkrieg, und er dachte an etwas anderes als den europäischen Krieg, der ein paar Monate später beginnen sollte. Halten wir fest, daß seit dem Herbst 1938 einige seiner Anhänger von einer Abrechnung mit den Juden für den Fall eines Krieges sprachen; das erklärte vor allem Göring am 12. November 1938. Hitler hatte seine Entscheidung wahrscheinlich vor seinen Paladinen dargelegt, und diese interpretierten etwas verschwommen, aber entsprechend der am Schluß des ersten Kapitels festgestellten Haltung.
52 IMT, Bd. 32, PS-3358; Bd. 41, Streicher-8.

3. Die Suche nach einer territorialen Lösung 1939–1941

1 Eugen Kogon, Hermann Langbein und Adalbert Rückerl, *Massentötungen durch Giftgas* (Frankfurt 1983); ebenso Ernst Klee,»*Euthanasie«* im *Dritten Reich* (Frankfurt 1983).
2 ADAP, D/1, Dok. 19, S. 30.
3 Gerhard Eisenblätter, *Grundlinien der Politik des Reiches gegenüber dem Generalgouvernement, 1939–1945* (Phil. Diss. Frankfurt 1969), S. 29–30.
4 Vgl. Helmut Krausnick, *Hitlers Einsatzgruppen* (Frankfurt 1985).
5 Martin Gilbert, *Endlösung. Die Vertreibung und Vernichtung der Juden. Ein Atlas* (Reinbek 1982), S. 33 (Karte 29).
6 BAK, *R 58/825,*»Amtschefbesprechung am 14. 9. 39«, S. 2;»Amtschef- und Einsatzgruppenleiterbesprechung«, ebd., S. 3.
7 »Schnellbrief an die Chefs aller Einsatzgruppen der Sipo«, 21. 9. 1939. *Faschismus – Getto – Massenmord,* hrsg. v. Jüdischen Historischen Institut Warschau (Berlin 1961), S. 37, Dok. 1.
8 Vgl. neuerdings noch Graml, *Reichskristallnacht,* a. a. O., S. 192.
9 BAK, *R 58/825,*»Amtschefbesprechung am 29. 9. 39«.
10 In einem Rundschreiben vom 30. September an die Leiter der Einsatz-

gruppen erinnerte er an die Gefahr, daß die Juden sich, wenn sie gewarnt würden, verstecken könnten. Ebd. Vgl. auch Seev Goshen, »Eichmann und die Nisko-Aktion im Oktober 1939«, VfZ, Januar 1981, S. 81–82.
11 *Das politische Tagebuch Alfred Rosenbergs*, hrsg. v. H. G. Seraphim (München 1964), S. 99.
12 *Der großdeutsche Freiheitskampf. Reden Adolf Hitlers* (München 1941), Bd. 1, S. 95.
13 Am 1. 9. 1939 vor dem Reichstag, ebd., S. 26 (und S. 35, 99, 126). Vgl. auch die Rede Hitlers vom 23. 11. 1939 vor den Oberbefehlshabern, *Lagevorträge des Oberbefehlshabers der Kriegsmarine vor Hitler 1939–1945*, hrsg. v. G. Wagner (München 1972), S. 54.
14 *Der großdeutsche Freiheitskampf*, a. a. O., S. 35, 3. 9. 1939.
15 *Die Tagebücher von Joseph Goebbels*, a. a. O., I/4, S. 150.
16 IMT, Bd. 26, PS-864.
17 Andreas Hillgruber (Hrsg.), *Staatsmänner und Diplomaten bei Hitler* (Frankfurt 1967), Dok. 1, S. 29/30.
18 Krausnick, a. a. O., S. 57.
19 ADAP, D 8, Dok. 419 u. 477. – *Das Diensttagebuch des deutschen Generalgouverneurs in Polen, 1939–1943*, hrsg. v. Werner Präg u. Wolfgang Jacobmeyer (Stuttgart 1975), S. 82.
20 Goshen, a. a. O.; Jonny Moser, »Nisko: the First Experiment in Deportation«, *Simon Wiesenthal Center Annual*, II, 1985, S. 1–30.
21 IMT, Bd. 36, EC-305, »Sitzung über Ostfragen unter dem Vorsitz des Ministerpräsidenten Generalfeldmarschall Göring«.
22 CDJD. CLXXXVI-21, »Endlösung des deutschen Judenproblems«, 19. 12. 1939. Der Ausdruck findet sich bereits in einem Memorandum vom 11. 10. 1939, das der Beauftragte für Judenfragen im Stabe Bürckels in Wien entworfen hatte (Gerhard Botz, *Wohnungspolitik und Judendeportation in Wien 1938 bis 1945*, Wien-Salzburg 1975, S. 105).
23 *Das Diensttagebuch des deutschen Generalgouverneurs*, a. a. O., S. 146 (4. 3. 1940).
24 *Faschismus – Getto – Massenmord*, a. a. O., Dok. 16, S. 55/56.
25 ADAP, D 8, Dok. 671, 12. 3. 1940, S. 716.
26 »Denkschrift Himmlers über die Behandlung der Fremdvölkischen im Osten (Mai 1940)«, VfZ, April 1957, S. 197 u. 195.
27 Christopher Browning, *The Final Solution and the German Foreign Office* (New York 1978), S. 35ff.
28 Ribbentrop sprach schon am 18. 6. 1940 mit Ciano darüber, vgl.: Galeazzo Ciano, *Tagebücher 1939–1943* (Hamburg 1949).
29 *Lagevorträge*, a. a. O., S. 107.
30 *Das Diensttagebuch des Deutschen Generalgouverneurs*, a. a. O., 12. 7. 1940, S. 252.
31 *Die Tagebücher von Joseph Goebbels*, a. a. O., I/4, S. 284 (17. 8. 1940).

32 AA-PA, *Inland IIg/177*, Notiz von Luther, 15. 8. 1940, »Mitteilung für Herrn Rademacher«.
33 *Allianz Hitler–Horthy–Mussolini*, hrsg. v. Magda Adam (Budapest 1966), Dok. 92, S. 287.
34 CDJC, *CXLIII-259*, 3. 11. 1940.
35 *Staatsmänner und Diplomaten bei Hitler*, a. a. O., Dok. 46, S. 348.
36 Eine ganze Reihe von Historikern (namentlich Philip Friedman, Gerald Reitlinger, Lucy Dawidowicz) haben in diesen Projekten eine Tarnung für die Vernichtung sehen wollen. Jäckel (*Hitler in History*, a. a. O., S. 51) meint, es gebe keinen Hinweis, daß Hitler den Madagaskar-Plan ernsthaft ins Auge gefaßt hätte: eine Behauptung, die noch schwerer zu beweisen ist als der entgegengesetzte Standpunkt. Ich meinerseits schließe mich ganz der Meinung von Christopher Browning an in »Nazi Resettlement Policy and the Search for a Solution to the Jewish Question, 1939–1941«, *German Studies Review*, IX, 3. Oktober 1986, S. 497–519.
37 *Staatsmänner und Diplomaten bei Hitler*, a. a. O., Dok. 10, S. 96; vgl. auch *Das politische Tagebuch Alfred Rosenbergs*, a. a. O., S. 99 (27. 1. 1940).
38 *Die Tagebücher von Joseph Goebbels*, a. a. O., I/3, 3. 11. 1939, S. 630, 17. 11. 1939, S. 645; I/4, S. 34, 6. 2. 1940.
39 Vgl. z. B. die Botschaft vom 31. 12. 1939, *Der großdeutsche Freiheitskampf*, a. a. O., Bd. 1, S. 132–134; Rede vom 19. 7. 1940, Bd. 2, S. 50; Rede vom 4. 9. 1940, Bd. 2, S. 93.
40 Ebd., Rede vom 30. 1. 1940, Bd. 1, S. 154; 24. 2. 1940, Bd. 1, S. 166.
41 Ebd., dieselben Reden, Bd. 1, S. 154 und 175.
42 Ebd., Rede vom 24. 2. 1940, Bd. 1, S. 159.
43 *Die Tagebücher von Joseph Goebbels*, a. a. O., I/4, S. 127.
44 *Der großdeutsche Freiheitskampf*, a. a. O., Bd. 2, S. 116.
45 *Die Tagebücher von Joseph Goebbels*, a. a. O., I/3, S. 658.
46 Ebd., I/4, S. 284.
47 *Kriegstagebuch des OKW*, hrsg. v. Percy Ernst Schramm (Frankfurt 1965), Bd. 1, S. 257 (9. 1. 1941). Zu Hitlers Strategie zu dieser Zeit vgl. Andreas Hillgruber, *Hitlers Strategie. Politik und Kriegführung 1940–1941* (Frankfurt 1965); Saul Friedländer, *Hitler et les États-Unis 1939–1941* (Paris 1966); *Das Deutsche Reich und der Zweite Weltkrieg* (Stuttgart 1983–84), Bd. 3 und 4.
48 *Kriegstagebuch des OKW*, a. a. O., Bd. 1, S. 275 (21. 1. 1941).
49 *Der großdeutsche Freiheitskampf*, a. a. O., Bd. 2, S. 222.
50 *Heeresadjutant bei Hitler 1938–1943. Die Aufzeichnungen des Majors Engel*, hrsg. v. Hildegard von Kotze (Stuttgart 1974), S. 94–95.
51 *Die Tagebücher von Joseph Goebbels*, a. a. O., I/4, S. 387 u. 543.
52 *Allianz Hitler–Horthy–Mussolini*, a. a. O., S. 305, 6. 4. 1941, Dok. 102.
53 *Staatsmänner und Diplomaten*, a. a. O., Dok. 79, S. 573/574.

54 Franz Halder, *Kriegstagebuch* (Stuttgart 1940), Bd. 2, S. 77 (26. 8. 40); Notiz von Best, 19. 8. 1940, CDJC, XXIV-I.
55 Adam, a. a. O., S. 290.
56 Jacob Toury, »Die Entstehungsgeschichte des Austreibungsbefehls gegen die Juden der Saarpfalz und Badens«, *Jahrbuch des Instituts für deutsche Geschichte,* XV, 1986, S. 447–450.
57 *Das Diensttagebuch des deutschen Generalgouverneurs,* a. a. O., S. 327, 15. 1. 1941.
58 Wie Lammers am 3. Dezember an Schirach schrieb, als er ihm diese Entscheidung bekanntgab, hatte der »Führer« entschieden, daß die 60 000 Juden »beschleunigt, also noch während des Krieges« abgeschoben werden sollten, IMT, Bd. 29, PS-1950. Vgl. auch Gerhard Botz, a. a. O.
59 Rundschreiben Schellenbergs, 20. 5. 1941, NG-3104.
60 CDJC, *Procès Eichmann,* Sitzung 77, 22. 6. 1961, p. K1.
61 Rundschreiben Schellenberg, s. Anm. 59.
62 Michael R. Marrus und Robert O. Paxton: *Vichy et les Juifs* (Paris 1981), S. 23; CDJC, V-59, »Zentrales Judenamt in Paris«, 21. 1. 1941.
63 Am 7. 6. 1941 schrieb Lammers an Bormann, Hitler sei »der Ansicht, daß es nach dem Krieg keine Juden in Deutschland mehr geben werde« (*Akten der Parteikanzlei,* Wiederherstellung auf Microfiche durch das Institut für Zeitgeschichte, Br. 14695, f 101 00437). Am 28. 3. 1941 fügte Rosenberg, als er von einem nach dem Krieg zu schaffenden »Judenreservat« sprach, hinzu, es sei nicht nötig, sich jetzt über den Bestimmungsort zu unterhalten. Der werde später durch eine »Abmachung« festgelegt; »es ist dabei ganz gleich, ob ein solches Programm in 5, 10 oder 20 Jahren verwirklicht werden kann« (CDJC, *CXLVI-23,* »Die Judenfrage als Weltproblem«, S. 67–68).
64 Das Dokument ist wiedergegeben in Helmut Krausnick, »Hitler und die Morde in Polen«, *VfZ,* April 1963, S. 207.
65 *Die Tagebücher von Joseph Goebbels,* a. a. O., I/3, S. 566 (31. 1. 1939).
66 Ebd., I/4, S. 705 (20. 6. 1941).
67 CDJC, *Procès Eichmann,* Sitzung 90, 10. 7. 1961, S. A1; Sitzung 106, 21. 7. 1961, S. N1.
68 Vgl. Christopher Browning, »Nazi Ghettoization Policy in Poland«, *Central European History,* Dezember 1986, S. 343–368.
69 »Trials of War Criminals«, *Case* 1, 13. 5. 1947, S. 7484.
70 Brack an Himmler, 28. 3. 1941, NO-203; Tiefenbacher (Persönlicher Stab RFSS) an Brack, 12. 5. 1941, NO-204.
71 *From the History of KL Auschwitz,* hrsg. v. K. Smolen (Krakau 1967), Bd. 1, S. 2–3.

4. Das Los der sowjetischen Juden

1 Aussage von Hermann Gräbe, IMT, Bd. 31, PS-2992.
2 Außer den bereits zitierten Werken von Krausnick, Reitlinger, Poliakov usw. vgl. auch Andreas Hillgruber, »Die ›Endlösung‹ und das deutsche Ostimperium als Kernstück des rassenideologischen Programms des Nationalsozialismus«, VfZ, April 1972, S. 133–153.
3 Diesen Standpunkt vertreten besonders Billig (a. a. O., S. 62) und Browning (»La décision concernant la solution finale«, in L'Allemagne nazie et le Génocide juif, a. a. O., S. 197).
4 Alfred Streim, Leiter der Zentralen Stelle der Landesjustizverwaltungen zur Verfolgung von NS-Verbrechen in Ludwigsburg, vertritt seit mehreren Jahren die These einer stufenweisen Verschärfung der Befehle ab dem 22. Juni (Die Behandlung sowjetischer Kriegsgefangenen im Fall Barbarossa, Heidelberg 1981, S. 74 ff.). Nach seiner Ansicht war diese Eskalation ein Manöver Himmlers, das die Ausführenden vor Ort dazu bringen sollte, nach und nach einen Vernichtungsauftrag zu erfüllen, der auf höherer Ebene vor dem Feldzug beschlossen worden war (»Zur Eröffnung des allgemeinen Judenvernichtungsbefehls gegenüber den Einsatzgruppen«, in Der Mord an den Juden im Zweiten Weltkrieg, a. a. O., S. 107).
5 Kriegstagebuch des OKW, a. a. O., S. 341, 3. 3. 1941; Halder, Kriegstagebuch, a. a. O., Bd. 2, S. 320, 17. 3. 1941; S. 336/337, 30. 3. 1941.
6 BA-MA, RW 19/185, Thomas, »Aktennotiz über Vortrag beim RM am 26. 2. 1941«.
7 BAK, R 70/15.
8 IMT, Bd. 26, PS-502.
9 CDJC, CCXC-10a »Betrifft: UdSSR«, 2. 4. 1941; die die Juden des Baltikums betreffende Passage findet sich im zweiten Memorandum, »Betrifft UdSSR, Denkschrift Nr. 2« ebd., undatiertes Dokument (aber zwangsläufig nach dem 2. April; beide Dokumente sind auf einer Schreibmaschine mit großen Typen, einer »Führermaschine«, geschrieben). Häufig wird ein Satz aus Rosenbergs Tagebuch vom 2. 4. 1941 zitiert, wo er, mit Bezug auf ein Gespräch mit Hitler, notierte: »Was ich heute nicht niederschreiben will, aber nie vergessen werde« (zitiert nach Robert Kempner, Eichmann und Komplizen, Zürich 1961, S. 97). Ich weiß nicht, woran er dabei dachte, aber wenn ihm Hitler seinen Entschluß, die Juden zu vernichten, mitgeteilt hätte, hätte er in den späteren Texten eine andere Position eingenommen.
10 »Allgemeiner Aufbau und Aufgaben einer Dienststelle für die zentrale Bearbeitung der Fragen des osteuropäischen Raumes«, 29. 4. 1941, IMT, Bd. 26, PS-1024. Vgl. auch Rosenberg an Lohse, 22. Juli 1941, »Anweisung an den Reichskommissar des Reichskommissariats Ostland« (CDJC,

Das Los der sowjetischen Juden 193

CXLV-509), wo er davon sprach, daß die Juden die Kriegsschäden beheben und Straßen bauen sollten.
11 »Die Zivilverwaltung in den besetzten Ostgebieten« (»Braune Mappe«), »IX. Richtlinien für die Behandlung der Judenfrage«, CDJC, CCLIV-2, S. 35/36. Yitzhak Arad (»Alfred Rosenberg and the ›Final Solution‹ in the Occupied Soviet Territories«, Yad Vashem Studies, XIII, 1979, S. 263–286) ist ebenfalls der Meinung, daß Rosenberg bis Ende des Herbstes nichts von einer Vernichtung der Juden gewußt hat.
12 BAK. NS 19/3874, Himmler an Bormann, 25. 5. 1941, und Bormann an Lammers, 16. 6. 1941.
13 Dietrich Eichholtz, »Der ›Generalplan Ost‹«, Jahrbuch für Geschichte 26, 1982, S. 256, Dok. 2.
14 Wetzel, 24. 4. 1942, »Stellungnahme und Gedanken zum Generalplan Ost des Reichsführers SS«, wiedergegeben in Hans Heiber, »Der Generalplan Ost«, VfZ, Juli 1958, S. 297–324.
15 Ich schließe mich hier der Ansicht von Eisenblätter (a. a. O., S. 207, Anm. 4) an. Seine Hauptargumente sind die folgenden: 1. In seinem Begleitbrief vom 15. Juli 1941 weist der Autor, Meyer-Hetling, darauf hin, daß das von ihm verfaßte Dokument den Titel Generalplan Ost habe. 2. Die spätere Ausarbeitung vom Juni 1942 bezieht sich auf den Generalplan Ost vom 15. 7. 1941. 3. Ein anderer Plan gleichen Titels vom RSHA wäre Himmler bekannt gewesen, und er hätte Meyer-Hetling darauf hingewiesen. 4. Wenn ein weiterer Generalplan Ost Ende 1941 vom RSHA angefertigt worden wäre, wäre die Vernichtung der Juden schon berücksichtigt und die jüdische Bevölkerung nicht in die Gesamtzahl der umzusiedelnden Bevölkerung einbezogen worden. Hinzu kommen noch die folgenden Argumente: 1. Wetzel erwähnt, er habe im November 1941 erfahren, daß im RSHA an einem »Plan Ost« gearbeitet werde; er sagt nicht, daß dieser Plan im RSHA entworfen worden sei oder daß er zu der Zeit, zu der er davon hörte, neu entworfen worden sei. 2. Wetzel schreibt selbst, daß unter diesen Umständen das RSHA offensichtlich im Auftrag des »Stabshauptamts des Reichskommissars für die Festigung des deutschen Volkstums« gehandelt habe, dem eben Meyer-Hetling angehörte. 3. Wetzel wundert sich, daß unter den zu kolonisierenden Territorien »Ingermanland, der Dnjeprbogen, Taurien und die Krim« fehlen, und ebenso wundert er sich über eine Siedlungsgrenze diesseits derjenigen, die in dem Moment seines Schreibens galt (S. 297). In beiden Fällen ist die auf der Hand liegende Erklärung die, daß die von ihm analysierte Denkschrift zu einer Zeit entworfen wurde, da die Pläne Hitlers über das Schicksal der verschiedenen Gebiete im Osten noch nicht bekannt oder nicht festgelegt waren, nämlich vor der Mitte des Sommers 1941.
16 Vgl. oben Anm. 14, S. 301.
17 Ebd., S. 300.

18 *Die Tagebücher von Joseph Goebbels*, a. a. O., I/4, S. 706.
19 *Das Diensttagebuch des deutschen Generalgouverneurs*, a. a. O., S. 386 (17. 7. 1941).
20 Ebd., S. 389 (22. 7. 1941).
21 BAK, *R 6/21*.
22 ADAP, D 13, Dok. 207, S. 264.
23 ADAP, D 13, Anhang III, S. 838.
24 »Trials of War Criminals« *Case 9 (German transcript)*, z. B. S. 641 (14. 10. 1947); S. 1811 (31. 10. 1947).
25 Ebd., S. 316/317 (6. 10. 1947).
26 Vgl. die gerichtlichen Ermittlungen, die Alfred Streim in seinem Artikel vorstellt: »The Tasks of the SS Einsatzgruppen«, *Simon Wiesenthal Center Annual*, Bd. 4, 1987, S. 309–328; Krausnick hat immer die Theorie vertreten, daß im Frühjahr 1941 ein Befehl ergangen sei (vgl. *Hitlers Einsatzgruppen*, a. a. O.).
27 Ohlendorfs Verteidigungsstrategie geht klar aus seinen Erklärungen in Nürnberg hervor. Nachdem er behauptet hatte, daß der Befehl des »Führers« vor Beginn des Feldzugs gegeben worden sei, plädierte er auf mildernde Umstände, indem er sich auf höheren Befehl berief, der ihm keine Wahl gelassen habe. Er habe, so fügte er hinzu, selbst keinen Befehl mehr zu geben brauchen, weil alle auf dem laufenden waren und wußten, was sie zu tun hatten (vgl. z. B. »Trials of War Criminals«, *Case 9*, 14. 10. 1947, S. 688–689, 694).
28 Die Benennung von Streckenbach, der für tot gehalten wurde, erklärt sich wahrscheinlich folgendermaßen: Damit konnte man Überraschungen für den Fall vermeiden, daß ein Schriftstück entdeckt würde, das über Heydrichs Äußerungen bei seiner Konferenz in Berlin berichtete; außerdem konnte man ohne Risiko eine Szene der Proteste anführen, die der Überbringung des Befehls gefolgt sein sollte.
29 Akten der Anklage im Prozeß gegen Streckenbach, ZStL, *415 AR 1310/63*, E 32 Bd. 2, S. 181 ff.
30 Kröger (EK 6), Ehrlinger (SK 1b).
31 Herrmann (SK 4b), Schulz (EK 5), Nosske (EK 12), Bradfisch (EK 8). Die beiden letzteren hatten zunächst behauptet, sie hätten den Befehl vor dem Feldzug erhalten.
32 Jäger (EK 3), Blume (EK 7a), Filbert (EK 9), Zapp (EK 11a).
33 Die Version von Schulz wurde nicht nur nicht abgestritten, sondern sogar bestätigt; so erklärte Blume, Chef des EK 7a, der Ohlendorfs Standpunkt unterstützte, daß Heydrich in seiner Rede in Berlin die Kenntnis seiner Hörer vom Führerbefehl »vorausgesetzt« und nicht davon gesprochen habe (»Trials of War Criminals«, *Case 9*, 31. 10. 1947, S. 1817).
34 Ebd., 17. 10. 1947, S. 948–949. Die gleiche Aussage am 22. 3. 1971, ZStL, *II 201 AR-Z 76/59*, Bd. 6, S. 62.

35 Für EK 7a und EK 9 vgl. *Justiz und NS-Verbrechen* (Amsterdam 1968 ff.), Bd. XX, Nr. 588, S. 726/727; Bd. XVIII, Nr. 540, S. 616–620; zu EK 3, vgl. unten, Jäger-Bericht v. 1. 12. 1941 (NS-Prozesse, hrsg. v. Adalbert Rükkerl, Anhang; abgedruckt in »*Schöne Zeiten*. *Judenmord aus der Sicht der Täter und Gaffer,* hrsg. v. Ernst Klee, Willi Dreßen, Volker Rieß, Frankfurt 1988, S. 52 ff.).
36 ZStL, *II 201 AR-Z 76/59*, Bd. 11, S. 7571–7572.
37 ZStL, *II 201 AR-Z 76/59*, Bd. 11, S. 7578; ZStL, *202 AR-Z 96/1960*, S. 3582; *Justiz und NS-Verbrechen,* a. a. O., Bd. XVIII, Nr. 540, S. 618.
38 *Justiz und NS-Verbrechen,* a. a. O., Bd. XV, Nr. 465, S. 52 ff.; S. 194/195.
39 Vgl. z. B. ebd., Bd. XVII, Nr. 519, S. 670.
40 »Trials of War Criminals«, *Case 9*, 8. 10. 1947, S. 538.
41 ZStL, *II 201 AR-Z 76/59*, Bd. 11, S. 7608.
42 Ebd., Bd. 6, S. 64/65.
43 Ebd., Bd. 7, S. 35.
44 *Justiz und NS-Verbrechen,* a. a. O., Bd. XX, Nr. 580, S. 436.
45 Vgl. Wilhelm in Helmut Krausnick/Hans-Heinrich Wilhelm, *Die Truppe des Weltanschauungskrieges* (Stuttgart 1981), S. 333 ff.
46 Vgl. BAK, *R 58/214* ff., *Ereignismeldungen UdSSR (EM),* Nr. 13, 5. 7. 1941 (EG C); Nr. 14, 6. 7. 1941 (EG B); Nr. 22, 14. 7. 1941 (EG D); Nr. 27, 19. 7. 1941 (EG B).
47 *EM* Nr. 21, 13. 7. 1941; Nr. 32, 24. 7. 1941.
48 »Einsatzbefehl Nr. 6«, 4. 7. 1941, BAK *R 70 SU/32.*
49 *EM*, Nr. 43, 5. 8. 1941. Man muß berücksichtigen, daß solche Daten aus den Bulletins des RSHA stammen und daß es eine erhebliche Differenz zum Datum der Abfassung des Berichts durch Einsatzgruppe oder -kommando geben kann. So kommt der zitierte Bericht bereits in einer anderen Quelle des RSHA vor und ist dort auf den 31. Juli datiert; das bedeutet, daß er schon in der letzten Juliwoche abgefaßt worden sein muß (»Tätigkeits- und Lagebericht der EG der Sipo und des SD in der UdSSR«, 31. 7. 1941). Man findet eine Bestätigung der Tatsache, daß die jüdische Intelligenz die vorrangige Zielscheibe war, in den Aussagen eines Übersetzungsoffiziers beim Stab der Einsatzgruppe B (ZStL, *II 201 AR-Z 75/59,* Bd. 2, S. 186) und eines Verwaltungsbeauftragten des Einsatzkommandos 10b der Einsatzgruppe D (ebd., Bd. 7, S. 10).
50 *EM*, Nr. 43, 5. 8. 1941.
51 *EM*, Nr. 31, 23. 7. 1941.
52 *EM*, Nr. 52, 14. 8. 1941.
53 *EM*, Nr. 86, 17. 9. 1941. Aus der Untersuchung der Tätigkeit der Einsatzgruppe C in den ersten Monaten des Feldzugs schließt Yaakov Lozowick (»Rollbahn Mord: The Early Activities of Einsatzgruppe C«, *Holocaust and Genocide Studies,* 2, 2, 1987, S. 221–241) auf das Fehlen eines Befehls zur Vernichtung vor dem 22. Juni.

54 *EM*, Nr. 24, 16. 7. 1941.
55 BAK *R 6/300*, »Protokoll der Besprechung über die politische und wirtschaftliche Lage im Ostland in der Sitzung bei Reichsminister Rosenberg am 1. 8. 1941«.
56 Zitiert von Helmut Krausnick, »Hitler und die Befehle an die Einsatzgruppen im Sommer 1941«, in *Der Mord an den Juden im Zweiten Weltkrieg*, a. a. O., S. 101.
57 »Einsatzgruppe A. Gesamtbericht bis zum 15. Oktober 1941«, 31. 1. 1942, IMT, Bd. 37, L-180, S. 672 ff. Man findet auch oft ein anderes Dokument von Anfang 1942 zitiert, das Lange, der Chef des EK 2, angefertigt hat; darin steht, das Ziel des Kommandos sei von Anfang an »eine radikale Lösung des Judenproblems durch die Exekution aller Juden« gewesen (BAK, *R 70 SU*/15). Aber Lange hatte das Kommando erst im Dezember 1941 übernommen.
58 *EM*, Nr. 19, 11. 7. 1941.
59 BAK, *R 90*/146, »Juden«. Dieser Text nimmt Bezug auf den Jäger-Bericht vom 1. 12. 1941, der weiter unten erwähnt ist.
60 BAK, *R 70 SU*/15, Jäger-Bericht, 1. 12. 1941. Die von mir genannten Summen enthalten nicht die am Ende jenes Berichts genannten Zahlen über Hinrichtungen, von denen nicht feststeht, ob sie im Juli oder im August stattfanden.
61 *EM*, Nr. 73, 4. 9. 1941; *EM*, Nr. 108, 9. 10. 1941; *EM*, Nr. 58, 20. 8. 1941; *EM*, Nr. 128, 3. 11. 1941; *EM*, Nr. 89, 20. 9. 1941; *EM*, Nr. 101, 2. 10. 1941; für die EG A vgl. die im Stahlecker-Bericht gegebenen Zahlen, IMT, Bd. 37, L-180.
62 Vgl. Yehoshua Büchler, »Kommandostab Reichsführer SS: Himmler's personal murder brigades in 1941«, *Holocaust and Genocide Studies*, Bd. 1, 1986, Nr. 1, S. 11–25.
63 ZStL, *CSSR* 397.
64 »Richtlinien für die Durchkämmung und Durchstreifung von Sumpfgebieten durch Reitereinheiten«, 28. 7. 1941, BAK, *R 70 SU*/32.
65 Vgl. Krausnick, *Hitlers Einsatzgruppen* (Frankfurt 1985), S. 194; *Justiz und NS-Verbrechen*, a. a. O., Bd. XX, Nr. 570, S. 47.
66 BAK, *NS 33*/22, »Bericht über den Verlauf der Pripjet-Aktion vom 27. 7.–11. 8. 1941«.
67 Vgl. Mathias Beer, »Die Entwicklung der Gaswagen beim Mord an den Juden«, *VfZ*, Juli 1987, S. 403–418.

5. Die endgültige Entscheidung

1 IMT, Bd. 26, PS-710.
2 Ebd.

3 *Ich, Adolf Eichmann*, hrsg. v. R. Aschenauer (Leonie am Starnberger See 1980), S. 479.
4 Luther, 21. 8. 1942, PA-AA, *Inland IIg 177*; NG-2586.
5 IMT, Bd. 38, R-096.
6 »Wirtschaftsaufzeichnungen für die Berichtszeit vom 1.–14. 8. 1941«, Anlage zu: Verb. St. d. OKW/Wi Rü Amt beim Reichsmarschall v. 14. 8. 1941, BA-MA, *RW 31*/100.
7 CDJC, *Procès Eichmann*, Sitzung 102, 19. 7. 1961, S. M1–N1.
8 »Das Reichsministerium des Innern und die Judengesetzgebung«, *VfZ*, Juli 1961, S. 297.
9 Dr. Feldscher, »Ergebnis der Besprechung im Hauptamt Sicherheitspolizei über die Lösung der europäischen Judenfrage«, 13. 8. 1941, Collection D. Irving, Hitler's War, Microfilm 97125/8 (Microform Academic Publishers; das Institut für Zeitgeschichte besitzt eine Kopie dieser Dokumente). Als Eichmann in einem Brief an das Außenministerium am 28. August die Formel benutzt: »im Hinblick auf die kommende und in Vorbereitung befindliche Endlösung der europäischen Judenfrage«, bezog er sich auf diese Vorbereitungsarbeit.
10 »Aktenvermerk. Betr. Organisation der Umwandererzentralstelle«, Posen, 2. 9. 1941, mit Begleitbrief vom 3. 9. 1941 an Ehlich (III B) und Eichmann (Collection D. Irving, Hitler's War, Microfilm 97125/9; es ist angegeben, daß Gerald Fleming das Dokument 1977 von der Polish War Crimes Commission in Warschau bekam).
11 Das Dokument ist abgedruckt in Adalbert Rückerl, *Nationalsozialistische Vernichtungslager im Spiegel deutscher Strafprozesse* (München 1979), S. 256/257.
12 Joseph Walk, *Das Sonderrecht für die Juden im NS-Staat* (Heidelberg 1981), S. 347.
13 Rosenkranz, a. a. O., S. 269.
14 *Justiz und NS-Verbrechen*, a. a. O., Bd. XXI, Nr. 591, S. 125 ff. Vgl. Alfred Streim, *Sowjetische Gefangene in Hitlers Vernichtungskrieg* (Heidelberg 1982).
15 Zu Auschwitz zitieren die Historiker, Hilberg eingeschlossen (a. a. O., S. 944), noch immer die Aussage des Lagerkommandanten Hoeß, der erklärt hatte, er habe im Sommer 1941 von Himmler den Befehl zur Vernichtung bekommen (Rudolf Hoeß, *Kommandant in Auschwitz*, München 1979, S. 157/58). Alles weist jedoch darauf hin, daß er sich um ein Jahr geirrt hat: Himmler soll von den im Osten existierenden Vernichtungseinrichtungen gesagt haben, daß sie keine größeren Operationen erlaubten; kurz danach habe ihm Eichmann die europäische Organisation zum Transport der Juden beschrieben, die im Osten eingesetzten Gaswagen usw.
16 Goebbels, Tagebücher, BAK *NL 118*/90, 12. 8. 1941, S. 17/18.

17 Vgl. die Denkschrift Löseners vom 18.8. 1941,»Das Reichsministerium des Innern und die Judengesetzgebung«, VfZ, Juli 1961, S. 302–303.
18 Goebbels, Tagebücher (unveröffentlichter Teil), BAK, NL 118/90, 19.8. 1941, S. 45 (hier hat sich bei der Verfilmung des Materials eine Verwirrung eingeschlichen: Der erste Teil der Notizen, die sich auf diese Unterhaltung mit Hitler beziehen, findet sich unter dem Datum 19. August, der zweite unter dem des 17. August).
19 Memorandum von Lösener vom 18.8. 1941,»Das Reichministerium des Innern und die Judengesetzgebung«, VfZ, Juli 1961, S. 303.
20 Goebbels, Tagebücher (unveröffentlichter Teil), BAK, NL 118/90, 19.8. 1941 (vgl. die Bemerkung oben in Anm. 18), S. 45. Und: 20.8. 1941, ebd., S. 22.
21 Notizen Rademachers vom 13.9. 1941, zitiert bei Browning, The Final Solution and the German Foreign Office, a.a.O., S. 58; vgl. auch seinen Artikel»The Semlin Gas Van and the Final Solution in Serbia«, Fateful Months. Essays on the Emergence of the Final Solution, a.a.O., S. 68–85.
22 BAK, NS 19/2655.
23 H. G. Adler, Der verwaltete Mensch (Tübingen 1974), S. 176/177.
24 Notizen von W. Koeppen, 21.9. 1941 und 7.10. 1941, BAK, R 6/34a.
25 »Niederschrift über Besprechung zwischen SS-Obergruppf. Heydrich und Gauleiter Meyer... am 4. Oktober 1941«, BAK, NS 19/1734.
26 Stülpnagel, 6.10. 1941, H2 646, IHTP Mfm A 110.
27 Heydrich an Wagner, 6.11. 1941, ebd.
28 Das Eichmann-Protokoll, hrsg. v. J. v. Lang, Frankfurt 1982, S. 69. Vor Gericht meinte Eichmann, das Gespräch müsse im August oder September stattgefunden haben (CDJC, Procès Eichmann, Sitzung 92, 11.7. 1961, S. Hh1). Den Monat August kann man aus den oben dargelegten Gründen ausschließen.
29 Ebd., S. 69/70. Vermutlich ist Eichmann im November oder Dezember nach Belzec gefahren; andererseits glaubte er sich an belaubte Bäume erinnern zu können. Er wurde auch nach Minsk geschickt, aber das war im Winter 1941/42. Er besichtigte außerdem Chelmno, wo die Vorrichtung schon funktionierte, d.h., sein Besuch dort muß nach Anfang Dezember 1941 erfolgt sein (CDJC, Procès Eichmann, Sitzung 87, 6.7. 1961, S. X1 f.).
30 Vgl. zum Beispiel Hilberg, a.a.O., S. 222–224.
31 Übelhör an Himmler, 9.10. 1941, BAK, NS 19/2655.
32 Justiz und NS-Verbrechen, a.a.O., Bd. XXI, Nr. 594, S. 246.
33 Faschismus – Getto – Massenmord, a.a.O., Dok. 212, S. 278.
34 Das ist die These von Martin Broszat,»Hitler und die Genesis der ›Endlösung‹«, VfZ, Oktober 1977, S. 739–775; vgl. die Erwiderung von Christopher Browning,»Zur Genesis der ›Endlösung‹. Eine Antwort an Martin Broszat«, ebd. 1, 1981, S. 97–109.

35 »Trials of War Criminals«, *Case 1* (English transcript), 13. 5. 1947, S. 7504;
19. 5. 1947, S. 7733.
36 Aussage von Viktor Brack, 12. 10. 1946, NO-426.
37 »Trials of War Criminals«, *Case 1* (English transcript), 13. 5. 1947, S. 7502/
7503; 14. 5. 1947, S. 7514. In seiner Aussage vom 13. 5. 1947 datierte Brack seine Reise nach Lublin auf »Anfang September«, erwähnte aber in der gleichen Aussage, daß Globocnik ihm von seiner »Sonderaufgabe« erzählt und sich dabei auf die Juden bezogen hatte, die aus dem Reich deportiert werden sollten, was die erste Hälfte September ausschließt.
38 Aussage von H. B. Gorgass, 23. 2. 1947, NO-3010.
39 Der Name Globocnik kommt in Himmlers Notizbuch im Oktober häufig vor: Vgl. im *Tagebuch des persönlichen Stabs RFSS* die Eintragungen für den 9., 15., 17., 20. und 25. 10. 1941 (BAK, *NS 19*/3957) und im Verzeichnis »Telefongespräche« Himmlers die Notiz vom 20. 10. 1941 nach einem Gespräch mit Daluege: »Zusammenarbeit Daluege – Pohl – Globocnik« (*NS 19*/1438).
40 »Notizen aus der Besprechung am 10. 10. 1941 über die Lösung von Judenfragen«, abgedruckt in H. G. Adler, *Theresienstadt 1941–1945* (Tübingen 1960), S. 720–722.
41 Ebd.
42 BAK, *NS 19*/1438.
43 CDJC, *Procès Eichmann*, Sitzung 98, 17. 7. 1961, S. Aal-Bbl; zum Datum von Himmlers Aufenthalt in Kiew vgl. BAK, *NS 19*/1782. Dabei berücksichtige ich die Äußerungen nicht, die in einer Notiz von Major Engel enthalten sind, die er auf den 2. 10. 1941 datiert hat (*Heeresadjutant bei Hitler*, a. a. O., S. 111). Danach berichtete Himmler über die Deportation der Juden, dann über die Lage im Baltikum und in Ruthenien, schließlich über die Juden von Saloniki und bekam von Hitler die Vollmacht zu ihrer Deportation. Nach dem Kalender seines Adjutanten soll Himmler an diesem 2. 10. 1941 in der Ukraine gewesen sein (BAK, *NS 19*/1792). Die Berichte von Koeppen, Rosenbergs Verbindungsmann bei Hitler, erwähnen nur die Gegenwart Heydrichs am 2. Oktober und melden die Rückkehr Himmlers aus der Ukraine für den 5. 10. 1941 (BAK, *R 6*/34 a). Die Notiz stammt aus einer späteren Periode.
44 BAK, *NS 19*/1438, Eintragung für den 18. 10. 1941; Müller an Thomas, 23. 10. 1941, CDJC, XXVI-7.
45 Goebbels, Tagebücher (unveröffentlichter Teil) BAK, *NL 118*/91, 24. 9. 1941, S. 18/19.
46 Wurm an Rademacher, 23. 10. 1941, zit. bei Christopher R. Browning, »Zur Genesis der ›Endlösung‹. Eine Antwort an Martin Broszat«, *VfZ*, Januar 1981, S. 101.
47 Wetzel an Lohse, 25. 10. 1941, BAK, *R 90*/146.
48 »Vertraulicher Informationsbericht einer Fahrt durch das Generalgouver-

nement einschließlich Distrikt Galizien«, Breslau, 5. 10. 1941, S. 4. BAK, Sammlung Brammer, ZSg 101/41.
49 Das Diensttagebuch des deutschen Generalgouverneurs, a. a. O., 14. 10. 1941, S. 413.
50 BAK, R 6/37.
51 Das Diensttagebuch des deutschen Generalgouverneurs, a. a. O., 16. 12. 1941, S. 457/458.
52 CDJC, Procès Eichmann, Sitzung 106, 21. 7. 1961, S. A1; Sitzung 107, 24. 7. 1961, S. El. Fl.
53 »Besprechungsprotokoll«, NG-2586; faksimiliert abgedruckt in Johannes Tuchel, Am Großen Wannsee 56–58 (Berlin 1992), S. 122 ff.; vgl. auch Kurt Pätzold, Erika Schwarz, Tagesordnung: Judenmord. Die Wannsee-Konferenz am 20. Januar 1942 (Berlin 1992).
54 Rundschreiben Himmler/Pohl vom 29. 9. 1941, zit. bei Olga Wormser-Migot, Le Système concentrationnaire nazi (1933–1945) (Paris 1968), S. 309/310.

6. Hitler und der Genozid

1 Kriegstagebuch des OKW, a. a. O., Bd. 1, 28. 5. 1941, S. 412.
2 Die Tagebücher von Joseph Goebbels, a. a. O., I/4, 16. 6. 1941, S. 695.
3 Halder, Kriegstagebuch, a. a. O., Bd. 2, 17. 3. 1941, S. 319; vgl. auch 4. 6. 1941, S. 443.
4 Hewel, Tagebuch, 29. 5. 1941, Coll. Irving, Hitler's War, Microfilm 97125/4. Walter Hewel, ein alter Parteigenosse, ehemaliger Mitgefangener Hitlers in Landsberg, war Ribbentrops Verbindungsmann bei Hitler.
5 Ebd., 20. 6. 1941.
6 Ebd., 20. 6. 1941.
7 Ebd., 8. 6. 1941, ähnlich 29. 5. 1941.
8 Ebd., 29. 5., 13. 6., 20. 6. 1941.
9 Ebd., 22. 5. 1941.
10 Halder, a. a. O., Bd. III, 3. 7. 1941, S. 38; Kriegstagebuch des OKW, a. a. O., Bd. I, 4. 7. 1941, S. 1020.
11 Halder, a. a. O., Bd. III, 8. 7. 1941, S. 53.
12 Ebd., Bd. III, 10. 7. 1941, S. 60.
13 Hewel, Tagebuch, 10. 7. 1941.
14 Weisung Nr. 32b, 14. 7. 1941, Hitlers Weisungen für die Kriegführung 1939–1945, hrsg. v. W. Hubatsch (Frankfurt 1962), S. 136/137.
15 ADAP, D 13, Dok. 50, S. 47.
16 Lagevorträge, a. a. O., 9. 7. 1941, S. 264.
17 Staatsmänner und Diplomaten, a. a. O., Dok. 83, S. 598–607.
18 Ciano, Journal politique (Neuchâtel 1947), S. 50, 53.

19 Vgl. Halders Beurteilung vom 23. 7. 1941, a. a. O., Bd. III, S. 106.
20 Ebd., S. 117/118.
21 Zit. nach Klaus Reinhardt, *Die Wende vor Moskau. Das Scheitern der Strategie Hitlers im Winter 1941/42* (Stuttgart 1972), S. 36.
22 Goebbels Tagebücher (unveröffentlichte Teile), BAK, NL 118/90, 17. 7. 1941, S. 5.
23 Ebd., 19. 7. 1941, S. 5.
24 Ebd., 26. 7. 1941, S. 12.
25 Vgl. Ernst Klink, »Die Operationsführung. Heer und Kriegsmarine«, *Das Deutsche Reich und der Zweite Weltkrieg*, a. a. O., Bd. 4, S. 489 ff.
26 »Aktenvermerk«, IMT, Bd. 38, L-221.
27 »Ergänzung zur Weisung 33«, IMT, Bd. 34, C-052.
28 OKH, 25. 7. 1941, BA-MA, *RH 26-22/17*. Zur Haltung der Wehrmacht vgl. Krausnick, *Hitlers Einsatzgruppen*, a. a. O., S. 189 ff.; Jürgen Förster, »Die Sicherung des Lebensraumes«, *Das Deutsche Reich und der Zweite Weltkrieg*, a. a. O., Bd. 4, S. 1033 ff.; Christian Streit, *Keine Kameraden. Die Wehrmacht und die sowjetischen Kriegsgefangenen 1941-1945* (Stuttgart 1978).
29 ADAP, D 13, Anhang III, S. 835-838.
30 *Die Weizsäcker-Papiere 1933-1950*, hrsg. v. L. E. Hill (Frankfurt 1974), S. 321 (4. 2. 1943).
31 Halder, a. a. O., Bd. III, 11. 8. 1941, S. 170.
32 »Die strategische Lage im Spätsommer 1941 als Grundlage für die weiteren politischen und militärischen Absichten«, ADAP, D 13/1, Dok. 265, S. 346.
33 *Staatsmänner und Diplomaten*, a. a. O., Dok. 85, S. 618.
34 Galeazzo Ciano, *L'Europa verso la catastrofe* (Mailand 1948), S. 670.
35 *Documenti diplomatici italiani*, Serie 9, Bd. VII, Dok. 512, 26. 8. 1941, S. 509, 511.
36 Goebbels, Tagebücher (unveröffentlichter Teil), BAK, NL 118/90, 19. 8. 1941, S. 29/30, 47/48.
37 PA-AA, *Handakten Etzdorf*, »Zu 22. September 1941«. Vgl. auch *Die Weizsäcker-Papiere 1933-1950*, a. a. O., S. 269 (15. 9. 1941); S. 270 (19. 9. 1941); S. 271 (28. 9. 1941); und Goebbels, Tagebücher, 24. 9. 1941, S. 26.
38 *Monologe im Führerhauptquartier 1941-1944*, hrsg. v. Werner Jochmann (München 1980), S. 55.
39 Goebbels, Tagebücher (unveröffentlichter Teil), a. a. O., S. 45, 57.
40 *Monologe*, a. a. O., 8. 8. 1941, S. 57; 17. 9. 1941, S. 61.
41 Ebd., S. 59.
42 *Der großdeutsche Freiheitskampf*, a. a. O., Bd. III, S. 69, S. 84.
43 Browning nimmt ganz im Gegenteil an, daß Hitler seine großen, die Juden betreffenden Entscheidungen, auch die zu ihrer Ermordung, dann traf, wenn er durch die Lage »euphorisch« gestimmt war (vgl. »Nazi

Resettlement Policy«, zitierter Artikel, S. 519). Mir erscheint es unmöglich, Hitlers Verfassung im Sommer 1940 und im Herbst 1941 mit dem gleichen Wort zu bezeichnen, nämlich »Euphorie«.
44 *Der großdeutsche Freiheitskampf*, a. a. O., Bd. III, 12. 9. 1941, S. 65.
45 Ebd., Rede zur Eröffnung des Winterhilfswerks, 3. 10. 1941, S. 74.
46 *Monologe*, a. a. O., S. 99.
47 Ebd., S. 106.
48 Halder, a. a. O., Bd. III, S. 306.
49 Klaus Reinhardt, a. a. O., S. 184; vgl. auch Rolf-Dieter Müller, »Das Scheitern der wirtschaftlichen ›Blitzkriegsstrategie‹«, *Das Deutsche Reich und der Zweite Weltkrieg*, a. a. O., Bd. 4, S. 1022 ff.
50 Goebbels, Tagebücher (unveröffentlichte Teile), BAK, *NL 118/92*, 22. 11. 1941, S. 32.

7. Schluß

1 Vgl. besonders Pierre Vidal-Naquet, *Les Assassins de la mémoire* (Paris 1987); *Ist der Nationalsozialismus Geschichte?* Hrsg. v. Dan Diner (Frankfurt 1987); Charles S. Maier, *The Unmasterable Past: History, Holocaust and German National Identity* (Cambridge 1988).
2 Saul Friedländer, »From Antisemitism to Extermination«, *Yad Vashem Studies*, XVI, 1984, S. 33.
3 »Trials of War Criminals«, *Case 1*, NO-248.
4 *Der großdeutsche Freiheitskampf*, a. a. O., Bd. 3, S. 204.
5 Goebbels, Tagebücher (unveröffentlichte Teile), BAK, *NL 118/90*, 18. 8. 1941, S. 12; 26. 8. 1941, S. 10.
6 *Das Diensttagebuch des deutschen Generalgouverneurs*, a. a. O., 16. 12. 1941, S. 457.
7 Rosenkranz, a. a. O., S. 290.
8 So vieles sie auch sonst trennt, hier treffen sich Autoren wie Nolte und Mayer in der Bedeutung, die sie dem Antibolschewismus bei der Genese der »Endlösung« zuschreiben: Ernst Nolte, *Der europäische Bürgerkrieg 1917–1945* (Frankfurt 1987); Arno Mayer, *Der Krieg als Kreuzzug* (Reinbek 1989).

Personenverzeichnis

(Adolf Hitler wurde nicht in das Verzeichnis aufgenommen. Die kursiv gedruckten Seitenzahlen beziehen sich auf die Anmerkungen.)

Abetz, Otto 85, 96
Adam, Uwe Dietrich 183
Antonescu, Ion 115, 165
Arad, Yitzhak 193

Bach-Zelewski, Erich von dem 129
Bankier, David 187
Beck, Jozef 64
Billig, Joseph 183
Bismarck, Otto von 20
Blomberg, Werner von 38
Blume, Walter 195
Bormann, Martin 86, 95, 113, 166, 191
Bouhler, Philipp 104, 148f.
Brack, Viktor 104, 149, 152, 199
Brauchitsch, Walther von 159
Bräutigam, Otto 143
Broszat, Martin 183
Browning, Christopher 17, 190, 198, 202
Bürckel, Josef 96, 189

Churchill, Winston 14, 164, 166, 169
Chvalkovsky, Frantisek K. 64
Ciano, Galeazzo 159, 190

Dahlerus, Birger 77
Davidowicz, Lucy 190
Deloncle, Eugène 145
Déat, Marcel 145
Dreßen, Willi 181
Dreyfus, Alfred 32

Eichmann, Adolf 55f., 61, 78, 98, 101, 134, 136ff., 140ff., 146–153, 177, 197f.
Eicke, Theodor 139
Engel, Gerhard 95

Filbert, Alfred 119f.
Fraenkel, Ernst 183
Franco Bahamonde, Francisco 92
Frank, Hans 78ff., 82, 84f., 97, 100, 102, 114, 152, 177
Frankfurter, David 53
Frick, Wilhelm 39, 46
Friedländer, Saul 173, 184, 190
Friedman, Philip 190

Globocnik, Odilo 146, 149, 199
Goebbels, Joseph 37, 39, 41, 45, 50, 52, 57, 59, 61ff., 76, 85, 88f., 95, 100f., 114, 140ff., 151f., 155, 159, 166f., 171, 174, 177
Göring, Hermann 55ff., 59–64, 80f., 96f., 100, 109, 112, 133–136, 141, 174, 188
Greiser, Arthur 102, 142, 144, 148, 150, 174
Gross, Walter 47–50, 67
Grynszpan, Herschel 58
Gustloff, Wilhelm 53f.

Halder, Franz 156, 159f., 163, 171
Heß, Rudolf 39, 53
Hewel, Walter 200

Personenverzeichnis

Heydrich, Reinhard 60ff., 72ff., 77, 81, 84, 99ff., 109–112, 116–119, 122f., 127ff., 131, 133–136, 139, 141–146, 149ff., 153, 169, 174, 194f., 200
Hilberg, Raul *183, 197*
Hillgruber, Andreas *190*
Himmler, Heinrich 14, 39, 44, 59, 70, 72, 74, 79–83, 97, 100f., 103f., 108ff., 112ff., 116, 120f., 128–132, 134, 139, 142, 144, 147–151, 153f., 168f., 174, *192, 198*f.
Hindenburg, Paul von 38, 41f.
Hoeß, Rudolf *198*
Höppner, Rolf-Heinz 137f.

Jäckel, Eberhard 16, *190*
Jäger, Karl 127

Keitel, Wilhelm 77, 84, 95, 159, 164f.
Klemperer, Victor 28
Knochen, Helmut 144f.
Koch, Robert 157
Koeppen, Werner *199*
Krausnick, Helmut *194*
Kvaternik, Sladko 115, 162

Lammers, Hans Heinrich 113, 115, *191*
Lange, Herbert 131, 148
Laval, Pierre 145
Ley, Robert 95
Lipski, Jozef 63
Lohse, Hinrich 125, 152
Lozowick, Yaakov *196*

Mayer, Arno 17, *203*
Meyer, Alfred 143f.
Meyer-Hetling, Konrad *193*
Molotow, Wjatscheslaw Michajlowitsch 92
Mussolini, Benito 27, 88, 92f., 96, 158f., 165

Müller, Heinrich 153

Napoleon 162
Nebe, Arthur 130f.
Neumann, Franz *183*
Neurath, Konstantin Freiherr von 39, 41
Nolte, Ernst *203*
Nosske, Gustav 121
Novak, Franz 177

Ohlendorf, Otto 116f., 120ff., *194*f.
Oshima, Hiroshi 158

Pirow, Oswald 63f.
Poliakov, Léon *183*

Raeder, Erich 84, 90
Rasch, Otto 116f., 121, 124
Rath, Ernst vom 59
Rauschning, Hermann *184*
Reitlinger, Gerald *190*
Ribbentrop, Joachim von 39, 58, 84, 92, 165, *190*f.
Roosevelt, Franklin D. 14, 64, 92, 164
Rosenberg, Alfred 75, 86, 112ff., 125, 142f., 152, *191*f., *199*
Ross, Colin 82

Schacht, Hjalmar 39, 46, 48, 56, 62
Schirach, Baldur von *191*
Schleunes, Karl A. *183*
Schmundt, Rudolf 143
Schulenburg, Friedrich Werner von der 163
Schulz, Erwin 117f., 121, *195*
Speer, Albert 95
Stahlecker, Walther 116, 119, 125f.
Stalin, Josef 88, 90–93, 155, 161f., 165f.
Streckenbach, Bruno 116ff., *194*
Streicher, Julius 39, 41, 45, 47, 152

Streim, Alfred 181, *192, 194*
Stülpnagel, Otto von 145

Todt, Fritz 171

Übelhör, Friedrich 147

Wagner, Robert 96
Wirth, Christian 149